O que as pessoas estão falando sobre
Customer Success

"Quando decidimos iniciar a Rock Content, nunca tínhamos escutado a expressão *customer success*. Logo, tivemos de aprender sobre o assunto e nos debruçamos sobre os ensinamentos dos criadores deste movimento. Nessa jornada, o trabalho do Lincoln e do Nick foram essenciais. Se a sua empresa ainda não é focada em *customer success*, comece agora! Leia este livro e foque não só em ouvir o cliente, mas também em agir para corrigir o percurso e entregar resultados reais. Esse é o verdadeiro sucesso!"

Diego Gomes, CMO, Rock Content

"Em um cenário de abundância de ofertas e alta conectividade, o sucesso do seu cliente determina o sucesso do seu negócio. Este livro vai preparar você para entender o contexto mais amplo de empoderamento dos clientes e para tomar decisões estratégicas. Trata-se de uma leitura fundamental tanto para gestores quanto para estudantes, uma vez que o *customer success* está sendo elevado a uma nova disciplina de negócio."

Denise Eler, consultora em Customer Experience, Sensemakers

"Da evolução para este novo modelo centrado no cliente até as dez leis que o moldam, *Customer Success* evidencia um caminho natural para as empresas em busca de crescimento consistente. Passando por diferentes tipos de negócio, os autores orientam como a implantação de uma filosofia com foco no cliente e sua retenção passam a ser, no mínimo, uma questão de sobrevivência."

Fábio Lacerda, COO, Take

"Tendo se popularizado por meio das empresas de base tecnológica como uma estratégia para a obtenção de receita recorrente, o *customer success* se mostrou uma saída eficaz para qualquer negócio que pretenda crescer e evoluir no relacionamento com o cliente. Lincoln Murphy demonstra que, quando o cliente alcança os resultados desejados através de interações com o negócio, sua tendência é ficar mais tempo, comprar mais e advogar mais em favor deste negócio."

Marcus Pimenta, empreendedor, Broaden Ventures

"O sucesso incrível do método *customer success* no mundo real o elevou a categoria de ciência obrigatória para toda empresa que queira sobreviver na era da transformação digital. Lincoln Murphy nos oferece as premissas e os meios para gerar a lealdade de seus clientes."

Fábio Veras, PhD – Especialista em Corporate Startup, Innovation Footprint

"O *churn* não é causado apenas pela competição, mas também pelo fato de as organizações serem negligentes na gestão do sucesso dos clientes com seus produtos. *Customer Success* demonstra, brilhantemente, como empresas de receita recorrente são extremamente beneficiadas ao serem lideradas por uma estratégia centrada no sucesso do cliente."

Daniel Dabés, empreendedor, Escola de Produtos

"Os clientes precisam alcançar o sucesso! Com base nessa premissa, muitas empresas podem rever suas estratégias de marketing, vendas e relacionamento para ampliar sua lucratividade e reputação. Se você atua em mercados competitivos, cuida de marcas que pretendam ser perenes ou se preocupa em reter os clientes mais lucrativos, este livro é para você."

Gutenberg Almeida, professor e coordenador, Centro Universitário UNA

"Tendo testemunhado, na Salesforce, o nascimento do movimento *Customer Success*, sinto-me entusiasmado ao ver um livro focado nesse tema, pelo qual tenho tanta paixão. Um dos fundamentos de nossas vitórias na Salesforce foi o sucesso do cliente; portanto, é extremamente gratificante ver a história da disciplina, além de um lampejo do futuro, documentada neste livro. Recomendo-o a todo CEO ou líder que esteja de fato empenhado em construir uma empresa centrada no sucesso do cliente."

Jim Steele, presidente & Chief Customer Officer, Insidesales e ex-presidente & Chief Customer Officer, Salesforce (por mais de 12 anos)

"Como um dos primeiros investidores na tecnologia do *Customer Success*, estou muito feliz em ver o crescimento em rápida aceleração de todo o setor. O "tsunami de assinaturas", conforme descrito neste livro, provocou profunda disrupção no mundo do software, e concentrou o foco nos clientes, com intensidade até então sem precedentes. Este livro será muito útil para quem precisa compreender como funciona esse admirável mundo novo, e também para as pessoas que estão em busca de alguma orientação prática sobre como conquistar a vitória na economia de assinaturas. A equipe da Gainsight contribuiu para o lançamento pioneiro do movimento *Customer Success* e, sem dúvida, tem plenas condições de produzir esse guia para quem avança na mesma estrada."

Roger Lee, General Partner, Battery Ventures

"O mundo está evoluindo para a economia de assinaturas, e este livro trata dessa mudança. As empresas inteligentes não estão mais tentando empurrar produtos para estranhos. Elas estão imaginando como desenvolver, capitalizar e construir um relacionamento contínuo e mutuamente benéfico com uma base de assinantes fidelizada. O *Customer Success* é fundamental para esse processo, e este livro explora três aspectos centrais — filosofia, disciplina e organização — de maneira penetrante e prática."

Tien Tzuo, CEO e fundador, Zuora

"Na Bessemer Venture Partners, investimos em mais de 100 empresas de computação na nuvem (*cloud*) e tivemos a sorte de trabalhar com líderes do setor, como LinkedIn, Twilio, Pinterest, Yelp, Shopify e Box. Um tema recorrente em todas as empresas bem-sucedidas, baseadas em serviços por assinatura, é o foco implacável no sucesso do cliente. Algo que não se limita a blá-blá-blá, mas que envolve verdadeira concentração e paixão. É por isso que estou vibrando, ao encontrar, finalmente, um livro sobre o assunto, que não só explica por que isso é importante, mas também inclui orientação prática sobre o que fazer. Sinto-me realmente entusiasmado com o fato de o livro ir além dos aspectos técnicos da computação na nuvem para explorar por que o sucesso do cliente é fundamental para empresas tradicionais e também para empresas B2C (*business-to-consumer*). Os caras da Gainsight realmente acertaram na mosca, e recomendo insistentemente este livro para qualquer executivo que dirija uma organização de alto desempenho. Compreender o *Customer Success* realmente leva ao sucesso da empresa."

Byron Deeter, Partner, Bessemer Venture Partners

"Na Infor, a maioria de nossos negócios envolve software para empresas; assim, fiquei extremamente satisfeita ao descobrir que este livro não associa o *Customer Success* apenas a empresas de computação na nuvem (*cloud*) ou somente a aplicativos, mas também explica por que o conceito é tão importante para todas as empresas de software. A economia do cliente, em que estamos vivendo, exige um novo foco nos clientes, qualquer que seja o tipo de negócio em que se atua; e a equipe da Gainsight compreende muito bem esse aspecto. O livro de Dan reúne *insights* importantes que beneficiarão a todos nós."

Mary Trick, Chief Customer Officer, Infor

"*Customer Success* é hoje um termo muito comum em negócios, mas não era assim há poucos anos. A evolução tem sido dramática ao longo dos últimos 10 anos. Experimentei esse avanço empolgante em primeira mão, no que era, de início, uma pequena empresa de SaaS (*software as a service*, ou software como serviço), a SuccessFactors, que cresceu e se transformou em uma grande empresa de software (SAP). O sucesso do cliente aumenta de importância todos os dias, à medida que as empresas reconhecem que os fundamentos do sucesso e do crescimento contínuos se erguem sobre uma base de clientes satisfeita e renovada. Embora a evolução continue, os temas centrais que a impulsionaram ainda são os mesmos, e Dan, Nick e Lincoln captaram, neste livro, esses elementos com exatidão. Fiquei ainda mais animada ao constatar que o livro vai além de uma conversa filosófica sobre sucesso do cliente, para aprofundar-se nos aspectos importantes e nos detalhes práticos dos princípios impulsores que todo CEO e líder precisa compreender. Todos nós que contribuímos para a relevância e a evolução do sucesso do cliente ganharemos pessoalmente se todos os nossos executivos e conselheiros também o compreenderem e o apoiarem."

Mary Poppen, Chief Customer Officer, SAP SuccessFactors

"Todas as empresas do mundo precisam refletir sobre o *Customer Success*. Não admira que ele tenha contribuído para distinguir empresas como a Salesforce, da maneira como vi sua atuação em primeira mão. Na Hearsay, nossa primeira contratação foi na área de *Customer Success*. Esse é o tipo de investimento que produz frutos. Parabéns a Nick e equipe por validarem o setor de atividade e por desenvolverem este guia extremamente valioso que transformará a sua organização."

Clara Shih, fundadora e CEO, Hearsay Social

CUSTOMER SUCCESS

Copyright © 2016 Gainsight
All Rights Reserved. This translation was published under license with the original publisher John Wiley & Sons, Inc.

Título original: *Customer success: how innovative companies are reducing churn and growing recurring revenue.*

Todos os direitos reservados pela Autêntica Editora Ltda. Nenhuma parte desta publicação poderá ser reproduzida, seja por meios mecânicos, eletrônicos, seja cópia xerográfica, sem autorização prévia da Editora.

EDITOR
Marcelo Amaral de Moraes

REVISÃO
Lúcia Assumpção

CAPA
Diogo Droschi (sobre imagem de Valery Ivashchenko/Dreamstime)

DIAGRAMAÇÃO
Larissa Carvalho Mazzoni

REVISÃO TÉCNICA
Marcelo Amaral de Moraes

Dados Internacionais de Catalogação na Publicação (CIP)
(Câmara Brasileira do Livro, SP, Brasil)

Mehta, Nick.

Customer Success : como as empresas inovadoras descobriram que a melhor forma de aumentar a receita é garantir o sucesso dos clientes / Nick Mehta, Dan Steinman, Lincoln Murphy ; tradução Afonso Celso da Cunha Serra. -- 1. ed.; 6. reimp. -- São Paulo : Autêntica Business, 2024.

Título original: *Customer success: how innovative companies are reducing churn and growing recurring revenue.*

ISBN 978-85-513-0279-8

1. Customer Success 2. Sucesso do cliente 3. CRM 4. Customer Experience 5. Atendimento ao cliente I. Steinman, Dan. II. Murphy, Lincoln. III. Título.

17-08357 CDD-658.812

Índices para catálogo sistemático:
1. Vendas : Relações com o cliente : Administração de marketing 658.812

A **AUTÊNTICA BUSINESS** É UMA EDITORA DO **GRUPO AUTÊNTICA**

São Paulo
Av. Paulista, 2.073, Conjunto Nacional
Horsa I . Sala 309 . Bela Vista
01311-940 . São Paulo . SP
Tel.: (55 11) 3034 4468

Belo Horizonte
Rua Carlos Turner, 420
Silveira . 31140-520
Belo Horizonte . MG
Tel.: (55 31) 3465 4500

www.grupoautentica.com.br
SAC: atendimentoleitor@grupoautentica.com.br

Dan Steinman, Lincoln Murphy e Nick Mehta

CUSTOMER SUCCESS

Como as **empresas inovadoras** descobriram
que a melhor forma de **aumentar a receita**
é garantir o **sucesso dos clientes**

6ª reimpressão

TRADUÇÃO Afonso Celso da Cunha Serra

autêntica
BUSINESS

Sumário

Prefácio da Gainsight 11

Parte I *Customer success*: história, organização e imperativos

CAPÍTULO 1: O tsunami das receitas recorrentes: por que
o *customer success* de repente se tornou crucial 17

CAPÍTULO 2: A estratégia de *customer success*: a nova organização
versus o modelo de negócios tradicional 41

CAPÍTULO 3: *Customer success* para negócios tradicionais,
com receitas não recorrentes 63

Parte II: As dez leis do *Customer success*

CAPÍTULO 4: A prática do *customer success* 85

CAPÍTULO 5: 1ª Lei – Venda ao cliente certo 88

CAPÍTULO 6: 2ª Lei – A tendência natural dos clientes
e fornecedores é se afastarem uns dos outros 98

CAPÍTULO 7: 3ª Lei – Os clientes esperam que você
os torne extremamente bem-sucedidos 110

CAPÍTULO 8: 4ª Lei – Monitore e gerencie
implacavelmente a saúde do cliente 123

CAPÍTULO 9: 5ª Lei – Não é mais possível construir
a lealdade com relacionamentos pessoais 134

CAPÍTULO 10: 6ª Lei – O produto é o seu único diferencial escalável 146

CAPÍTULO 11: 7ª Lei – Melhore obsessivamente o *time-to-value* 159

CAPÍTULO 12: 8ª Lei – Compreenda em profundidade as métricas do cliente 170

CAPÍTULO 13: 9ª Lei – Impulsione o sucesso do cliente com métricas rigorosas 184

CAPÍTULO 14: 10ª Lei – É um compromisso de cima para baixo, de toda a empresa 196

Parte III: *Chief Customer Officer* (CCO), tecnologia e futuro

CAPÍTULO 15: A ascensão do *Chief Customer Officer* 209

CAPÍTULO 16: Tecnologia do *customer success* 225

CAPÍTULO 17: Para onde vamos a partir daqui? 242

Índice 257

Prefácio da Gainsight

O termo "*customer success*" tornou-se modismo no mundo dos negócios de hoje. Os clientes o esperam e todos os fornecedores querem entregá-lo. Mas quem decide quando foi alcançado? Se você for realmente uma empresa centrada no cliente, a resposta a esta e a todas as outras perguntas deve ser fácil: o cliente decide.

Como mostra este livro, a era da computação na nuvem impôs uma mudança para um verdadeiro modelo de "o cliente primeiro", e também demonstrou que satisfação do cliente e sucesso do cliente nem sempre são sinônimos. Em um modelo por assinatura, você nunca deixa de trabalhar para conquistar os clientes. Quando o processo é bem conduzido, todo santo dia consiste em convergir foco implacável no sucesso *deles*, não no seu. Cada cliente e todo cliente merece uma experiência incrível e um compromisso incansável com o sucesso *deles*, por parte dos fornecedores. O sucesso, porém, não pode ser padronizado, e as empresas que compreendem essa realidade são as mais aptas a receber as melhores recompensas.

Adotar a filosofia de "o cliente primeiro" significa, em última instância, ouvir os seus clientes e operar de maneira a ajudá-los a aproximar-se dos clientes *deles* – principalmente explorando as tecnologias da computação na nuvem, dos dispositivos móveis, das redes sociais e da análise de dados. E, evidentemente, ser de fato centrado no cliente significa compreender as necessidades não atendidas dos clientes. Sabendo de tudo isso, você terá fincado os mais sólidos alicerces sobre os quais construir a estratégia, a equipe e a mecânica que impulsiona o sucesso do cliente na sua organização.

Em meu papel como presidente de vendas e *customer success* na Salesforce, desfruto de um ponto de observação privilegiado para acompanhar a evolução do movimento *Customer Success*. Dezesseis anos atrás, a Salesforce foi pioneira no lançamento do conceito de *Customer Success*. Esse era o cerne da visão de Marc Benioff e, depois de todos esses anos e de tantos clientes, continuamos tão comprometidos com a ideia quanto no começo, quando tínhamos apenas poucos clientes. Esse compromisso decorre do fato de que o sucesso do cliente é a força motriz de tudo o que fazemos. Não é apenas um conceito ou um departamento; é um valor central, e é dever de todos.

Nos seis anos em que estou na Salesforce, impusemos ainda mais rigor ao sucesso do cliente, transformando a organização em um grupo proativo, movido a dados, que impulsiona a adoção e a aplicação bem-sucedida do sucesso do cliente pelos clientes, como meio para alcançar o sucesso. Minha equipe de quase 4.000 especialistas se dedica à missão de ajudar nossos clientes a extrair todo o valor de nossos produtos – e, em última instância, a transformar seus negócios. Ao longo desses anos, comprovei em primeira mão o poder transformador de uma cultura centrada no cliente. Testemunhei nossos clientes alcançarem patamares elevados usando nossa plataforma para conectar-se com os próprios clientes, de maneira inovadora, e testemunhei nosso próprio sucesso, como consequência.

Em meus 30 anos de convivência com a tecnologia, nunca antes eu havia desfrutado do tipo de lealdade mútua entre fornecedores e clientes que estou experimentado na Salesforce. Realmente acredito que tem sido assim porque estamos dispostos a investir no sucesso do cliente e o cliente está disposto a investir no nosso sucesso. Isso é "lealdade atitudinal", para roubar uma frase do livro.

O sucesso do cliente não é uma proposta de tamanho único e está evoluindo no mesmo ritmo acelerado da tecnologia que lhe serve de base. Promover o sucesso dos clientes exige interação constante com os clientes e adaptação contínua dos produtos e serviços para atender às necessidades dos clientes. Na Salesforce, reimaginamos, o tempo todo, as nossas ofertas de sucesso, agregando *expertise*, inovação e inteligência, que dão vida às visões singulares de nossos clientes. Com efeito, hoje, usamos as tecnologias de *Data Science* – como análise de *big-data* e sofisticada *business intelligence* (inteligência de negócios) – para acelerar o *time-to-value* (prazo de entrega do valor prometido/esperado) e, em última instância, o sucesso.

Como todas as outras unidades organizacionais, *customer success* também precisa adaptar-se ao ambiente de negócios em constante transformação. Em nosso caso, o CRM (*customer relationship management*, ou gestão do relacionamento com clientes) evoluiu ao longo dos anos, de simples automação da força de vendas para algo semelhante a uma plataforma de clientes, abrangendo vendas, serviços, marketing, análise de dados, aplicativos e internet das coisas (*internet of things* – IoT). Com a ampliação do conceito e escopo do CRM, a Salesforce evoluiu da condição inicial de prestar serviços em uma única área para a situação atual de cuidar de toda a empresa do cliente. Isso também exigiu uma mudança de estratégia por parte de nossa equipe de sucesso do cliente – de um grupo focado basicamente no êxito de projetos individuais para tornar-se uma organização com assento à mesa do Conselho de Administração, contribuindo para a transformação do negócio.

Perguntam-me com frequência como justificar o investimento financeiro a ser feito no sucesso do cliente. Minha crença é que, quando bem conduzido, o *customer success* precisa de poucas justificativas. Como conceito, abordagem e método, o *customer success* preserva os negócios em curso, escancara as portas para novas oportunidades, e transforma nossos clientes em apóstolos vitalícios. Quando otimizado, o sucesso do cliente é o melhor indutor possível de vendas e marketing. Como se verá nas páginas seguintes, o *customer success* é mais do que apenas a coisa certa a ser feita; é um imperativo de negócios. Por essa razão, minha equipe é responsável pela adoção e aplicação do *customer success* por nossos clientes como fonte de receita. Nosso sucesso depende diretamente do sucesso de nossos clientes.

Sinto-me extremamente feliz ao ver nossos parceiros na Gainsight documentarem neste livro a história do *customer success* e compartilharem suas ideias sobre essa disciplina em crescimento. Este livro é um guia maravilhoso para ajudar as empresas a dedicar-se à aplicação do *customer success* no dia a dia de seus negócios e a prosperar com os resultados. Esta é uma época incrível para ser uma empresa centrada em clientes, e as oportunidades são ilimitadas para quem é capaz de olhar para o futuro através das lentes do cliente. O futuro, de fato, já chegou.

Sucesso!
Maria Martinez
Presidente, Vendas e *Customer Success*, Salesforce

PARTE I

CUSTOMER SUCCESS: **HISTÓRIA, ORGANIZAÇÃO E IMPERATIVOS**

Capítulo 1

O TSUNAMI DAS RECEITAS RECORRENTES: POR QUE O *CUSTOMER SUCCESS* DE REPENTE SE TORNOU CRUCIAL

No começo

Na primavera de 2005, Marc Benioff reuniu sua equipe para um evento fora da empresa, em Half Moon Bay, uma cidade sonolenta à beira-mar, na Califórnia. A Salesforce.com, sediada em São Francisco, atravessava um período de grande prosperidade, como poucas vezes se tinha visto antes, mesmo no mundo da tecnologia. Depois de uma corrida de cinco anos rumo a uma bem-sucedida oferta pública inicial de ações (IPO) para a abertura do capital da empresa, em junho, o segundo semestre de 2004 trouxe outras boas notícias para a empresa, na forma de aumento de 88% nos pedidos de vendas. Quase 20.000 clientes tinham comprado o software de gestão do relacionamento com os clientes (*customer relationship management* – CRM), em comparação com menos de 6.000 nos dois anos anteriores. O ano de 2004 se encerrou com a Salesforce ostentando capitalização de mercado de US$ 500 milhões, número que quadruplicaria no fim de 2005. Todos os gráficos apontavam para cima e para a direita, exatamente como você desejaria se fosse empregado ou investidor.

O evento foi uma típica comemoração do sucesso da empresa, que planejava hipercrescimento contínuo, na medida em que o mercado continuava a expandir-se, acenando, em geral, com um futuro glorioso para a empresa. Até que David Dempsey subiu ao pódio para fazer uma apresentação que lhe renderia o apelido de Doutor Destino, personagem de quadrinhos, arqui-inimigo do Quarteto Fantástico.

Em 2005, o irlandês Dempsey já estava havia cinco anos na Salesforce. Ele tinha passado 11 anos na Oracle, até deixar a empresa, com o estouro da bolha pontocom. Imperturbável, ele e dois outros ex-executivos da Oracle procuraram Benioff, no começo de 2000, com a proposta de levar a Salesforce.com para o mercado europeu. Depois de vários meses de negociações, o negócio foi fechado. Hoje, Dempsey é vice-presidente sênior e chefe global de renovações, que, como é o objetivo de todos os negócios de receitas recorrentes, é responsável por algo entre 70% e 80% dos pedidos anuais da Salesforce. Em 2015, a cifra das renovações é da ordem de US$ 5 bilhões.

Quando se tem esse tipo de responsabilidade, logo se começam a compreender as alavancas do negócio e o que é preciso fazer para alcançar o sucesso. Grandes líderes de vendas e CEOs fizeram carreira compreendendo o que está acontecendo no mercado e em suas empresas, e tomando as providências necessárias, sob seu controle, para manter o crescimento do negócio. Para tanto, talvez seja necessário promover grandes mudanças nos produtos, irromper em novos mercados, ou adotar quaisquer outras estratégias ousadas, mas prudentes. O mesmo esboço geral vinha sendo seguido havia anos. Para Dempsey, porém, havia algo nitidamente diferente naquele desafio. Jamais alguém havia feito o que ele estava tentando fazer. Nenhuma outra empresa de serviços por assinatura, *business-to-business* (B2B), tinha alcançado o tamanho e o crescimento da Salesforce, o que também significava que, antes dele, ninguém jamais tinha precisado compreender a realidade e as nuances da renovação de software por assinatura, da maneira como ele compreendia o negócio.

A renovação de assinaturas de software não é como a renovação de contratos de manutenção, em que o hardware ou o software já está pago, instalado no centro de dados, e rodando programas responsáveis por áreas críticas da empresa. E a propósito, deixando o cliente, sob muitos aspectos, na condição de prisioneiro do fornecedor. Um dos fatores vinculantes é o custo da manutenção do hardware. Se o hardware for fundamental para a infraestrutura da empresa, a empresa não pode deixar de fazer seguro contra paralisações. O custo da manutenção equivale ao preço do seguro. Para piorar a situação, os fornecedores de hardware normalmente controlam o mercado de manutenção, pois estão sempre aprimorando e substituindo componentes proprietários do hardware. Por certo, com o passar do tempo, sempre surgiam alternativas de terceiros, mas os fornecedores mantinham, em geral, pelo menos 90% do mercado, de modo que a competição era, na melhor das hipóteses, meramente simbólica. O negócio de manutenção de software é ainda mais favorável aos fornecedores, pois ninguém pode oferecer upgrade e conserto de software proprietário. Portanto, a renovação do contrato de manutenção – de hardware ou software – é, quase sempre, uma formalidade, envolvendo muito pouca negociação. Infelizmente, os pressupostos sobre renovações de manutenção contaminaram o mundo SaaS (*software as a service* ou software como serviço) em que atuavam Dempsey e a Salesforce. Esses pressupostos, para dizer o mínimo, eram enganadores.

As renovações pelas quais Dempsey era responsável envolviam quase sempre batalhas árduas, nunca algo dado como certo. Para a maioria dos produtos SaaS, os clientes tinham escolhas. Mesmo com 20.000 clientes, a Salesforce era ainda, frequentemente, uma conveniência, mas não uma necessidade, como é sempre o caso em um novo mercado, como era o CRM na época. A conclusão sobre renovações de SaaS é que os clientes podem optar por não renovar os contratos, como realmente ocorre, com muito mais frequência do que no caso de produtos de manutenção. Isso porque em geral eles têm escolhas. Outros fornecedores no mesmo mercado oferecem conversões fáceis para os seus produtos, a preços mais baixos. Os clientes não são cativos como nos contratos de manutenção. Essa é apenas uma das muitas maneiras pelas quais o modelo de negócios de receitas recorrentes transferiu o poder do fornecedor para os clientes, e a Salesforce, em 2005, não era exceção. Os clientes tinham escolhas – as ofertas dos concorrentes, a opção de construir as próprias soluções, ou simplesmente ficar sem CRM – e eles faziam essas escolhas. Cara, como faziam!

Em meio a essa realidade, entra em cena Dempsey, compreendendo-a como ninguém até então, porque ele era o responsável pela renovação dos contratos com os clientes da Salesforce. A mensagem que ele compartilhou com os demais executivos da equipe da Salesforce não era boa notícia. A essência era simples e direta: apesar das aparências, a Salesforce, como negócio, estava numa espiral mortal. Por baixo dos resultados ofuscantes e das taxas de crescimento espantosas, havia uma falha fundamental no negócio, e manter o curso resultaria em desastre. O culpado se resumia numa só palavra: *churn*, ou evasão. Clientes que decidem não mais ser clientes: cancelamento ou não renovação do contrato. Privilégio do cliente num negócio de receitas recorrentes: deixar de ser cliente. Conceito simples, parte integrante da mentalidade dominante hoje, mas que, em 2005, nenhuma outra empresa B2B, de serviços por assinatura, tinha enfrentado, com a mesma intensidade: *churn*, ou evasão, cancelamento ou não renovação do contrato, deixar de ser cliente.

O *churn* da Salesforce era de 8%. Não parece tão ruim, até que se acrescentem duas palavras – *por mês*! Faça os cálculos, se quiser, mas o resultado será mais ou menos o seguinte: a cada ano, quase todos os clientes deixavam o negócio. A Salesforce estava começando a compreender o que todas as outras empresas de serviços por assinatura vieram a aprender desde então (graças à Salesforce). Não há como encher a boca do funil com novos negócios, em quantidade suficiente para sustentar o crescimento real, se os clientes saem pelo bico do funil, a taxas superiores. Sim, você pode exibir taxas de crescimento brilhantes na aquisição de novos clientes, o que é muito bom. No entanto, o valor e a atração dos negócios de receitas recorrentes, como a Salesforce, são o *crescimento do valor total da base instalada*. Isso envolve três fatores: aquisição de novos clientes, aumento das taxas de retenção e crescimento das vendas para os clientes atuais. Somente quando essas três engrenagens trabalham acopladas tem-se o motor de negócios que será recompensado pelos investidores.

A apresentação de Dempsey despertou Benioff e movimentou toda a empresa em torno da iniciativa de focar, medir e reduzir a evasão de clientes. Uma apresentação simples e objetiva, feita para o público certo, na hora certa, deflagrou um processo que só agora, 10 anos depois, está avançando a pleno vapor como disciplina e imperativo para todos os negócios de receitas recorrentes. O Doutor Destino efetivamente havia dado à luz o movimento *Customer Success*.

Lealdade atitudinal *versus* lealdade comportamental

O sucesso do cliente tem a ver, basicamente, com lealdade. Toda empresa quer clientes leais. Os negócios de receitas recorrentes, como a Salesforce, *precisam* de clientes leais. A conquista de clientes é dispendiosa. Realmente onerosa. Daí a necessidade de preservar os clientes, por maior que seja o seu mercado. É simplesmente batalha perdida tentar superar altas taxas de evasão com a conquista de novos clientes. Portanto, se uma empresa depende da lealdade dos clientes, é fundamental compreender o que significa essa palavra.

Muito já se escreveu sobre diferentes tipos de lealdade. O consenso geral é que há dois tipos de lealdade, que às vezes são denominadas lealdade emocional e lealdade intelectual. A premissa é simples, embora, às vezes, as ciências sociais sejam muito complexas. O pressuposto é que certos clientes são leais porque precisam (comportamental/intelectual); outros clientes são leais porque amam determinada marca ou produto (atitudinal/emocional). Para os fornecedores ou marcas, o segundo tipo é altamente preferível, por numerosas razões: disposição para pagar preços mais elevados; menor suscetibilidade à competição; maior probabilidade de defender as "suas" marcas; e assim por diante. A dona de casa que faz compras na Hank's Grocery porque é o único lugar num raio de 50 km que vende pão e leite demonstra lealdade comportamental. É possível que ela também tenha lealdade atitudinal (Hank talvez seja o marido dela), mas, no caso, a lealdade da dona de casa decorre da falta de opções. Esse é um exemplo extremo; no entanto, talvez todos nós tenhamos lealdade comportamental em relação a vários produtos. Eu abasteço o carro com gasolina no mesmo posto de serviço 90% das vezes porque é conveniente e, com base em muito poucas pesquisas, ele oferece um bom preço. O fato de eles fecharem as máquinas de cartão de crédito durante 10 minutos às 7 horas todas as manhãs é irritante porque é exatamente quando estou dirigindo para o trabalho. Eles não sabem dessa minha irritação, exceto o caixa a quem expressei meu aborrecimento um dia, mas essa situação desperta em mim o oposto da lealdade atitudinal. Felizmente, para eles, a conveniência, nesse caso, continua a prevalecer. Eles, porém, estão vulneráveis ao aparecimento de outro posto de serviço nas imediações que ofereça condições semelhantes, fechando o cartão de crédito às 3 horas da madrugada, em vez de às 7 horas da manhã, ou, melhor ainda, que tenha concluído que é importante não fechar, de modo algum, as máquinas de cartão de crédito.

A lealdade atitudinal é muito mais difícil de angariar e de sustentar, pois é dispendiosa. É caro desenvolver produtos que os clientes amem, em vez de produtos que eles simplesmente comprem. É oneroso oferecer uma experiência que encante, em vez de uma experiência que simplesmente não aborreça. Quando minha filha se formou no ensino médio, ela precisou de um computador laptop. O que a teria levado a bater o pé e insistir num Mac, quando as opções Dell eram funcionalmente comparáveis e com preços muito mais baixos? A conversa lógica que tentei entabular com ela não a demoveu um centímetro. Apesar do fato de ela não citar nenhum atributo técnico para justificar o Mac, seu coração já tinha escolhido e sua cabeça já tinha decidido. Ainda não sei por quê, mas ela conseguiu o Mac. Talvez tenha sido porque todas as crianças bacanas tinham um. Quem sabe tenha sido porque ela amava o iPod. Também é possível que tenha sido porque ela simplesmente gostava de jeans e de blusas com gola rolê. Honestamente, não sei. Mas agora sei que nome dar a essas preferências apaixonadas – lealdade atitudinal ou, no caso dela, mais adequadamente, lealdade emocional (porque a discussão incluiu lágrimas). E esse é o tipo de lealdade que todos almejamos em nossos clientes.

A Apple tem sido tão comentada, de tantas maneiras – jornais, livros, filmes – que, em comparação, não lhe farei justiça. O fato é que a Apple fez alguma coisa em relação à lealdade que até dá a impressão e transmite a sensação de mágica, mas, sem dúvida, não é mágica. Há um certo charme nos produtos da Apple – a embalagem, a propaganda, a apresentação –, que não só induz à compra, mas também oferece uma experiência que, de alguma maneira, faz vibrar uma corda emocional. Steve Jobs descobriu como despertar a lealdade atitudinal, talvez melhor do que ninguém, antes e depois dele. E isso, literalmente, não tem preço. O fanatismo dos clientes leais da Apple sustentou a empresa durante uma época muito sombria, quando os produtos não eram muito bons e o empreendimento cambaleava à margem. A Apple despontou no outro lado do túnel com a sua base de aficionados leais virtualmente intacta (alguns nem eram clientes), e, então, quando começou a lançar produtos que justificavam em parte o fanatismo, a ascensão ao topo como a empresa mais valiosa da história foi a toda velocidade.

Portanto, qual é o ponto principal, e como se relaciona com sucesso do cliente? Sucesso do cliente se destina a cultivar a lealdade atitudinal. Marc Benioff e a Salesforce o conceberam e, nos últimos 10 anos, investiram muito tempo e dinheiro em *customer success*. A lealdade comportamental realmente não era uma opção, nos primeiros anos, porque a Salesforce jamais seria a única solução, e os clientes não eram aderentes, porque não tinham investido emocional ou financeiramente nas integrações e nos processos que tornavam a mudança realmente onerosa. Até se poderia argumentar que muitos dos clientes da Salesforce, hoje, têm lealdade comportamental, porque o produto tornou-se fundamental para a maneira como fazem negócios e porque ficou muito difícil trocar. Muitos desses clientes, porém, também têm lealdade atitudinal – confira nossa Dreamforce (a conferência anual dos clientes) se você não acredita, e esse é o melhor dos dois mundos.

Steve Jobs também sabia que a lealdade atitudinal era fundamental e, além de promovê-la com produtos elegantes e bonitos, também investiu no sucesso do cliente. Sendo, porém, o guru de marketing que era, ele bolou um nome diferente – Genius Bar. Quando a Apple decidiu criar lojas de varejo, os negativistas foram ruidosos e numerosos. Será que a história já não tinha demonstrado que lojas de varejo para computadores não funcionavam? O que Jobs bancou, corretamente, foi que lojas de varejo para marcas de tecnologia de consumo, pelo menos para uma com núcleo de seguidores fanáticos, poderiam funcionar. E, como se sabe, deu certo. Até se poderia argumentar que a publicidade decorrente das longas filas diante das lojas Apple três dias antes do lançamento do novo iPhone justificava o investimento em todas as lojas juntas. Jobs, porém, foi mais longe. Ele não se contentou em ter lojas apenas para exibir e vender seus produtos, por mais numerosos que fossem os vendedores prestativos em todos os estabelecimentos. Ele também criou um lugar na retaguarda das lojas onde ficavam gerentes de *customer success*. Mais adiante, exploraremos em detalhes o que significa, neste contexto, *Gerente de Customer Success* (GCS), mas a definição simples da função é a seguinte: indivíduos que ajudam os clientes a extrair o máximo de valor dos seus produtos. Isso é, sem dúvida alguma, o que os *gênios* da Apple Store devem fazer. Não era barato para a Apple manter de 10 a 20 gênios na folha de pagamento de cada loja. Como dissemos, a lealdade atitudinal não é barata. O fato, no entanto, é que isso mudou a natureza do relacionamento entre fornecedor e cliente, personalizando-o e estendendo-o além da compra. É algo que muito poucas empresas B2C (*business-to-consumer*) ou varejistas sabem fazer. Talvez a Zappos e a Nordstrom cultivem esse atributo, com a ênfase em serviços aos clientes. Também é provável que a Amazon se inclua nessa categoria, de maneira diferente, ao adicionar o Prime às suas ofertas. Mas aposto que você não consegue se lembrar de muitas outras empresas que pertençam a esse grupo seleto. Curiosamente, sabemos que muitos dos *gênios* da Apple Store não são realmente gênios. Muitos de nós já tivemos experiências frustrantes com eles. O simples fato, porém, de eles existirem para contatar e ajudar os clientes reais e para desenvolver o mais tênue relacionamento com eles já alimenta a lealdade atitudinal. Essa é a arte do sucesso do cliente. A maioria dos fornecedores não começa com o fanatismo e a lealdade que a Apple instila em seus consumidores (uma faca de dois gumes, a propósito), mas queremos, desesperadamente, que nossos clientes se convertam em apóstolos, em vez de serem apenas clientes. Precisamos de lealdade atitudinal, não somente de lealdade comportamental. O sucesso do cliente é o meio para atingir esse fim.

Marc Benioff promoveu o sucesso do cliente para atender a essa necessidade de reduzir a evasão de clientes. Steve Jobs também se empenhou no sucesso do cliente com base na intuição de que assim aumentaria a lealdade atitudinal em relação aos produtos da Apple. Hoje, temos a sorte de poder seguir os passos desses dois ícones que demonstraram a eficácia do sucesso do cliente, qualquer que seja o seu modelo de negócios. Talvez pareça mais óbvio e mais premente num negócio de receitas recorrentes, mas também pode ser não menos valioso nos negócios tradicionais de venda aos consumidores.

Tien Tzuo foi o décimo primeiro empregado da Salesforce e, não por coincidência, também estava presente na sala de reuniões, em Half Moon Bay, para assistir à apresentação do Doutor Destino. Ele é, hoje, o CEO da Zuora, onde cunhou o termo "economia de assinaturas", para descrever a mudança de panorama, à medida que as empresas tradicionais sofriam disrupções resultantes do avanço para um modelo de negócios de receitas recorrentes. Ele também afirmou, embora talvez não tenha sido o primeiro, que "nos negócios tradicionais, o relacionamento com os clientes termina com a compra; mas, num negócio por assinatura, o relacionamento com os clientes começa com a compra". Essa é uma diferenciação importante, de que se deram conta tanto Benioff quanto Jobs, na qual ambos os pioneiros investiram intensamente. Benioff criou a empresa de serviços de software por assinatura mais bem-sucedida da história. Jobs, por seu turno, levou a mentalidade e a atitude de assinaturas para negócios convencionais, de maneira até então inédita. Muitas outras empresas tradicionais escolherão o mesmo caminho nos próximos anos, enquanto os negócios de receitas recorrentes não poderão se dar ao luxo de escolher.

O tsunami de assinaturas

Customer success soa como uma frase de efeito, que a sua equipe de marketing poderia ter bolado, não soa? Ou como o *slogan* que alguma empresa de relações públicas formulou para que o CEO transmitisse a impressão de que realmente se importa com os clientes. Nos negócios de receitas recorrentes de hoje, porém, sucesso do cliente é muito mais do que frase de efeito ou *slogan* de campanha de marketing. É parte indispensável de qualquer negócio por assinatura, como Benioff e a Salesforce demonstraram, e exige investimento, atenção e liderança. Não é blá-blá-blá do tipo "o cliente primeiro" ou "o cliente é o rei". As frases soam bem, mas essas campanhas geralmente começam com estrondo e terminam em fracasso, a não ser que sejam impulsionadas por um líder apaixonado e carismático (como Tony Hsieh) ou por um forte imperativo de negócios. Sucesso do cliente, como veremos ao longo deste livro, enquadra-se sob medida na segunda categoria. Não precisa de um líder apaixonado ou carismático, embora isso ajude, porque é nada menos que questão de vida ou morte na economia de assinaturas.

Poucas são as verdadeiras mudanças organizacionais em empresas. Pense na organização típica de hoje – vendas, marketing, desenvolvimento de produtos, finanças e serviços. Esses têm sido os componentes fundamentais de uma empresa há centenas de anos, não obstante a enormidade das mudanças no mundo dos negócios ao longo dos anos. Até se poderia argumentar que recursos humanos é novidade, mas a verdade é que essa função sempre foi exercida, só que não como unidade organizacional distinta. No que diz respeito a inovações organizacionais fundamentais, a tecnologia da informação (TI) talvez seja a única verdadeira invenção, nos últimos 70 anos, induzida, obviamente, por sua ubiquidade ou onipresença em todos os aspectos da vida real. O *customer success* é a próxima grande mudança organizacional. Como no caso da TI, o *customer success* está ganhando força porque algo mais está mudando – nesse caso, o modelo de negócios. As assinaturas estão a todo vapor, envolvendo realidades diversas, como software, música, cinema e dietas. O caminho para o coração dos investidores e para os mercados abertos é constituir um negócio que gere pagamentos mensais recorrentes ou repetitivos, de muitos e muitos clientes. Se Wall Street e a comunidade de investimentos adoram alguma coisa, também os CEOs passarão a adorá-la. Se uma empresa não funciona por assinatura, é provável que esteja evoluindo para o modelo *pay-as-you-go*, ou de pagamento em bases correntes, que tem todas as mesmas características e imperativos. O modelo de negócios por assinatura, evidentemente, não é novo, mas o movimento de empresas tradicionais, do modelo de negócios convencional para o modelo de negócios por assinatura, decerto é inédito. Todos estão procurando um componente de receitas recorrentes para o seu modelo de negócios e, tanto quanto possível, a conversão total, não apenas um componente. Esse movimento de 15 anos começou no mundo do software, mas as ondulações desencadeadas pelo pedregulho estão percorrendo praticamente todos os outros setores de atividade.

Daí a necessidade deste livro. O tsunami de subscrições está avançando e exercendo forte impacto no mundo do software. O *customer success* é uma das ondas secundárias, na esteira do tsunami. O *customer success*, porém, é não só uma nova forma de organização, mas também uma filosofia inovadora, em vias de ser adotada também por empresas tradicionais, de outras áreas que não software, não tecnologia e não B2B. Talvez a denominação em si, *customer success*, seja mais recente; o fato, no entanto, é que já há algum tempo está despontando em todos os lugares, como demonstra a história da Apple, impulsionado pela tecnologia e pela disponibilidade de informações (isto é, internet). Não importa o tipo de negócio, agora é a hora de compreender como surfar nessa onda. Vamos começar com a análise das origens do *customer success*, em empresas de software B2B, pois é onde tudo começou.

O software está comendo o mundo. A afirmação pareceu só um pouco controversa quando Marc Andreessen a incluiu em seu famoso ensaio de 2011:

"Why Software Is Eating The World" – http://www.wsj.com/articles/SB1000142405311190348090457651225091562946

Hoje, a ideia deixou de ser ousada e futurista, para tornar-se inquestionável. Se há alguma verdade em tudo isso, é fundamental que todos os líderes de negócios compreendam o que está acontecendo no Vale do Silício. A indústria de software passou por uma transformação radical nos últimos 15 anos, e o cliente está no centro dessa transição. A mudança foi impulsionada pela ubiquidade ou onipresença da internet e pelo surgimento do que se chama "nuvem" (*cloud*). Com efeito, quanto mais nos afastamos do início do processo, mais clara fica a bifurcação entre a maneira como as coisas eram feitas a.N (antes da nuvem) e d.N (depois da nuvem). Embora tenha afetado quase todos os aspectos da maneira como funciona uma empresa de software, a mudança é mais bem compreendida através das lentes do cliente. Em especial, os clientes d.N, de software B2B, são diferentes dos clientes a.N, de duas maneiras muito importantes:

1. Como compram software.

2. Como seu *lifetime value* (LTV), ou valor vitalício, é realizado.

Esses dois temas apresentam estreita correlação. De fato, o primeiro é a razão de ser do segundo. Para ser exato, a grande diferença não é realmente *como* os clientes compram o produto de software, mas a *compra em si* do produto de software. Nos tempos a.N, ao contrário de hoje, a transação de compra de fato resultava na transferência de propriedade. Esse modelo, geralmente denominado *licença perpétua*, passava os direitos de propriedade do software do fornecedor para o cliente, no momento da transação. Por causa da natureza singular da transação, o fornecedor precisava maximizar o seu valor monetário para a eficácia de seu modelo de negócios. A consequência era que o custo inicial de compra do software era relativamente muito alto, para não mencionar os custos de hardware associados à aquisição. Para uma empresa de software, sobretudo no caso de empresas B2B, esse era o único caminho para a lucratividade (sim, houve época em que isso era importante).

O cenário de um consumidor, que, talvez, traga recordações a alguns leitores, ajuda a mostrar como a mudança foi intensa. Quando eu tinha 16 anos, apaixonei-me por uma música que ouvi no rádio, "Bohemian Rhapsody", da banda britânica Queen. A música era maravilhosa e complexa, e precisava ser ouvida várias vezes (embora minha mãe talvez discordasse dessa última afirmação). A única maneira de fazer isso, naquela época, era comprar o álbum (*A Night at the Opera*, para quem estiver curioso). Foi o que eu fiz. Fui à loja de música mais próxima e paguei US$ 16,99 por oito faixas; muito dinheiro, naquele tempo, para um garoto de 16 anos. Basicamente, paguei US$ 17 por uma única música. Para tocar e ouvir a música, eu também precisava de um sistema estéreo bastante caro. Sabe, aqueles com alto-falantes de 90 cm, que também funcionavam como bancos de bar. E assim é que era – US$ 1.000,00 pelo sistema estéreo e US$ 17 pelo álbum, para ouvir uma única música. Essa era basicamente a experiência do consumidor como proprietário de música, que prevaleceu durante grande parte dos últimos 50 anos. A primeira grande mudança, além do formato e sem contar o Napster, em como consumimos música, foi oferecida pela Apple – a possibilidade de comprar apenas uma música por US$ 0,99 no iTunes. Foi uma mudança revolucionária (literalmente, deflagrou uma revolução) no setor de música. Na verdade, transformou-o para sempre, mas a analogia com o mundo do software só se completou quando surgiram os serviços de música *streaming*, como Pandora e Spotify. Foi-se o tempo em que se comprava música. Ouve-se música alugada e, dependendo do quanto se ouve, o custo por música pode ser insignificante. Eu poderia ter ouvido a "Bohemian Rhapsody" milhares de vezes em meu computador (comprado basicamente para outras finalidades) por apenas alguns tostões. Ainda bem que, para nós, pais, essa mudança foi acompanhada pela invenção do fone de ouvido e de tocadores de música pessoais (TMP) pequenos e baratos. Mas o que foi mesmo que impulsionou a mudança na maneira como compramos (ou alugamos) música? A tecnologia e a internet. Os mesmos indutores que mudaram a maneira como as empresas compram sistemas CRM (ver Tabela 1.1).

Música

Tabela 1.1

Consumo de música antes e depois da nuvem

	Antes da nuvem	Depois da nuvem
Propriedade	Álbum	Nenhuma – aluguel/assinatura
Preço	US$ 1/música	US$ 0,01/música
Quantidade	15 músicas	Milhões de músicas
Hardware	Estéreo	TMP/telefone/computador
	Alto-falantes grandes	Fones de ouvido
Preço do hardware	US$ 1.000+	US$ 50 PMP; US$ 0 dispositivos existentes
Disponibilidade	Casa/carro	Qualquer lugar

Software – Siebel *versus* Salesforce

Nos velhos tempos a.N, um negócio de software, como o Siebel, apresentado na Tabela 1.2, em geral envolvia muitos milhões de dólares. Com frequência, a transação inicial constituía mais de 50% de todo o dinheiro que o fornecedor receberia durante toda a vida ativa do cliente. Nos primeiros dias, antes das taxas de manutenção de software, até poderia ser superior a 80% ou 90%. Compare essa situação com o exemplo da Salesforce (d.N), e você começará a compreender o ponto

2, já mencionado – a realização do LTV de cada cliente durante um período muito mais longo.

Tabela 1.2

Consumo de software, antes e depois da nuvem		
	Antes da nuvem	Depois da nuvem
Propriedade	Aplicativo	Nenhuma – aluguel/assinatura
Preço	US$ 2 milhões	US$ 2.000 – US$ 20.000/mês
Hardware	Servidores	Incluído na assinatura
	Rede	Incluído na assinatura
	Armazenamento	Incluído na assinatura
Preço do hardware	US$ 2 milhões	Incluído na assinatura
Prazo de instalação	9–24 meses	0–6 meses
Pessoas	Muitas	Poucas
Disponibilidade	Escritório	Em qualquer lugar

Não é difícil compreender o que aconteceu e por quê. Digamos que eu seja o CEO de uma empresa de software e que eu lhe venda minha solução por US$ 3 milhões. Eu sei muito bem que, a essa altura, todo o valor adicional que receberei de você durante toda a sua vida como cliente talvez não seja mais que US$ 500.000. Em face dessa realidade, seu valor para mim diminui drasticamente no momento em que seus US$ 3 milhões entram em minha conta bancária. Isso não significa que eu, ou que algum CEO do passado ou do presente, não nos importemos com os clientes. Evidentemente, os clientes sempre são importantes. Como todos sabemos, o valor dos clientes vai além do que nos pagam – referências, estudos de casos, propaganda boca a boca, e assim por diante. Mas esse valor adicional, mesmo que você inclua o valor monetário futuro decorrente da compra de novos produtos, licenças e taxas de manutenção, não altera a viabilidade básica do meu negócio. Eu posso sobreviver, e até prosperar, com base exclusivamente em minha capacidade de continuar a vender para novos clientes ao mesmo preço. Posso zelar, cheio de paixão, pelo sucesso do meu cliente, mas se não for importante para os resultados da empresa que ele aproveite e até adote a minha solução, é muito improvável que eu invista significativamente em garantir o sucesso dele. Foi essa realidade que levou à criação do termo "*shelfware*", maneira jocosa de referir-se a software que não é usado pelo cliente e fica na prateleira (*shelf*). A propósito, isso ainda acontece hoje. O SaaS não resolveu, de modo algum, o problema de adoção, que é apenas mais oneroso hoje do que no passado.

Embora muitos softwares ainda sejam comprados em transações B2B, da maneira antiga, a onda mudou para sempre. Hoje, a grande maioria das empresas de software está usando esse novo modelo em que o software, de fato, nunca é comprado, mas alugado. Com esse novo modelo, SaaS, os clientes não são donos do software; eles pagam pelo uso, na forma de assinatura, por prazo determinado. Muitas empresas de software alugam o software em bases mensais, enquanto outras exigem contrato anual, ou mais longo. Em todos os casos, porém, a assinatura tem data de vencimento, o que exige renovação. Essa, então, é a economia de assinaturas. Não mais se paga adiantado, de uma vez, uma grande importância; em vez disso, o software é alugado na forma de um compromisso de curto prazo. Outra onda correlata leva o conceito de assinatura um passo adiante, para o modelo *pay-as-you-go*, ou de pagamento em bases correntes. O Google AdWords e o Amazon Web Services são exemplos de pagamento em bases correntes. Em ambos os modelos, os clientes se tornaram muito mais importantes, porque seu LTV de fato é relevante, não só o que eles pagam no início da transação. Aí reside a necessidade de uma filosofia e de uma unidade organizacional – *customer success*.

Em termos simples, *customer success* é a filosofia e a unidade organizacional que impulsionam o sucesso do cliente. Isso parece incrivelmente óbvio, mas, como já mencionamos, houve época em que o sucesso do cliente não era imperativo de negócios. Isso não é mais verdade. Hoje, os clientes bem-sucedidos em negócios de receitas recorrentes fazem duas coisas muito importantes:

1. Continuam clientes.
2. Compram mais.

A dura realidade para os CEOs de hoje é que a empresa não terá chances de sucesso se os clientes não *continuarem clientes* e não *comprarem mais*. A conta simplesmente não fecha. Por isso é que o sucesso do cliente se tornou indispensável. Retornaremos a essa questão, depois de verificar brevemente as origens da economia de assinaturas, que realmente começou com o desenvolvimento do SaaS. Compreender a história é importante, porque todos os negócios de receitas recorrentes seguem os passos das primeiras empresas SaaS.

O nascimento do software como serviço
(*Software as a Service* – SaaS)

Na primavera de 1995, John McCaskey entrou na Stanford Bookstore, em Palo Alto, Califórnia, e comprou vários livros, *Foundations of World Wide Web Programming with HTML & CGI, HTML & CGI Unleashed* e O'Reilly's *Programming Perl*, entre outros. Na época, McCaskey era diretor de marketing de uma empresa chamada Silicon Graphics (SGI). Apesar do marketing no título de seu cargo, McCaskey era engenheiro por vocação, e sua nova coleção de livros tinha um propósito mais amplo do que simplesmente leitura como passatempo. A intenção dele era reprogramar um aplicativo interno, denominado MYOB (*mine your own business*), muito usado pela comunidade de marketing da SGI. O MYOB era uma ferramenta de *business intelligence* (BI), inteligência de negócios, desenvolvida em cima de *Business Objects*. A intenção dele era oferecer *insight* aos profissionais de marketing, referente às vendas de seus produtos. Ao tomar forma, a nova versão de McCaskey passou a ser conhecida como MYOB Lite.

Naquele mesmo ano, no outro lado da cidade, Paul Graham, hacker autoproclamado e futuro ícone do Vale do Silício, e seus amigos Robert Morris e Trevor Blackwell, estavam iniciando uma empresa denominada Viaweb. Viaweb também era o nome do aplicativo da nova empresa, conhecido, a princípio, como Webgen, que permitia aos usuários construir e hospedar suas próprias lojas on-line com pouca *expertise* técnica.

Tanto o MYOB Lite quanto o Viaweb fizeram um tremendo sucesso. O MYOB Lite causou sensação na SGI por causa de sua facilidade de acesso e uso, e logo foi adotado e aplicado por mais de 500 profissionais de marketing e executivos. O Viaweb, por outro lado, foi um êxito comercial. No fim de 1996, mais de 70 lojas estavam on-line, e, um ano depois, no fim de 1997, esse número havia crescido para mais de 500. Em julho de 1998, Graham e companhia venderam o Viaweb por US$ 50 milhões, com o recebimento de ações do Yahoo!, e ele passou a ser conhecido como Yahoo Stores. Em breve, Graham avançava ainda mais, para constituir a Y Combinator, incubadora de tecnologia extremamente bem-sucedida, da qual saíram grandes empresas, como Dropbox e Airbnb.

Além do grande sucesso no mundo real e do trampolim que representaram para seus inventores, o Viaweb e o MYOB Lite tinham em comum outra coisa muito importante. A interface do usuário (IU) consistia apenas em um *web browser* (navegador de web) comum. Paul Graham se referia ao Viaweb como *application service provider* (provedor de serviços aplicativos), e o aplicativo de John McCaskey era simplesmente uma versão light de Business Objects, sem Business Objects. Em outras palavras, o Viaweb e o MYOB Lite foram dois dos primeiros aplicativos SaaS da história. SaaS é um termo que hoje denota aplicativos que não exigem nenhum software no lado do cliente. O único produto necessário para rodá-los no lado do usuário é um navegador de web. Atualmente, há milhares de aplicativos SaaS. Nós os usamos todos os dias – Facebook, Dropbox, Amazon, eBay, Match.com, Salesforce.com, e praticamente todos os outros aplicativos de software desenvolvidos nos últimos cinco anos. Em 1995, porém, o conceito era revolucionário e provocou um terremoto no setor de software.

O SaaS de fato mudou tudo. Agora, os usuários de software podem não só alugá-lo, em vez de comprá-lo, mas também assumir um compromisso financeiro muito menor (ver Tabela 1.2). Além disso, não é mais necessário adquirir hardware dispendioso para rodar o software, e *Data Centers* onerosos onde instalar hardware. Lembre-se dos sistemas estéreos caros de que já falamos aqui. Eles equivaliam, no mundo da música, aos *Data Centers* no mundo do software a.N. Eles também não precisam contratar e remunerar empregados caros para operar os *Data Centers* e gerenciar o novo software. Os aplicativos ainda rodam em servidores, só que os servidores, agora, são adquiridos, operados e mantidos pelos fornecedores, não pelos clientes. Apenas o aplicativo é acessado e operado pelo cliente, por meio de um navegador da Web e de uma URL. Hoje, esses *Data Centers*, na maioria, foram agregados por umas poucas empresas, que fornecem hospedagem e segurança, além de fácil ampliação da infraestrutura, conforme as necessidades, de maneira que, com frequência, os fornecedores de software nem mesmo hospedam mais o próprio software. Essa tarefa crítica, geralmente, é terceirizada para empresas como Amazon Web Services e Rackspace.

SaaS > Assinaturas > *Customer Success*

Esse deslocamento para SaaS como a nova maneira de fornecer software levou diretamente à mudança mais importante de todas – licenciamento por assinatura. Até fazia sentido que, se os clientes não mais precisavam comprar hardware para rodar aplicativos, eles tampouco precisavam comprar o software. No passado, os custos de hardware, *Data Centers*, segurança e o pessoal necessário para operar tudo eram absorvidos pelo cliente. Hoje, porém, todos esses componentes de uma solução são oferecidos pelo fornecedor, juntamente com o software. Isso abriu o caminho para as assinaturas, como modelo de precificação do fornecedor. Antes da nuvem, também o software sempre era comprado pelo cliente, que se tornava seu proprietário – a "licença perpétua" já mencionada. No entanto, a ascensão da internet e do SaaS como modelo de entrega criou a opção – para muitos, agora, a única opção – de simplesmente alugar o software. Geralmente nos referimos a essas assinaturas, hoje, como "assinaturas de software", mas, na realidade, o cliente está realmente alugando não só o software, mas também parte de toda a infraestrutura necessária para rodá-lo, normalmente mediante contratos mensais ou anuais.

Essas duas mudanças aconteceram quase ao mesmo tempo e estão interligadas de maneira indissociável, mas é importante distingui-las aqui. SaaS é simplesmente o modelo de entrega que permite rodar os aplicativos por meio de um navegador de web, em vez de serem entregues aos clientes em CDs ou por via digital, para serem rodados nos próprios computadores dos clientes. E as assinaturas são apenas um método de pagamento. Esses dois conceitos estão de tal forma interligados que a referência ao SaaS, hoje, abrange tanto a entrega do produto quanto o método de pagamento.

É difícil exagerar a magnitude desse terremoto, o impacto que ele exerceu no setor de software e as ondas de choque que ele desencadeou em outros setores de atividade. O SaaS (envolvendo os dois componentes) mudou a maneira como se pensa em software, de Wall Street a Main Street, ou das bolsas de valores aos shopping centers. Na área financeira, por exemplo. O SaaS exige que se reconsidere quase tudo sobre finanças empresariais. O conceito de receita como entrada de caixa decorrente da venda de produtos e serviços foi substituído pelo modelo de negócios de receitas recorrentes anuais (RRA). No contexto de SaaS, não mais se pode esperar lucratividade nos primeiros anos de uma empresa, porque os custos iniciais para a conquista e a retenção dos novos clientes são muito altos em comparação com a receita mensal daí decorrente. Wall Street, porém, reconheceu o valor duradouro de uma base de clientes crescente, que gera receitas recorrentes, por pagar todos os meses pelo uso do software, durante anos.

Verifique a capitalização de mercado (número de ações em circulação x cotação da ação no mercado) de companhias abertas de SaaS, como Salesforce, HubSpot e Box, e tente explicá-la pelo critério que era o principal indicador do valor de uma empresa para os investidores em ações – lucro por ação (LPA). O LPA das empresas que acabamos de mencionar é quase zero, pois elas ainda não geram muito lucro. No entanto, a capitalização de mercado, ou seja, o valor de mercado dessas empresas varia de US$ 2 bilhões a US$ 50 bilhões. Por quê? Porque todas elas contam com um conjunto crescente de clientes, que pagam todos os meses, continuamente, pelo software, e que são cada vez mais lucrativos, por envolverem custos cada vez menores. Espera um pouco. Você se lembra da história da Salesforce com que começamos este livro? Não há garantia de que realmente seja um conjunto crescente de clientes que nunca deixa de pagar. E é aqui que entra o sucesso do cliente.

Talvez o efeito mais importante de tudo isso – SaaS como método de entrega e assinaturas como método de pagamento – é que o poder nas transações B2B se deslocou do fornecedor para o cliente. Reflita sobre isso. O cliente não mais precisa comprar o hardware ou o software, instalar e operar *Data Centers*, e contratar pessoal caro para gerenciar tudo isso. Ele simplesmente aluga todo o pacote do fornecedor. Isso também significa que o cliente pode parar de usar e deixar de pagar pelo uso a qualquer momento. Para o cliente, isso também reduz drasticamente os custos antecipados e o risco de adquirir uma nova solução, uma vez que os custos e os riscos migram para o fornecedor. É verdade que ainda há alguns custos de transição quando se muda de uma para outra solução de SaaS, mas nada semelhante ao que ocorria no passado, com o software comprado, de licença perpétua. No limite, para usar a analogia B2C (*business-to-consumer*), é como mudar da Amazon.com para a BarnesandNoble.com (duas soluções SaaS) ao comprar livros. Como cliente Amazon, você provavelmente já deu informações sobre o seu cartão de crédito, sobre todos os endereços de entrega dos livros e já se familiarizou com a navegação no site, para encontrar e adquirir o que você quiser, até o ponto de comprar com um clique e com frete gratuito, por meio do Prime. Isso significa que a decisão de comprar o próximo livro na BarnesandNoble.com envolve algum sacrifício. Você terá de descobrir como encontrar o livro, colocá-lo em seu carrinho de compras e depois percorrer o processo de pagamento, fornecendo as informações sobre o cartão de crédito e sobre os locais de entrega. Pode não ser muito doloroso, mas também não é de todo indolor.

A complexidade e os custos de mudar de soluções de software B2B são muito maiores do que no exemplo do consumidor, mas, como dissemos antes, é muito mais factível (e provável) hoje do que no velho mundo do software comprado, com licença perpétua. O risco hoje é quase que exclusivamente do fornecedor do software.

A ascensão da internet, oferecendo acesso fácil a praticamente todas as informações do mundo, é a culpada aqui. Vamos examinar o processo de comprar um carro novo, como outro exemplo do mundo do consumo. Grande parte do processo de compra do carro geralmente era controlado pela empresa e, em especial, pelo vendedor. Com as informações dele aprendíamos quase tudo o que sabíamos sobre o carro. Com as explicações dele, compreendíamos os atributos e os opcionais, e quais pertenciam a cada pacote. Negociávamos o preço final *somente* conversando com ele (e com o chefe). Em resumo, o controle de todo o processo estava em grande parte nas mãos do vendedor. Agora, avance rápido para 2015. Nossa pesquisa sobre o carro que queremos comprar é feita pela internet. Obtemos literalmente toda a lista de materiais do carro. Descobrimos os preços de vários revendedores, a porcentagem de desvalorização nos dois primeiros anos, quanto o revendedor receberá de comissão do fabricante, assim como algo que provavelmente nem o vendedor sabe – como o carro é curtido por 10 de seus amigos do Facebook. Quando entramos no revendedor para fazer um test drive, sabemos mais sobre o carro do que o próprio vendedor. A internet deslocou o poder da empresa e do vendedor para as nossas mãos. Revolucionário.

O processo de compra de software B2B foi alterado irreversivelmente da mesma maneira. Os custos antecipados são mais baixos, as necessidades de recursos são menores, o nível de comprometimento não é tão alto e os custos de mudança são muito inferiores aos que prevaleciam no passado. Além disso, não há dificuldade de acesso a outros clientes, como no passado, muitos dos quais você talvez conheça diretamente. Mais uma vez, o poder se deslocou de maneira dramática do vendedor para o comprador.

E não é assim que o mundo deveria funcionar? Será que o comprador não deveria exercer mais controle que o vendedor? Será que a solução não deveria ser eficaz para o cliente, de maneira que o cliente continuasse a pagar por ela? Será que não deveria ser relativamente fácil mudar para o que lhe parece ser melhor solução, se essa for a sua escolha? Será que o fornecedor não deveria conquistar o cliente todos os meses, anos a fio? É claro, é óbvio, é evidente. Essa é a maneira como o mundo do varejo sempre funcionou. Se você não gostou da sua experiência na Macy's ou se você acha que não recebeu o valor devido pelo seu dinheiro, você não precisa voltar. Você não é obrigado a comprar todas as suas roupas na Macy's porque você assinou um contrato três anos atrás e lhes pagou US$ 32.000. Basta ir à Kohl's e lhes dar uma chance. O seu cartão de crédito da Macy's não funcionará na Kohl's, mas isso é uma pequena inconveniência para conseguir solução mais eficaz e experiência mais aprazível.

Vamos fazer uma pausa para rever algumas orientações financeiras rápidas sobre SaaS, pois esses conhecimentos básicos são importantes para tudo o mais neste livro. Já nos referimos a RRA como medida básica do negócio de uma empresa SaaS. RRA significa receitas recorrentes anuais. Às vezes, também é chamado VCA, ou valor contratual anual. As duas siglas significam, simplesmente, o valor anualizado que os clientes estão pagando, de maneira periódica e repetitiva, pelo software. Se uma empresa tem 20 clientes, cada um pagando US$ 1.000 por mês, a RRA da empresa é 20 x US$ 1.000 x 12 = US$ 240.000. Se uma empresa tem seis clientes, todos com contrato de dois anos no valor de US$ 2 milhões cada, a RRA da empresa é 6 x US$ 2 milhões / 2, ou US$ 6 milhões. A RRA total da empresa, ou VCA, é o valor anualizado da base instalada. Muitas empresas acompanham esses números em bases mensais, não anuais, caso em que ela é denominada RRM.

Sem pretender oferecer-lhe um MBA em finanças SaaS, há outro ponto importante a ser compreendido, porque ele nos leva à razão de ser deste livro, que é o valor mutável do conjunto de clientes. Em um mundo perfeitamente previsível, usando nossos exemplos anteriores, os 20 ou os 6 clientes de nossas empresas teóricas continuam a ser clientes e a pagar seus US$ 12.000 ou US$ 1 milhão por ano. Isso, no entanto, é perfeitamente previsível, mas muito longe de ser garantido. Em um mundo perfeito, esses clientes, na realidade, pagariam mais, a cada ano, porque os preços aumentam, os descontos diminuem, eles compram mais licenças ou adquirem outros produtos. É assim que uma empresa com US$ 6 milhões de RRA pode tornar-se uma empresa com US$ 8 milhões de RRA, *sem jamais vender software para mais um cliente*. Esse é um elemento importante e fundamental de uma empresa por assinatura bem-sucedida – aumentar o valor da base instalada.

Infelizmente, como na maioria das coisas na vida, essa faca tem dois gumes. O valor da sua base instalada também pode diminuir. Os clientes decidem que não mais querem ser clientes (a história da Salesforce). Os clientes conseguem grandes descontos ao renovar o contrato. Os clientes continuam clientes, mas com menos produtos ou licenças. Todas essas ações reduzem a sua RRA como empresa. No total, isso é denominado "evasão" (*churn*). Evasão é simplesmente o valor monetário da parcela da sua RRA que foi perdida. O termo "evasão" também é usado com frequência para designar o cliente que não é mais cliente. Este é o cliente que *cancelou o contrato*. No sentido mais amplo da redução da RRA, esse é o valor *rescindido* pelos clientes *evasores*.

Assim, finalmente, estamos chegando ao cerne da questão – a gestão da base instalada. Aumentar as receitas recorrentes e reduzir a evasão. Sabe, não há a hipótese de essas coisas acontecerem sem algum tipo de intervenção ou, no mínimo, de alguma forma de incentivo. Os clientes e os fornecedores tendem a afastar-se, à deriva, se nenhuma das partes tomar alguma iniciativa. Eles são como dois barcos, lado a lado, no meio de um lago, mas sem ninguém em nenhum deles. Inevitavelmente, os dois barcos não continuarão lado a lado, e, provavelmente, nem mesmo próximos um do outro. Alguém tem que estar pelo menos num deles, de preferência em ambos, e, com os remos, mantê-los próximos um do outro. Em nosso contexto de SaaS, e em todos os negócios de receitas recorrentes, essa situação deixou de ser apenas uma boa ideia. Tornou-se um imperativo.

Talvez a vantagem mais importante do SaaS para o fornecedor seja a tendência de expandir o mercado para os seus produtos. Com a redução drástica tanto dos custos antecipados quanto do *time-to-value* (prazo de entrega do valor prometido/esperado), a quantidade de empresas que compõe o mercado-alvo cresce cada vez mais. Poucas coisas aumentam mais o valor da empresa do que a expansão do mercado acessível. Usando a Salesforce como exemplo, mais uma vez, já nos referimos, nesse caso, ao componente de custo. Mas e quanto à equação do *time-to-value*? A implantação do Siebel, em 2002, talvez tenha levado uns 18 meses ou mais. Construção do *Data Center*, instalação do hardware e, em seguida, as complexidades da configuração, da instalação e da customização do aplicativo eram parte do panorama para todos os clientes. Alguns se sentiriam afortunados se conseguissem os primeiros resultados em 18 meses. Com a Salesforce, é possível, literalmente, entrar no site, dar as informações sobre o cartão de crédito, fazer o log-in e incluir no sistema as contas, os contatos e as oportunidades em menos de uma hora. Um sistema de CRM em 60 minutos? Algo inimaginável antes do SaaS. A Salesforce levou a ideia ao extremo ao incorporar o conceito de *no software* (sem software) em seu logotipo.

Figura 1.1 – No software logo

Outras empresas logo aderiram ao SaaS, como a Netsuite, também se erguendo sobre os ombros de Paul Graham e viabilizando o novo modelo de empreendimento. Embora todas essas novas empresas SaaS tenham despontado mais ou menos na mesma época, o sucesso e o estilo da Salesforce logo chamaram a atenção do público, e sua oferta pública inicial de ações (IPO), em 2004, deixou poucas dúvidas de que o modelo de negócios de software tinha mudado para sempre. E por boas razões. Os investidores não estavam recompensando a Salesforce porque a ideia do SaaS era inédita. Eles estavam recompensando a Salesforce porque o modelo funcionava. Para que o modelo *realmente* funcionasse, porém, como já analisamos, era preciso controlar a *evasão*, e o meio para controlar a evasão era chamado *customer success*. E quando a empresa mais bem-sucedida em SaaS criou uma equipe de sucesso do cliente e começou a falar sobre a inovação em público, ela deu permissão para que todas as outras empresas por assinatura agissem da mesma maneira. E o movimento do *Customer Success* deslanchou.

Como já dissemos, nos tempos anteriores ao SaaS e às assinaturas, o software B2B era vendido com uma licença perpétua, o que significava grandes pagamentos antecipados. Com o SaaS, a equação virou de cabeça para baixo. Não é incomum que o compromisso financeiro inicial de um cliente com a empresa de SaaS seja inferior a 10% de seu valor vitalício. No caso de negócios por assinatura, com pagamentos mensais, esse número pode muito bem ser inferior a 1%. Vejamos a situação de um fornecedor que oferece o seu software com base em contratos anuais, e digamos que o cliente pague antecipado, pelo primeiro ano, algo em torno de US$ 25.000. E agora suponha que o cliente continue cliente durante oito anos. Isso significa que eles terão de renovar sete vezes o contrato de um ano. Caso se considere uma taxa de crescimento anual de 7%, por aumento nos preços, por licenças adicionais, e pela compra provável de outros produtos, o LTV do cliente será superior a 10 vezes o desembolso inicial. Essa é, então, a definição do termo que estamos lançando por aí. LTV é o valor monetário total que o cliente gasta (ou se espera que gaste) com um fornecedor durante toda a relação comercial, e é outra métrica-chave para as empresas SaaS.

Para a maioria das empresas de software, o custo de aquisição de um novo cliente é muito alto. Todas as despesas de marketing necessárias para gerar *leads* e, depois, para manter uma equipe de vendas capaz de converter esses *leads* em clientes reais. Além disso, os custos relativos à recepção dos novos clientes e à configuração de soluções específicas para as suas necessidades podem ser elevados, e, evidentemente, também são antecipados. Na maioria dos casos, precisa-se de 24 meses ou mais de receitas de assinaturas para recuperar os custos de aquisição e recepção. Se as assinaturas dos clientes são anuais, como é geralmente o caso, o contrato precisa ser renovado pelo menos duas vezes para que o fornecedor atinja o *breakeven* (ponto de equilíbrio) e comece a gerar lucro. A evasão agrava em muito esse desafio. E a urgência ainda é maior, porque grande parte da evasão ocorre nos primeiros dois anos, por causa da complexidade da recepção do cliente e da configuração das soluções. Os CEOs de empresas SaaS aprenderam com muita rapidez que os clientes de fato são os reis e que são necessários investimentos reais para torná-los bem-sucedidos e para retê-los por muito tempo. Esse é o imperativo financeiro de todos os negócios de receitas recorrentes e o mais poderoso motor do sucesso do cliente.

O sucesso do cliente abrange, na verdade, três conceitos diferentes, mas correlatos:

1. Unidade organizacional.
2. Disciplina.
3. Filosofia.

Na essência, sucesso do cliente é uma unidade organizacional que foca na experiência do cliente, com o objetivo de maximizar a retenção e o LTV. Somente se essas tarefas forem executadas com eficácia a empresa por assinatura será capaz de sobreviver, e apenas alcançará o domínio do mercado se as realizar com extrema maestria.

Customer Success também se tornou uma nova disciplina. Como qualquer outra disciplina – vendas, gestão de produtos e atendimento ao cliente –, desenvolveram-se grupos, fóruns, melhores práticas e eventos, para apoiar e fomentar o novo ofício e seus profissionais, introduzindo-os em lugar de destaque ao lado de outras funções necessárias ao êxito da empresa. As pessoas que praticam a disciplina de *customer success* são em geral designadas gerentes de *customer success* (GCSs), mas podem ser encontradas com vários títulos, como gerentes de contas, gerentes de relacionamento com o cliente, advogados do cliente e especialistas do cliente, entre muitas outras. Neste livro, usamos frequentemente GCS como termo genérico que abrange todos os outros títulos.

E, finalmente, o *customer success* é uma filosofia que deve impregnar toda a empresa. Nenhuma unidade organizacional ou área funcional pode funcionar no vácuo, e *customer success* talvez seja o melhor exemplo disso. Para ser eficaz, o *customer success* exige compromisso de toda a empresa, de alto a baixo, para realmente tornar-se de classe mundial.

Esses três princípios são o foco do restante deste livro.

Capítulo 2

A ESTRATÉGIA DE *CUSTOMER SUCCESS*: A NOVA ORGANIZAÇÃO *VERSUS* O MODELO DE NEGÓCIOS TRADICIONAL

Por que o *customer success* é importante?

Antes de entrarmos nos aspectos organizacionais do sucesso do cliente, vamos conversar sobre os aspectos almejados que impulsionam os investimentos necessários na área. Isso é importante porque a maneira como você se organiza para o sucesso do cliente geralmente será determinada pelas suas principais motivações para investir nessa área. Três são os benefícios básicos decorrentes da boa execução do sucesso do cliente:

1. Reduz/gerencia a evasão.
2. Promove o aumento do valor dos contratos com os atuais clientes.
3. Melhora a experiência do cliente e a satisfação do cliente.

Reduz/gerencia a evasão. Conforme exploramos no Capítulo 1, usando os primeiros dias da Salesforce como exemplo, a evasão pode matar um negócio de receitas recorrentes. Se a evasão for alta demais, uma solução é investir em *customer success*. É importante compreender que investir em sucesso do cliente não compensa as falhas fundamentais em outras partes da empresa. Se os seus produtos não forem bons o suficiente, ou se os seus processos de implementação não atenderem às exigências dos clientes, ou se a sua equipe de vendas sempre criar expectativas impróprias, você fracassará, qualquer que seja a qualidade de seus esforços para o sucesso do cliente. Todas as coisas sendo competitivamente iguais, um investimento em pessoas, processos e tecnologia para promover o sucesso do cliente resultará em redução da evasão, se ela for alta demais, ou em gestão da evasão, se os seus níveis forem aceitáveis e sustentáveis. Os benefícios financeiros específicos dependerão do tamanho da sua base instalada.

O impacto negativo da evasão também vai além dos resultados financeiros. As empresas sempre são feitas de pessoas; assim, quando as empresas sofrem evasão, as pessoas também são afetadas. Essas pessoas conhecem outras pessoas, e a publicidade negativa se espalha rapidamente. Se o seu produto influenciava muitas pessoas, ou era usado por elas, o impacto negativo pode tornar-se viral. Também é grande a chance de que um cliente que cancele o contrato em sua empresa passe a comprar de seu concorrente. Isso significa que você sofre duas estocadas. Você perde um ponto e o adversário ganha um ponto. É um golpe duplo, muito doloroso num mercado competitivo, agravado ainda mais quando o ex-cliente se torna referência para o concorrente (para o que ele fará tudo e qualquer coisa). Esses são os efeitos negativos de segunda ordem. Falaremos sobre os efeitos positivos de segunda ordem em breve.

Promove o aumento do valor dos contratos com os atuais clientes. Esse processo geralmente é denominado *upsell* (aumentar o valor do contrato com a venda de produtos ou versões superiores) e *cross-sell* (aumentar o valor do contrato com a venda de produtos complementares), mas esses termos nem sempre significam a mesma coisa para todas as pessoas. Portanto, eu os evitarei tanto quanto possível. Eles simplesmente significam vender mais produtos ou serviços de receitas recorrentes para os mesmos clientes. Algumas empresas não enfrentam problemas de evasão porque os seus produtos são em si aderentes ou porque a despesa e o esforço para promovê-los são grandes. A Workday é um exemplo da última situação. Muito poucos de seus clientes já cancelaram o contrato. Isso, porém, não significa que o sucesso do cliente é desnecessário ou não tem importância. A Workday investe bastante em sucesso do cliente para evitar a possibilidade de evasão, e também, mais especificamente, para fornecer mais pedidos e receitas ao resultado final da empresa, pela exploração da base instalada. Considere uma empresa cujos clientes, em média, aumentam o valor de suas compras ou contratos em 30% ao ano. Esse é um critério extremamente positivo, mas ele leva a uma visão interessante do cliente que se expande a apenas 10%. Não ocorreu evasão. Com efeito, a retenção líquida desse cliente é de 110%. Muitas empresas fariam tudo para alcançar essa média. No entanto, para essa empresa e para esse cliente, uma receita significativa está sendo perdida em comparação com a média. Como se sabe que os clientes médios (não apenas os grandes) estão crescendo a 30%, é razoável supor que a aplicação do *customer success* àqueles abaixo da média os aproximará da média. Em situações como essa, o que se pretende, basicamente, é tratar o déficit de 20% em relação à média como se fosse evasão e procurar agressivamente reduzir essa "perda". Se a atual base de clientes for bastante grande, aumentar a retenção líquida total de 130% para 137% exercerá impacto significativo sobre o resultado final. Empurrar os clientes no nível de 110% para mais perto de 130% provocará exatamente o mesmo impacto e poderá justificar facilmente o aumento do investimento em *customer success*. Também é importante compreender que a receita adicional gerada neste exemplo será muito menos dispendiosa que a aquisição de novos clientes, pois não envolve despesas de marketing adicionais e quase certamente requer menos despesas de vendas.

Melhora a experiência do cliente e a satisfação do cliente. Adam Miller é CEO da Cornerstone OnDemand, empresa de receitas recorrentes extremamente bem-sucedida. Ele me disse recentemente que não tenta justificar do ponto de vista financeiro seus investimentos significativos em *customer success*. Ele acredita com tanta paixão em cumprir a promessa de valor da empresa aos clientes – e *customer success* é a ferramenta para alcançar esse resultado – que simplesmente inclui o custo da equipe em seu modelo de margem bruta e então o gerencia nessas condições. Os resultados financeiros dos investimentos em *customer success* quase sempre revertem em benefício da Cornerstone, mas essa não é a razão para agir dessa maneira.

Também há algo geralmente denominado *receita de segunda ordem*, resultante da retenção e do encantamento dos clientes. A maioria das empresas não mede nem contabiliza esse efeito em seus modelos financeiros; ele simplesmente aparece no aumento das vendas. Na verdade, porém, é o resultado direto do sucesso do cliente. Jason Lemkin, ex-CEO da Adobe Echosign, concebeu o termo "receita de segunda ordem" e atribui a isso um aumento de 50% a 100% do LTV dos clientes. A teoria é simples e lógica:

- John ama o seu produto e deixa a Empresa A para juntar-se à Empresa B, e compra os seus produtos na Empresa B.
- John ama o seu produto e fala sobre eles com três amigos, e alguns deles também acabam comprando o seu produto.

As duas situações são, na verdade, bastante mensuráveis, e você deve esforçar-se para medi-las. Mas há muitos outros efeitos positivos decorrentes da criação da lealdade atitudinal – referências, resenhas positivas, boca a boca, e assim por diante. O verdadeiro encantamento dos clientes também pode ser viral.

O *customer success* é uma mudança organizacional fundamental

Como mencionamos no Capítulo 1, a verdadeira mudança organizacional no mais alto nível de uma empresa é, na verdade, muito rara. Embora as reorganizações sejam um estilo de vida para a maioria das pessoas de negócios, a estrutura organizacional das empresas não mudou muito ao longo dos anos:

- Alguém concebe o produto.
- Alguém constrói o produto.
- Alguém cria demanda para o produto.
- Alguém vende o produto.
- Alguém instala/conserta o produto.
- Alguém conta o dinheiro.

Nos últimos 40 anos, ocorreu apenas uma grande mudança nesse modelo organizacional – a inclusão da TI (tecnologia da informação). Nenhuma empresa opera hoje sem profunda dependência em relação à tecnologia, e essa dependência impôs a criação de uma organização para gerenciar a tecnologia. Daí decorre que a maioria das empresas hoje tem um organograma de primeiro nível mais ou menos parecido com o apresentado a seguir (ver Figura 2.1).

Figura 2.1 – Organograma de primeiro nível

Por todas as razões já analisadas no Capítulo 1, *customer success* agora entrou nesse contexto. Não se trata apenas de um novo título conferido a alguém que dá nova perspectiva a uma antiga função. Isso acontece o tempo todo. As novas organizações, no entanto, são diferentes. Elas se formam apenas quando se constitui um feixe crítico de vetores, e, em geral, um ou mais desses vetores é ou são força(s) externa(s) que afetam muitas ou todas as empresas. O surgimento de unidades organizacionais de TI para sustentar a germinação da nova tecnologia é um exemplo perfeito. É o que também está acontecendo agora com sucesso do cliente. Três vetores-chave devem estar presentes:

1. A empresa torna-se dependente dele.
2. Sua execução exige um novo conjunto de competências.
3. Suas atividades e critérios correlatos são novos.

Dependência da empresa. Passamos todo o Capítulo 1 esboçando como as empresas evoluíram até o ponto do *customer success* tornar-se fundamental para os resultados. Quando a empresa passa a depender do valor vitalício do cliente, o LTV, não apenas de um evento de venda isolado, como fonte do sucesso da empresa no longo prazo, tudo fica diferente. Pessoas, tecnologia, investimentos e foco se deslocam para essa parte do negócio, e uma das consequências é a formação de uma nova unidade organizacional.

Novas competências. Como no caso da TI, *customer success* requer um novo conjunto de competências. Você não pode simplesmente pegar uma engenheira inteligente e torná-la sua CIO (executivo-chefe de informação), e esperar que gerencie toda a tecnologia da empresa e compreenda os requisitos dos processos, da segurança e da administração, para gerar o valor almejado pela empresa. Obviamente não é assim tão simples. A mesma situação se aplica ao *customer success*. Se a empresa não identifica a necessidade de gerenciar a saúde dos clientes, provavelmente ninguém na empresa está analisando os dados disponíveis para identificar os clientes que são e não são saudáveis. Dificilmente alguém estará tomando a iniciativa de procurar os clientes que parecem precisar de assistência ou que acenam com maiores chances de crescimento.

Talvez nem haja alguém que saiba como medir a evasão, a retenção, o crescimento e a satisfação dos clientes, ou que seja capaz de avaliar a importância desses indicadores. Os recursos para tomar essas iniciativas por certo existem, mas eles devem ser convertidos em competências específicas.

Atividades e métricas. Em grande parte, definir uma nova unidade organizacional consiste em definir o que ela fará e como será avaliada. *Customer success*, por certo, também impõe esses dois componentes. Alguém precisa decidir quais são as principais métricas para a determinação do sucesso:

- Renovações brutas.
- Retenção líquida.
- Adoção.
- Saúde do cliente.
- Evasão ou *churn*.
- *Upsell*.
- *Downsell*.
- Net Promoter Score (NPS).

E, em seguida, pelas atividades que impulsionarão essas métricas:

- Verificações da saúde.
- Avaliações trimestrais do negócio (ATNs).
- Suporte proativo.
- Educação/treinamento.
- Escores de saúde.
- Avaliação do risco.
- Processos de redução do risco.

Algumas dessas atividades já foram executadas no passado, em situações críticas e isoladas, mas, afora umas poucas empresas de SaaS maduras, elas ainda não tinham sido reunidas e organizadas sob um único responsável e com critérios claros (ver Figura 2.2).

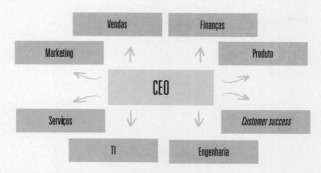

Figura 2.2 – Organograma de primeiro nível, expandido

Evidentemente, não basta apenas criar um novo retângulo no organograma, mesmo que você o preencha com pessoas capazes, indicando-lhes os critérios pelos quais serão avaliados e sugerindo-lhes atividades para alcançar o sucesso. Nenhuma organização se sustenta sozinha; portanto, vamos analisar os fatores críticos para integrar a nova unidade organizacional na empresa como um todo.

Vamos começar com a uniformização da terminologia. "*Customer success*" é o termo que adotamos neste livro por ser o jargão da moda mais usado no setor. Este, porém, não é o único termo que descreve algum tipo de foco renovado no cliente. Não há nem mesmo consistência entre as empresas em relação ao significado de *customer success*. Como mencionamos no Capítulo 1, *customer success* é uma filosofia, assim como uma unidade organizacional específica. Como filosofia, ele geralmente leva a uma unidade organizacional nos moldes da Figura 2.3:

Figura 2.3 – Organização do *customer success* como filosofia

Vê-se nesse exemplo que *customer success* é o termo abrangente usado para descrever todo o contexto de pós-venda. É um termo cativante e significativo porque o objetivo da maioria das empresas é realmente contribuir para o sucesso do cliente. Usá-lo para descrever toda a organização desloca esse valor para a frente e para o centro, e estabelece as expectativas certas para os clientes e para os empregados. É o tipo de ideia que os CEOs e os Conselhos podem ostentar, na medida em que querem tornar-se, ou pelo menos parecer, mais centrados em clientes.

Na Figura 2.3, você provavelmente também notou o retângulo rotulado *customer success (clássico)*. Uso esse termo para distinguir, de um lado, a filosofia de *customer success*, e, de outro, a unidade organizacional com esse título, que é efetivamente a base que executa o difícil trabalho de promover o sucesso do cliente. Acrescento o adjetivo *clássico* porque, na Salesforce, e, depois, em muitas outras empresas, o termo *"customer success"* designava uma atividade muito específica e a unidade organizacional onde se reuniam as pessoas que executavam essa função.

O que *customer success* não é

Como já observei, muitos outros termos são usados para se referir a unidades organizacionais ou a iniciativas específicas dentro da empresa que também concentram mais foco no cliente, com o objetivo de melhorar a experiência do cliente e aumentar o valor que os clientes recebem do fornecedor. Na maioria dos casos, essas atividades não são o mesmo que o *customer success* aqui descrito, mas podem sobrepor-se ou imbricar-se em algumas áreas com essa filosofia e unidade organizacional. Daí a importância de conhecê-las, se você pretende compreender o *customer success*. Por causa do *frisson* em torno do *customer success*, a visibilidade dessas unidades organizacionais ou iniciativas específicas também aumentou, o que gerou alguma confusão no mercado.

***Customer experience* ou experiência do cliente (CX).** O termo designa especificamente a avaliação e a gestão da experiência total do cliente, ao longo do seu ciclo de vida. Aí se incluem a compreensão e a gestão da experiência do cliente, em todos os pontos de contato com o fornecedor, passando por vendas, *onboarding*, faturamento, suporte e renovação, sendo em geral induzida ou medida com base em resultados de pesquisas. Muitas empresas, como a Satmetrix, construíram todo o negócio em torno da experiência do cliente. É uma disciplina que inclui soluções tecnológicas, melhores práticas e conferências. Uma vez que as pesquisas de satisfação dos clientes são, em geral, componentes da medição total da saúde do cliente, há uma área minúscula de sobreposição ou imbricação entre *customer success* (CS) e *customer experience* (CX).

Gestão do relacionamento com o cliente (CRM). O CRM (*customer relationship management*) é muito usado para descrever o espaço do mercado para soluções como Salesforce.com, Microsoft Dynamics, Oracle CRM (Siebel Systems), e assim por diante. Com efeito, o símbolo da Salesforce no mercado de ações é CRM. É um termo usado, de início, para descrever o mercado, não uma função ou disciplina específica, mas, por ser tão comum, ele, em geral, é compreendido como abrangendo a disciplina *customer success* ou com a conotação de que *customer success* é simplesmente subproduto do CRM. A gestão de *customer success* poderia muito bem ser denominada CRM, se o termo já não fosse usado para descrever algo muito diferente. No contexto de hoje, porém, eles não são, de modo algum, uma só coisa ou a mesma coisa.

Advocacia do cliente. Esse termo é usado com mais frequência para descrever o papel crítico que os clientes felizes e bem-sucedidos podem desempenhar na promoção da agenda do fornecedor, por meio de referências, estudos de casos, resenhas positivas e participação em grupos de usuários. Soluções setoriais, científicas e tecnológicas, como Influitive, estão sendo desenvolvidas em torno da ideia de advocacia dos clientes, como atividade paralela e complementar ao *customer success*. Se *customer success* pode ser definido como gerenciamento da saúde do cliente, advocacia do cliente também pode denotar o impacto exercido por esses clientes que alcançam altos escores de saúde. Como você vê, *customer success* e advocacia do cliente desencadeiam facilmente um círculo virtuoso.

Customer success NÃO é suporte ao cliente

Outra diferenciação organizacional importante que merece alguma análise envolve *customer success* e suporte ao cliente. Suporte ao cliente é uma unidade organizacional e uma disciplina que já existe há muito tempo. A descrição do que faz suporte ao cliente quase sempre gira em torno do termo "quebra/conserta". Esse é o número 0800, a janela de chat (bate-papo) ou o endereço de e-mail a que você recorre para pedir ajuda em relação a alguma coisa que parece estar quebrada ou não estar funcionando bem. Esse ponto de contato é fundamental para a experiência total do cliente com o fornecedor. Quantas vezes você já ouviu alguém se queixar das longas filas de espera ou dos atendentes imprestáveis com quem você finalmente conseguiu falar? Para muitos de nós, na condição de clientes, principalmente de consumidores, esse é o primeiro ponto de contato com os nossos fornecedores. Por isso é que o pessoal de *customer experience* concentra tanta atenção nessa área crítica. Isso também é fonte de tremenda confusão na hora de analisar *customer success*, por inúmeras razões.

Uma das razões é a semelhança, não só da sonoridade, das palavras e da sigla CS, mas também da percepção do significado. Será que *customer success* não é apenas uma nova maneira de dizer suporte ao cliente? A resposta é NÃO, mas a conclusão não é assim tão fácil.

Também há certa sobreposição de competências. As pessoas de suporte ao cliente devem ser especialistas no produto, assim como os gerentes de *customer success*. Ambas as funções exigem habilidades de relacionamento pessoal (personalidade, paciência, desejo de ajudar, tolerância, etc.). A capacidade de solução de problemas também é um talento útil nas duas áreas.

Outra fonte de confusão é simplesmente a lógica ingênua, que geralmente se desenvolve da seguinte maneira: "Se temos uma equipe que conhece os nossos produtos e que ajuda os nossos clientes em casos de necessidade, por que precisaríamos de uma segunda equipe com as mesmas competências, fazendo, basicamente, as mesmas coisas?".

Criar uma unidade organizacional de *customer success* exige que as linhas divisórias entre ela e suporte ao cliente sejam muito nítidas. Vários são os fatores que ajudam a distinguir os dois grupos:

	Customer success	Suporte ao Cliente
Finanças	Indutor de receita	Centro de custos
Ação	Proativo	Reativo
Métricas	Voltado para o sucesso	Voltado para a eficiência
Modelo	Focado na análise de dados	Intensivo em pessoas
Objetivos	Preditivo	Responsivo

As duas equipes não são variações sobre o mesmo tema; na verdade, são antagônicas em muitos dos principais aspectos.

Com muita frequência, por causa das semelhanças, *customer success* constitui-se, de início, dentro da unidade organizacional de suporte ao cliente. Em consequência de todas as diferenças já apontadas, essa ideia nem sempre dá certo. O que geralmente acontece é que *customer success* torna-se um tipo de oferta de suporte premium. As ofertas de suporte ampliadas geralmente são muito boas, mas não são *customer success*. Geralmente envolvem elementos positivos para os clientes, como contrato de nível de serviços (CNA) ampliado, horas de atendimento estendidas, suporte multilocal, pontos de contato designados, acesso direto ao suporte de nível 2, e assim por diante. Todas essas melhorias são muito importantes, pelas quais o cliente deve pagar mais, como de fato paga, mas elas ainda não são *customer success*. Basicamente, elas são reativas a possíveis problemas dos clientes e, em última instância, são avaliadas pela eficiência (número de casos fechados por dia/representante). Em contraste, *customer success* usa dados para prever de maneira proativa e evitar dificuldades para os clientes, e, em geral, será avaliado pelas taxas de retenção.

Ambas as unidades organizacionais são 100% necessárias para a eficácia da empresa. A advertência aqui é simplesmente para promover a conscientização de que elas não têm os mesmos objetivos e que a segregação organizacional é realmente muito melhor do que a integração organizacional. As duas equipes, porém, acabarão atuando em estreito relacionamento e colaborando intensamente em muitas situações dos clientes, embora a separação seja necessária, pelo menos de início, para formalizar a disciplina e os processos de *customer success*, sem a influência da equipe reativa de suporte aos clientes.

O que é *customer success*

Agora que eu espero ter esclarecido alguma possível confusão, é hora de ir além da simples estrutura organizacional e falar sobre como tornar realmente eficaz a empresa centrada no sucesso do cliente. Um bom ponto de partida talvez seja desenvolver os critérios já mencionados que distinguem sucesso e suporte. É possível que isso também o ajude não só a compreender o tipo de pessoa adequada para liderar a unidade organizacional, mas também a definir as características daquelas que exercerão as funções de colaboradores individuais.

Customer success é:

Indutor de receita – Gerenciar a base instalada num negócio de receitas recorrentes significa ser responsável por parcela significativa do bem-estar financeiro da empresa. *Customer success* é uma unidade organizacional que gera receita de duas maneiras:

1. Renovações (prevenção de evasões) – Renovação é uma transação de vendas, seja ela explícita (assinatura de um contrato) ou implícita (renovação automática, sem opção expressa pela não renovação). Como consumidores, vivemos neste mundo com os nossos provedores de telefonia móvel. A opção expressa pela não renovação é uma escolha a ser feita. A rescisão antes do vencimento do contrato em geral envolve penalidades, mas ainda é uma hipótese. A opção expressa pela não renovação no vencimento do contrato não acarreta ônus. Ambas as formas de renovação envolvem uma venda que ocorre todos os meses em que não mudamos de provedor. A equipe responsável por garantir que não mudemos de provedor é o que geralmente denominamos *customer success* neste livro, assim como muitas empresas B2B, que também a designam como *customer success*. As empresas B2C, que servem a consumidores, não a outras empresas, como a AT&T e a Verizon, talvez não usem o termo "*customer success*", mas elas, por certo, também contam com equipes que analisam os dados e tentam evitar ou atenuar os riscos que identificarem em qualquer cliente ou grupo de clientes.

2. *Upsells* – Este é o ato de comprar mais produtos do fornecedor. Ampliando nossa analogia com a telefonia móvel, *upsell* é quando você compra um pacote mais amplo e mais caro, com, por exemplo, ligações internacionais ilimitadas, mensagens de texto irrestritas, ou mais dados. A mesma coisa ocorre no mundo B2B.

Em muitos casos, a equipe de *customer success* não participa efetivamente da transação de vendas, seja renovação, seja *upsell*. Em geral, existem equipes de vendas específicas, para a negociação do contrato e para a assinatura final. No entanto, mesmo que a transação de vendas não seja executada pelo pessoal de *customer success*, essa é a unidade organizacional que a possibilita e a promove. Repetindo algo que já dissemos antes, os clientes bem-sucedidos fazem duas coisas: (1) continuam clientes (renovando ou não rescindindo os contratos) e (2) compram mais. Como a tarefa do *customer success* é garantir que os clientes sejam bem-sucedidos com o seu produto, *customer success* é uma unidade organizacional indutora de receita. Isso significa que precisa de pessoas que tenham pelo menos vivência e perspicácia em vendas, mesmo que careçam de experiência direta em vendas.

Proativo – Essa é uma diferença importante em relação ao suporte ao cliente, no qual a maioria das pessoas reage às manifestações dos clientes por telefone, chats, e-mails ou tuítes. As equipes de *customer success* usam a análise de dados para identificar os clientes que exigem algum tipo de ação direta, seja porque parecem envolver riscos, seja porque parecem oferecer oportunidades de *upsell*, ou ainda porque devem ser incluídos na próxima revisão trimestral do negócio. Tenha o cuidado de não recrutar para a área de *customer success* pessoas que tendem a ser reativas. A transição é possível, mas é difícil.

Orientado para o sucesso – As métricas de sucesso impulsionam a primeira linha (pedidos e receita) dos ganhos financeiros da empresa. Novas vendas é, sem dúvida, métrica de sucesso. No contexto do *customer success*, as principais métricas são, em geral, taxas de renovação, porcentagens de *upsell*, crescimento geral da base de clientes, e assim por diante. As métricas de eficiência são muito diferentes. Elas focam na redução de custos em vez de no aumento da receita. Reduzir em um dia o tempo de montagem de um carro na fábrica é métrica de eficiência. Se você produz muitos carros, esse aumento de eficiência é extremamente valioso para a empresa, mas não resulta diretamente em vendas de mais carros. Os especialistas em eficiência não serão necessariamente as mesmas pessoas que contribuirão para o aumento da receita ou dos pedidos.

Focado em análise de dados – Hoje, a maioria das organizações é movida por análise de dados, mas o *customer success* é impulsionado por análise de dados prospectiva, ou preditiva, como não é o caso em grande parte dessas organizações. A analogia com vendas aqui é, mais especificamente, com a análise de dados, que o ajuda a identificar as melhores oportunidades no *pipeline*, as quais demandam mais atenção e urgência. A análise de dados, da mesma maneira, impulsiona o *customer success*, não só prevendo resultados como evasão e *upsell*, mas também possibilitando a otimização do tempo consumido pela equipe. O tempo gasto por um especialista com um cliente feliz geralmente rende bons resultados, como escores mais altos de satisfação e mais referências; mas talvez não seja tão valioso quanto o tempo gasto com um cliente em dificuldade. O foco em análise de dados com o tipo certo de dados preditivos é fundamental para construir uma equipe eficaz de *customer success*.

Preditivo – Esse deve ser o foco do *customer success*, não somente da análise de dados e das análises em si, mas também das pessoas. Lembre-se de que a atitude contrastante em suporte aos clientes é simplesmente responsividade. É ótimo melhorar a sua responsividade, principalmente quando se trata de clientes. Os clientes valorizam esse atributo, que proporciona uma experiência total melhor para ambas as partes. A capacidade de predição, porém, vai mais longe – ao prever a quem procurar antes de ser procurado.

Impacto interfuncional do *customer success*

Ao melhorar a saúde organizacional com a inserção dessa nova equipe, a primeira coisa a ser reconhecida é que *customer success* não deve ser uma filosofia exclusiva da unidade organizacional homônima, ou seja, com o mesmo nome. Deve ser uma ideia que permeia todas as áreas da empresa e impregna a cultura organizacional. Talvez mais do que qualquer outra unidade organizacional, *customer success* não é uma ilha. Não importa que o seu negócio seja ou não de receitas recorrentes; se você realmente estiver empenhado no sucesso dos clientes como viga mestra da empresa, todas as suas unidades organizacionais devem estar igualmente comprometidas com o *customer success* e motivadas por esse objetivo primordial.

Pensemos em incentivos, por um momento. Uma maneira de garantir que todas as áreas funcionais da empresa estejam de fato comprometidas com o sucesso do cliente é adotar incentivos adequados. A maioria das empresas tem um plano de bônus para executivos, e muitas dessas empresas estendem o plano de bônus à maioria, se não a todos os empregados. Em ambos os casos, os bônus provavelmente estão associados aos resultados da empresa. Isso significa que alguém, quase sempre o CEO, com a aprovação do Conselho de Administração, decide quais são as medidas certas do sucesso da empresa e também quais são os níveis de gasto adequados. Em algumas empresas, o gasto talvez se baseie no crescimento das vendas. Em outras, talvez seja a lucratividade. Nas empresas movidas a *customer success*, talvez se inclua algum tipo de critério de retenção. Um plano simples, mas extremamente eficaz, pode ter apenas dois fatores – crescimento da primeira linha (receita/pedidos) e retenção de clientes. Se todos os empregados, mas, sobretudo, os executivos, estiverem motivados a pensar em vendas e em retenção, a mensagem é muito forte no sentido de que a empresa prioriza ambos os critérios e, portanto, tem grandes chances de alcançar o objetivo dos planos de remuneração e incentivos – mudar o comportamento.

Outra ideia correlata aqui é garantir que uma pessoa seja responsável pelas métricas de *customer success*, que podem ser taxa de renovação, taxa de retenção líquida ou escore de satisfação do cliente. Qualquer que seja a medida, uma pessoa é a sua dona, ou a responsável por ela. Um velho ditado de negócios, muito sábio, aplica-se sob medida aqui: "Quando muita gente é dona ninguém manda nada". Você jamais admitiria dirigir uma empresa sem ter alguém responsável por vendas, certo? Se você estiver comprometido com o *customer success* como pilar, equivalente a vendas, do êxito duradouro da empresa, será que você não precisaria agir da mesma maneira em relação à retenção de clientes? Sem a menor sombra de dúvida. Atribua essa função a alguém e lhe dê a mesma autoridade conferida ao vice-presidente de vendas para alcançar os números almejados. Poder para balançar as árvores, para pressionar outras áreas funcionais, para competir por recursos, para tomar decisões estratégicas, ou todos os poderes acima. Alguém precisa ser o dono ou responsável, e ter consciência de que seu emprego depende dos resultados. Alguém poderia argumentar com facilidade que a principal atribuição do líder das iniciativas de *customer success* é garantir que todas as outras unidades organizacionais estejam pensando da mesma maneira sobre retenção de clientes.

Essas duas ideias se conjugam para impulsionar uma empresa saudável. Joe é VP de vendas da Acme. A Acme já está no mercado há algum tempo e é uma empresa saudável e em crescimento. Ele tem 45 representantes de vendas, 15 consultores de soluções, e mais 5 funcionários para operar a carteira de pedidos, administrar as ferramentas, e, em geral, oferecer apoio à equipe. Sua quota de vendas para este ano é de US$ 73 milhões em pedidos. Joe, obviamente, presta contas ao CEO.

No outro lado do escritório está Sherrie. Ela é a VP de *customer success*. Ela tem 29 GCSs, 7 representantes de renovação e de *upsell*, e três pessoas em operações de *customer success*. Sua quota de vendas para este ano é de US$ 145 milhões; ou seja, 132 milhões de renovações, mais 10% de *upsell*, para um objetivo total de retenção líquida de 110%. Ela também se reporta diretamente ao CEO.

Algo que você certamente percebeu é que o número de Sherrie é maior que o do VP de vendas. Bem maior. Isso acontece nos negócios de receitas recorrentes e, frequentemente, não demora muito para acontecer – quatro a cinco anos para uma empresa saudável, e menos se a primeira linha começar a achatar-se. Considere uma empresa que foi fundada três anos atrás e angariou em pedidos US$ 1 milhão, US$ 4 milhões e US$ 10 milhões nesses três anos. Digamos também que a retenção líquida tem sido de 100% até agora, significando que o valor corrente da base instalada, ou receitas recorrentes anuais (RRA) é US$ 15 milhões. Agora, vamos assumir que a meta de crescimento das vendas para o próximo ano é 50%. Essa é uma bela história de empresa, não muito incomum, e uma estratégia de crescimento razoavelmente agressiva. Também significa que o dono ou responsável pela retenção, assumindo que a retenção líquida será, daqui em diante, de 110%, terá uma meta de vendas maior que a do VP de vendas: US$ 16,5 milhões *versus* US$ 15 milhões no próximo ano. Essa diferença crescerá rapidamente com o passar do tempo. Se ambos atingirem seus números no próximo ano e as mesmas metas de crescimento prevalecerem no ano subsequente, os números serão US$ 34,7 milhões e US$ 22,5 milhões, respectivamente. Veja na Figura 2.4 como serão suas metas ao longo de vários anos.

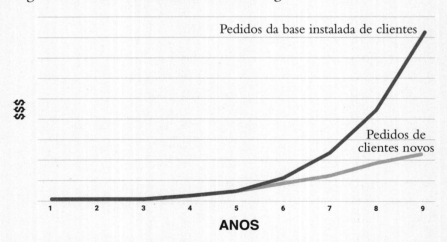

Figura 2.4 – Pedidos da base instalada de clientes *versus* pedidos de clientes novos

De volta à nossa história. Numa segunda-feira de manhã, Joe entra na sala do vice-presidente de engenharia, o que ele faz várias vezes por semana. A conversa provavelmente gira em torno do que Joe precisa de Bill para alcançar seus números no próximo ano.

"Os concorrentes estão matando a gente com duas coisas que não temos, e uma integração daria pra gente uma vantagem competitiva, e eu venderia de montão. Além disso, eu preciso de um pequeno hack no nosso demo, possivelmente não mais que uns dois ou três de trabalho, para fazer ele bombar." As palavras de despedida talvez fossem mais ou menos assim: "Se não conseguirmos fazer isso, será realmente difícil fechar os números de vendas, e isso será o nosso fim".

Esse tipo de conversa acontece o tempo todo, há anos.

Mais tarde, naquele mesmo dia, Sherrie também entra na sala de Bill. A conversa entre os dois parece muito semelhante à anterior, mas, evidentemente, com os toques pessoais de Sherrie.

"O desempenho geral, neste exato momento, de fato está nos derrubando. O resultado disso é que alguns clientes importantes estão pressionando na renovação. Também tem um relatório no demo que parece feio, mas os clientes estão gritando por ele." E continua: "Outra coisa, o tal recurso de Blart é realmente legal, mas preciso que ele fique separado, para ser vendido como upgrade, não como parte do pacote padrão. Se pudermos fazer essas coisas, acho que consigo bater as metas".

Agora dá para compreender o problema, certo? Esses pedidos competem um com o outro. Os dois são bons para o negócio; no entanto, eles estão sendo fonte de tensão. Tensão não é nada novo em negócios. A tensão organizacional, se gerenciada de maneira adequada, é o motor que empurra a empresa para a frente. O cenário anterior é a razão pela qual você quer que Bill, o VP de engenharia, sinta-se motivado e influenciado por suas conversas com Joe e com Sherrie. Como CEO, você precisa criar essa realidade. Joe e Sherrie têm suas próprias metas, que são fundamentais para o seu negócio. Você quer que eles tenham a mesma autoridade em toda a empresa para alcançar seus números e façam o negócio prosperar. Você também quer que Bill tenha incentivos para atender aos dois. A conversa de Sherrie precisa ter para Bill o mesmo peso da conversa de Joe. Isso é uma mudança de poder na maioria das empresas. Vendas é o rei, e sempre foi, com toda a razão. Quando o crescimento da primeira linha, a da receita, é a única coisa que realmente importa, a pessoa que produz esses resultados tem o poder. Quando, porém, você desloca o foco da empresa para o *customer success*, sobretudo quando se trata de um negócio de receitas recorrentes, parte desse poder se desloca para a pessoa que é dona ou responsável pela retenção. Com o passar do tempo, à medida que sua base instalada se torna muito mais valiosa do que os pedidos de novos negócios, a mudança de poder prosseguirá no mesmo ritmo.

Impacto nas vendas

Vejamos, agora, mais de perto, cada um dos principais grupos organizacionais dentro de uma empresa e como o foco no *customer success* mudará a maneira como operam. Como já iniciamos esse caminho, vamos prosseguir com as vendas.

Aqui, vou, de fato, misturar marketing e vendas no mesmo saco, uma vez que o objetivo conjunto de ambas as áreas é o mesmo. Para os propósitos desta análise, reduzirei o papel de marketing à geração de demanda – as pessoas e os processos que alimentam a equipe de vendas com *leads* que empurram a aquisição de novos clientes. Como será que esse mundo mudará se a empresa deslocar o foco para o sucesso e a retenção dos clientes? Várias coisas acontecerão, de imediato ou ao longo do tempo:

1. Novo foco de marketing e vendas apenas em clientes que podem ser bem-sucedidos no longo prazo com os seus produtos.
2. Menos ênfase na maximização do primeiro negócio, sobretudo se for às custas do valor vitalício do cliente (LTV).
3. Conscientização geral quanto à importância das renovações.
4. Melhoria das expectativas em relação aos clientes potenciais.
5. Muito mais atenção à transferência de conhecimento e à preparação pós-venda, para garantir um *onboarding* adequado e o sucesso contínuo do cliente.
6. Incentivos em torno das renovações e do valor vitalício do cliente (LTV).

Essas são mudanças significativas e fundamentais na mentalidade da sua equipe de aquisições de novos clientes. À semelhança dos CEOs, como analisamos no Capítulo 1, os representantes de vendas realmente querem que os clientes tenham sucesso duradouro. A maioria não está aí simplesmente para ganhar dinheiro às custas do resto da empresa. Mais uma vez, porém, seus incentivos e sua mentalidade de curto prazo frequentemente interferem no enredo. Para que a empresa alcance sucesso duradouro, a maneira como você considera a geração de demanda e o esforço de vendas e, talvez, o modo como essas duas funções são incentivadas talvez precisem de mudanças drásticas.

No extremo, é até possível que você confira poder de veto sobre as transações de vendas à pessoa responsável pela retenção. Essa até pode parecer uma proposta perigosa, e é. Talvez seja, porém, a coisa certa a fazer, se o poder for manejado com muito cuidado e for impulsionado por dados reais, não apenas por casos e instintos. Em última instância, caso não se atribua essa autoridade ao vice-presidente de *customer success* ou ao executivo-chefe de clientes (COO), competirá a você, como CEO, exercê-la, por ser a pessoa a quem cabe equilibrar a necessidade de gerar os resultados deste trimestre com o risco de vender ao cliente errado no longo prazo.

Com o passar do tempo, e com o acúmulo e análise de muitos dados, essas decisões devem basear-se em informações, até o ponto de deslocar o foco de sua equipe de geração de demanda, para concentrá-lo apenas nos clientes potenciais com alta probabilidade de alcançar o sucesso vitalício.

Impacto no produto

Vamos conversar, agora, sobre a sua equipe de produtos. Estou incluindo nesta análise tanto a gestão de produtos quanto as atividades de engenharia/desenvolvimento/fabricação. Já examinamos um exemplo em nossa história de Joe, Sherrie e Bill. Como os clientes não mais são mantidos como reféns pela enormidade dos investimentos antecipados e pelos altos custos da mudança, sua mentalidade sobre produtos também deve deslocar-se da venda de produtos para a retenção de clientes. Em termos simples, seu produto deve atender aos clientes atuais tanto quanto atrai os clientes potenciais. Com efeito, uma definição que já ouvi é que *customer success* é *cumprir a promessa de vendas*. Lembre-se de que a mudança aqui não é só cuidar dos clientes, mas também conscientizar-se de que o valor vitalício dos clientes (LTV) é questão de vida ou morte para a empresa. A mentalidade de retenção da sua equipe de produtos deve ser mais ou menos a seguinte:

- Inserir no produto medidas de retorno sobre o investimento (ROI).

- Tornar o produto fácil de implantar.
- Projetar para facilitar a adoção, não apenas para ter recursos.
- Aderência é mais importante que recursos.
- O desempenho é mais importante que a qualidade da demonstração.
- Criar módulos como upgrade para *upsell*, em vez de integrar todos os atributos no produto básico.
- Facilitar a autossuficiência do cliente.

Muitas dessas características já são parte da mentalidade natural de uma boa equipe de produtos, mas as empresas centradas em *customer success* as converterá de atributos desejáveis em requisitos indispensáveis.

A boa notícia é que, numa empresa bem organizada, focada no cliente, a pessoa responsável pela retenção ou satisfação dos clientes reforçará constantemente essas exigências. Nas empresas convencionais, ninguém precisa lembrar a ninguém sobre a importância de vender a novos clientes. Concentrar, porém, o mesmo foco na retenção e no valor vitalício dos clientes (LTV), em toda a empresa, é nova mentalidade e envolve mudanças de conceito. A não ser para a sua VP de *customer success*, que terá esse conceito no próprio DNA. Ninguém precisará lembrá-la da importância dos clientes para a organização. A função e o contracheque dela giram em torno desse conceito, e se ela estiver exercendo o seu papel, por certo refocará toda a empresa nessa direção.

Impacto em serviços

Para a sua equipe de serviços, a mudança de mentalidade é um pouco mais sutil. Para eles, é muito mais uma questão de urgência do que uma lista de itens específicos, como as já apresentadas nos tópicos anteriores. Eu gostaria de resumir tudo em uma afirmação: "Num negócio de receitas recorrentes, não existe pós-venda. Toda e qualquer atividade é um esforço de pré-venda."

Compare a urgência de implantar o seu software para um cliente sob um contrato trimestral, de um lado, e para outro cliente que comprou uma licença perpétua. No segundo caso, um atraso de dois ou três dias, ou até de uma semana, provavelmente não fará muita diferença. No primeiro caso, porém, envolvendo um cliente que, em 90 dias (60 dias úteis), por exemplo, decidirá se manterá ou não o seu produto por mais um período contratual, dois ou três dias podem fazer enorme diferença.

Impregnar toda a equipe de serviços, essa deve ser a mentalidade. A pessoa de suporte ao cliente, que atende a um telefonema de um cliente, precisa pensar na solução do problema como atividade de pré-venda. Os representantes de vendas e os consultores de soluções atribuem importância crítica a todas as interações com os clientes, porque o relógio está correndo no mês, no trimestre ou no ano em curso, e eles precisam fechar o negócio. Os representantes de suporte ao cliente precisam desenvolver esse mesmo senso de urgência. Resolver o problema do cliente o mais rápido possível é fundamental e obrigatório, por causa do negócio pendente que por certo está em jogo. Esse negócio pendente, sem dúvida, é a renovação do contrato, de um lado, e a oportunidade de evasão, de outro, caso não se concretize a renovação, ou, na hipótese de pagamento em bases correntes, a chance de gerar a necessidade de mais do mesmo produto ou de novos produtos complementares ou diferentes.

Uma das atribuições do bom Gerente de *Customer Success* (GCS) é sempre repetir a pergunta: "Por que este cliente precisa da minha ajuda agora? O que podemos fazer ou o que poderíamos ter feito de maneira diferente antes, para que eu não precisasse intervir agora?". Essa mentalidade geralmente leva a pressionar outras partes do negócio de serviços:

- Suporte ao cliente não resolveu o problema de maneira adequada.
- Um caso crítico está pendente há muito tempo em suporte ao cliente.
- O cliente foi treinado para desenvolver relatórios, mas não sabe identificar os relatórios realmente necessários no seu caso.
- A configuração elaborada pela equipe de *onboarding* não se aplica à situação do cliente.

Em todos esses casos, a função de *customer success* envolvendo a GCS e a equipe não se resume em ajudar o cliente a enfrentar o desafio, mas em buscar a raiz do problema e exercer pressão para que o próximo cliente não acabe na mesma situação. Isso significa voltar às áreas funcionais de suporte, treinamento ou *onboarding*, forçando-as a mudar o jogo. Obviamente, a melhor experiência do cliente não é pedir a ajuda de alguém, quando necessário, mas precisar de ajuda com cada vez menos frequência.

Para ser justo, *customer success* também precisa questionar outras unidades organizacionais que não prestam serviços, quando, por ação ou omissão, também propiciaram o fracasso do cliente:

- Vendas criou expectativas errôneas sobre as características e possibilidades do produto.
- O produto não funciona conforme o prometido.

Grande parte, porém, da contribuição da organização para que *customer success* realmente contribua para o sucesso dos seus clientes ocorrerá nas unidades organizacionais de serviços. Portanto, o senso de urgência com que todas essas áreas funcionais manejam todas as tarefas e desafios é de extrema importância. As equipes de serviços devem encarar suas funções como atividades de pré-venda, não de pós-venda.

Essa é outra razão pela qual a VP de *customer success* deve deter autoridade efetiva e exercer liderança eficaz. Grande parte de suas atividades com o objetivo de empurrar a empresa para a frente consiste em influenciar pessoas de outras unidades organizacionais. Ela deve ter a atitude, os incentivos e as competências para pôr-se à altura do VP de vendas, do VP de engenharia e dos líderes de outras unidades organizacionais da empresa. Sob muitos aspectos, o conjunto de competências do líder certo de *customer success* será muito semelhante ao do VP de vendas, com um pouco mais de orientação para serviços, no lugar da mentalidade de fechamento de negócios.

Capítulo 3

CUSTOMER SUCCESS PARA NEGÓCIOS TRADICIONAIS, COM RECEITAS NÃO RECORRENTES

Hoje, o *customer success* como filosofia, disciplina e unidade organizacional se concentra em grande parte no mundo das empresas B2B e SaaS. Como já analisamos, a urgência típica do modelo de negócios por assinatura é que promoveu o *customer success* como área funcional e que o impôs como parte da consciência de negócios. Mas será que se aplica também a outros modelos de negócios?

A resposta é um sonoro *sim*. A necessidade dos conceitos de *customer success*, qualquer que seja a denominação, está sendo descoberta e, em alguns casos, redescoberta por muitas empresas B2C, com tecnologias convencionais, por várias razões, inclusive:

1. Muitas empresas estão pensando em como tornar-se negócios por assinatura ou pelo menos como desenvolver alguns produtos por assinatura.
2. Criar grandes experiências para os clientes e garantir que eles realmente extraiam valor de seus produtos são fontes seguras de retorno. Se você vive em um mundo em que essas afirmações são verdadeiras, reflita, então, sobre como o sucesso do cliente pode ajudá-lo.

Lembre-se de que o termo "*customer success*" é simplesmente outra maneira de dizer "desenvolver a lealdade do cliente" e, em especial, "desenvolver a lealdade atitudinal do cliente". A razão de ser das unidades organizacionais e respectivas equipes físicas de *customer success* é exatamente fomentar a lealdade do cliente, que resulta em retenção do cliente e em crescimento das receitas recorrentes. Os clientes leais continuam com você e compram mais de você. Todas as empresas querem que os clientes se comportem dessas duas maneiras. As assinaturas são o primeiro passo do processo para conseguir esses resultados, razão pela qual, com a ajuda da tecnologia, as assinaturas estão se disseminando em todos os mercados. As assinaturas, porém, não são o Cálice Sagrado; elas são apenas o ponto de partida. Com toda assinatura vem a realidade de que transferimos muito poder ao cliente, e isso significa que precisamos atender às necessidades deles para que o negócio obtenha os resultados almejados. É aqui que entra o *customer success*, seja mediante intervenções deliberadas e específicas de uma unidade organizacional constituída para essa finalidade, seja por meio de tecnologias que o ajudem a corresponder às expectativas dos clientes e a melhorar suas expectativas.

Será que as assinaturas se aplicam somente a software e a revistas?

Comecemos examinando a expansão da economia de assinaturas além do software, por ser fator crítico para a expansão e a relevância do *customer success*. Certos negócios por assinatura estão aí há anos, e estamos acostumados com eles.

- Revistas e jornais.
- Academias de ginástica.
- Emissoras de TV a cabo.
- Clubes.
- Tecnologia tradicional (manutenção de hardware e software).

Outros negócios por assinatura, que estamos adotando com rapidez:

- Filmes (Netflix).
- Rádio por satélite (SiriusXM).
- Música (Pandora, Spotify, Apple Music).
- Programas de dieta (Nutrisystem, Vigilantes do Peso).
- Planos de saúde (todas as grandes seguradoras).
- Entrega de produtos de mercearia (Instacart).

E outros que ainda não mudaram a nossa vida, mas o farão em breve:

- Lâminas de barbear (Dollar Shave Club).
- Refeições (Blue Apron, EAT Club).
- Bebidas saudáveis (Soylent).
- Entrega de encomendas (Amazon Prime).
- Prescrições (PillPack).
- Academias de ginástica V2 (ClassPass).

Todas as empresas do mundo estão pensando em adotar o modelo de negócios por assinatura. Será que os executivos da Starbucks não estão pensando no preço certo para uma assinatura ilimitada de café? Se for menos de US$ 50 por mês, pode contar comigo. E que tal uma empresa como o Uber? Você pode apostar que equipes de cientistas de dados estão vasculhando os números para chegar a um modelo de negócios por assinatura para a empresa – todas as corridas que você quiser em São Francisco por US$ 225 por mês, quem sabe? Isso levaria muitas pessoas a desistir de usar o táxi convencional ou o Lyft quando a alternativa da assinatura for talvez um pouco mais conveniente. Esses programas são extremamente poderosos, porque entregam duas coisas que todas as empresas almejam e adoram: receita previsível e lealdade duradoura. Esses dois conceitos também são bidirecionais. Como clientes, tendemos a amar despesas previsíveis, da mesma maneira como as empresas amam receitas previsíveis. Por isso é que muitos consumidores optam por pagar a mesma quantia à empresa de energia, todos os meses, em vez de preocupar-se com as oscilações provocadas pela sazonalidade. O outro aspecto é um pouco mais sutil, mas a natureza humana se inclina para a lealdade, como fator positivo, até como uma insígnia de honra. Será que você já ouviu alguma vez uma conversa entre um dono de caminhão Ford e um dono de caminhão Chevy? A lealdade chega às vias de fato em algumas partes do mundo. Apenas queremos nos orgulhar de nossas decisões, o que significa que nossa lealdade está aí para quem quiser aproveitar, e o modelo de negócios por assinatura é o dispositivo perfeito para explorar e satisfazer o anseio por lealdade.

Os conceitos aqui mencionados reforçam e aproveitam a lealdade há anos, a começar com as empresas que oferecem programas de fidelidade a viajantes e compradores. Por definição, as empresas que desenvolvem esses programas atuam no negócio de pagamento em bases correntes e, como já mencionamos, o pagamento em bases correntes é muito parecido com o modelo de negócios por assinatura, quando se trata de gerenciar os clientes. Os programas de fidelidade oferecem todos os tipos de razões para você continuar a fazer negócios com uma empresa, esquecendo todas as outras. Quando alugo um carro hoje, é sempre da National Car Rental. Eles têm todas as minhas informações, permitem-me entrar direto na área de estacionamento dos carros, escolher o que eu quero e dirigir direto para a saída, onde tudo o que tenho a fazer é mostrar a minha carteira de motorista. Extremamente conveniente, em comparação com o processo para não membros, que inclui filas, formulários, além de muitas assinaturas. Agora que fui aprisionado, é altamente improvável que eu alugue carros de outras empresas, a não ser que eu encontre uma maneira de facilitar ainda mais a minha vida, como entregar o veículo em meu portão de desembarque no aeroporto e permitir que eu devolva o veículo onde quiser.

O setor de fidelização que primeiro vem à mente é, obviamente, o de aviação comercial e seus programas de milhagem. Quando eu estava pensando em escrever este livro, um amigo perguntou-me onde *customer success* era aplicável fora do SaaS. Minha resposta automática foi "em nenhum lugar". Mas ele, então, me questionou com uma pergunta simples: "O que acontece quando o seu voo da United de hoje à noite está atrasado?". Minha resposta: "Recebo uma mensagem de texto informando-me do atraso e a nova hora de partida estimada ou a hora esperada da próxima atualização". *Customer success* não é isso? A United Airlines por certo quer que eu voe em seus aviões com o máximo de frequência. Como as viagens aéreas são tudo, menos uma experiência perfeita, parte do que a United precisa fazer para me agradar é me manter informado quando as coisas não correm conforme os planos. Daí a mensagem de texto quando um voo está atrasado, quando muda o número do portão de embarque ou quando minha bagagem não está chegando no mesmo voo em que estou.

Grande parte do trabalho diário do Gerente de *Customer Success* (GCS) numa empresa SaaS envolve definir e redefinir as expectativas do cliente. A nova versão cuja entrega estava programada para quinta-feira agora está atrasada duas semanas. A mudança no relatório solicitada pelo cliente foi incluída na versão de outubro. Ou, no lado positivo, o programa de suporte premium que prometemos está disponível a partir de hoje, não em 1º de setembro, conforme previsto de início. Tudo isso é parte do dia a dia do GCS e é semelhante ao que a United Airlines faz ao me manter informado e ao atualizar minhas expectativas, para que sempre sejam realistas. E todas essas iniciativas são parte da experiência melhorada do cliente, que leva à retenção, da mesma maneira como os benefícios dos programas de milhagem das empresas de aviação. Tudo é parte da jornada do cliente, e o cerne da filosofia, disciplina e organização do *customer success* é simplesmente maximizar o valor que o cliente recebe dos seus produtos, para que eles sempre voltem. Essa ideia sem dúvida está avançando das empresas B2B e SaaS para as empresas B2C e para as empresas convencionais.

Vamos ver mais um exemplo do avanço do mundo para o modelo de negócios por assinatura. Você sabia que a Volkswagen é agora uma empresa SaaS? É verdade. Em alguns de seus veículos, a empresa agora está incluindo o padrão de funcionalidade CarPlay da Apple. Isso realmente não é novidade, uma vez que muitas empresas automobilísticas estão agindo da mesma maneira, com o CarPlay ou o Android Auto. A novidade é que a Volkswagen ampliou o CarPlay com o seu próprio conjunto de aplicativos Car-Net, que lhe dará acesso a atributos como controle de travamento a distância, luzes e buzina remotas, informações sobre estacionamento, localização de veículos roubados, notificação automática de acidente, diagnóstico e monitoramento do veículo. E eis onde ela se torna SaaS: o CarPlay é padrão, mas os aplicativos Car-Net, específicos da Volkswagen, são um upgrade que custa US$ 199 por ano. Você entendeu esse detalhe final? O nascimento de mais uma empresa SaaS – fornecimento de software, mediante pagamento mensal ou anual. E isso é por certo apenas o começo. Não é muito difícil imaginar uma empresa automobilística oferecendo um programa de uso de veículo por assinatura. Ao custo de US$ 650 por mês, você pode escolher entre 15 modelos de carro que gostaria de dirigir e trocar de carro, conforme as especificações de seu plano, sempre que quiser. Como o software está "comendo" (e conectando) o mundo, cada carro de sua escolha lhe será entregue com suas emissoras de rádio pré-programadas, com suas preferências de assento pré-configuradas e com seus controles de temperatura exatamente de acordo com as suas preferências. Além disso, seu registro e seu seguro serão acessíveis por via digital no software do carro, para serem exibidos na tela a qualquer policial que queira vê-los. E, então, essas empresas automobilísticas estarão ansiosas por contratá-los, caros leitores deste livro, na tentativa desesperada de encontrar especialistas em *customer success*, como será necessário, de maneira inteiramente nova, para que elas alcancem o próprio sucesso.

E não há empresa que não seja suscetível a essas mudanças. Se as empresas automobilísticas, os fornecedores de medicamentos por prescrição e as rádios *over-the-air* estão evoluindo para serviços por assinatura, restaria ainda alguma dúvida de que todas as empresas tentarão agir da mesma maneira? É uma maneira de desenvolver ou garantir lealdade e de expandir o negócio, tornando-o mais acessível aos clientes que, do contrário, talvez não estivessem em seu mercado-alvo.

Executando o *customer success*

Embora a filosofia do *customer success* seja basicamente a mesma, há algumas diferenças importantes em relação a como ela é executada em diferentes empresas. Aqui estão três exemplos, com estimativas grosseiras de clientes e preços médios de venda (PMV):

1. Workday — centenas de clientes a US$ 1 milhão/ano.
2. Clarizen — milhares de clientes, a US$ 15.000/ano.
3. Netflix — milhões de clientes, a US$ 10/mês.

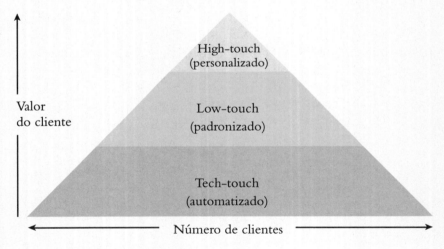

Figura 3.1 – Hierarquia do valor do cliente

É bastante óbvio que essas três empresas não podem gerenciar o *customer success* da mesma maneira. A Workday pode dar-se ao luxo de oferecer atendimento personalizado aos clientes, por meio de profissionais como especialistas em produto e outros assuntos, que podem passar muito tempo ajudando os clientes a compreender e a usar com eficácia seus produtos. A Clarizen pode fazer o mesmo com certos clientes, mas também precisa expandir-se para a cauda longa de clientes de baixo valor que ela quer preservar. A Netflix não pode fazer nada em relação a seus clientes que não seja 100% automatizado. Jamais ocorrem reuniões regulares do GCS da Netflix com um cliente. Aqui há sem dúvida uma hierarquia de valor do cliente e do correspondente tipo de atendimento para cada nível. Para muitas empresas, esse modelo pode ser aplicado a toda a base de clientes, com os diferentes clientes se enquadrando em cada uma das três categorias (ver Figura 3.1).

Examinemos mais de perto como é o *customer success* em cada nível da pirâmide. Essa compreensão é essencial para visualizar como o *customer success* se aplica a todas as empresas, qualquer que seja o seu porte e qualquer que seja o tamanho de seus clientes.

High-touch (atendimento personalizado). Este modelo é, por definição, o que exige mais pessoas, mas essa despesa é justificada pelo preço do produto. É adotado com mais frequência em empresas SaaS, como Workday, que tem clientes que pagam importâncias significativas pelos seus produtos. Mas ele não é, de modo algum, exclusivo de empresas SaaS. Pense num contrato entre a DIRECTV e o Marriott, para fornecer opções de televisão a todos os quartos de todos os hotéis Marriott, em todo o mundo. Você pode apostar que há alguém na DIRECTV responsável por gerenciar esse importante relacionamento de negócios, com autoridade suficiente para conseguir que se faça o necessário, em todo o âmbito da empresa, para satisfazer a um cliente tão valioso. Isso é *customer success*, não importa como seja chamado – fomentando a lealdade por meio da entrega de valor.

O modelo de negócios high-touch geralmente consiste em interações frequentes, algumas programadas, outras não, entre o fornecedor e o cliente. O *customer success* high-touch ótimo é, em geral, uma combinação predefinida de programado e não programado. Normalmente, as interações programadas podem incluir:

- Processo de *onboarding* específico.
- Transferências coordenadas entre grupos do fornecedor.
- Reuniões de *status* mensais.
- Avaliações executivas do negócio (AENs) semestrais ou trimestrais.

- Visitas locais (muito frequentes ou anuais).
- Verificações de saúde regulares.
- Próximas renovações (se por assinatura).

As interações não programadas são, em geral, movidas a dados e proativas, por iniciativa do fornecedor em relação a cada cliente, com o objetivo de atenuar a percepção de risco baseada em dados:

- Problemas frequentes.
- Excesso de telefonemas para suporte ao cliente/serviço ao cliente.
- Redução no uso do produto.
- Faturas não pagas por mais de X dias.

Algo que você observará quanto às interações não programadas é que elas provavelmente disparam iniciativas por parte do fornecedor, não importa que esteja operando em modelo de negócios high-touch ou low-touch. Você pode imaginar os alarmes soando na Netflix se um cliente até então assíduo de repente passa 60 dias sem pedir um filme. Essa situação não resultaria em um telefonema para o cliente, mas poderia muito bem deflagrar uma campanha de e-mails ou precipitar a remessa de algum tipo de lembrete automatizado.

No modelo high-touch, todas essas interações tendem a ser pessoais, mediante chamadas telefônicas ou encontros face a face. O principal desafio é otimizar os contatos com o cliente para gerar o máximo de benefício pelos custos incorridos. E como os custos incorridos se referem principalmente a pessoas, eles tendem a ser muito elevados. Essa despesa é um custo razoável de fazer negócios com clientes que estão pagando centenas de milhares de dólares por ano (ou mais) pelos seus produtos, mas eles ainda precisam ser otimizados para gerar o máximo de benefícios tanto para o cliente quanto para o fornecedor.

Para o fornecedor, esse é obviamente um processo de negócios crítico, pois o modelo de atendimento personalizado se destina normalmente apenas aos clientes mais valiosos: clientes cuja perda seria catastrófica, não só do ponto de vista financeiro, mas também sob muitos outros aspectos. A aplicação de recursos dispendiosos em modelo de atendimento personalizado tem um objetivo de retenção muito simples – 100%. Qualquer resultado abaixo disso é, com toda a probabilidade, considerado fracasso. Os clientes que recebem esse tratamento high-touch, ou personalizado, são também, em geral, os que oferecem grandes oportunidades de expansão. Reflita de novo sobre o hipotético relacionamento entre DIRECTV e Marriott. Quais são as chances de que o Marriott construa ou adquira mais hotéis? Muito altas, certo? Todos os novos quartos resultam em mais receita para a DIRECTV, se se mantiver o Marriott satisfeito. É um jogo de longo prazo que vai além da retenção de 100%, mas que também espera aumentar o valor financeiro do relacionamento com o passar do tempo.

É muito fácil ver como o sucesso do cliente high-touch também se aplica às empresas tradicionais e B2C, da mesma maneira como nas SaaS e B2B. No exemplo DIRECTV/Marriott, a DIRECTV é, basicamente, uma empresa B2C, mas, sem dúvida, com um conjunto de clientes que a obrigam a operar como um fornecedor B2B. O Marriott também não seria o único cliente a se enquadrar nessa situação. Qualquer bar de esportes, aonde se vai para assistir a eventos esportivos, como a cadeia Buffalo Wild Wings, que pretende oferecer aos clientes todos os eventos esportivos possíveis em uma de suas 35 telonas em cada uma de suas localidades, será muito parecido com o Marriott do ponto de vista de relacionamento. A DIRECTV não está sozinha ao lidar com esse desafio (ou oportunidade). Muitas empresas, talvez a maioria, não se encaixam exatamente em um ou outro modelo de negócios. O Dropbox é outra empresa que começou como puro B2C, mas, ao se dar conta de que muitos dos consumidores que usavam seus aplicativos trabalhavam nas mesmas empresas, começou a pensar em B2B e em empresas, e agora se transformou em fornecedor que atende a empresas e a consumidores.

Uma empresa tradicional que também sabe alguma coisa sobre *customer success* high-touch é a Bright Horizons. Se você tem filhos e trabalha numa grande empresa, é provável que você a conheça. A Bright Horizons oferece opções de creches a grandes empresas que querem ampliar seu pacote de benefícios aos empregados. Como é fácil imaginar, esses contratos com grandes empregadores são fundamentais para a Bright Horizons. Portanto, ela conta com uma equipe que gerencia esses relacionamentos, com o propósito de garantir altos níveis de retenção e de aumentar seus ganhos financeiros. Esse aumento ocorre por meio da venda (*upsell*) de outros recursos que a Bright Horizons pode oferecer, como atendimento de apoio (*backup childcare*), serviços educacionais e até atendimento a idosos (*eldercare*). Como se vê, por causa da natureza do modelo de negócios por assinatura, tanto a Workday quanto a Bright Horizons oferecem aos clientes soluções high-touch de *customer success*, com as mesmas intenções:

- **Adoção do produto:** A Workday quer que os clientes usem o seu software e dele extraiam alto valor. A Bright Horizons quer que os empregados de seus clientes usem os seus serviços para viver melhor.
- **Satisfação do cliente:** Boas referências vendem em todos os negócios. Nada como a propaganda boca a boca para difundir os comentários positivos sobre produtos ou serviços realmente eficazes. E nada como depoimentos dos clientes para melhorar o processo de vendas.
- *Upsell*: Clientes bem-sucedidos e felizes compram mais. É assim que funciona. Se você tem mais produtos e serviços a oferecer, seus melhores clientes são seus compradores mais prováveis, e o custo das vendas a esses clientes é muitíssimo menor.
- **Retenção:** Este é sempre o cerne do *customer success*. Fomentar a lealdade, não por amor à lealdade em si e ao sentimento caloroso e acolhedor a ela associado, mas porque a lealdade é um imperativo de negócios se você dirige um negócio de receitas recorrentes.

Sob muitos aspectos, o modelo de negócios high-touch é o mais fácil de equipar, ativar e executar. Pessoas e empresas praticam a gestão de contas high-touch há muito tempo; portanto, não é difícil encontrar pessoas com as competências certas de relacionamento pessoal e com capacidade intelectual suficiente para descobrir como oferecer melhores condições de *customer success*. É, basicamente, um trabalho de interação ampliado pela perspicácia e vivência em negócios. Não pense, porém, que a tecnologia não é importante aqui. Sem dúvida, é. Mas o papel da tecnologia em modelos de negócios high-touch tem mais a ver basicamente com comunicação, colaboração e gestão, e menos com automatização e otimização de a quem e quando contatar. Analisaremos a tecnologia com mais detalhes no último capítulo.

Low-touch (atendimento padronizado). Como se pode imaginar, *customer success* low-touch é uma mistura dos modelos high-touch (atendimento personalizado) e tech-touch (atendimento automatizado), combinando elementos de cada um deles. O modelo low-touch é para clientes *híbridos* (*tweener customers*), que não são nem bastante grandes, nem bastante estratégicos para justificar o tratamento com luvas de pelica dispensado aos clientes high-touch, mas bastante importantes para deixá-lo disposto a conceder-lhes um mínimo de tratamento personalizado. Como no caso de qualquer modelo de três níveis, o nível intermediário sempre é o *nível pastoso*, com fronteiras indefinidas, tanto em cima quanto embaixo. No entanto, é importante estabelecer linhas divisórias, por mais tênues que sejam, entre o menos valioso cliente high-touch e o mais valioso cliente low-touch, o mesmo ocorrendo na fronteira inferior.

Se você não for uma pura empresa tech-touch, como é o caso de muitas empresas B2C, por necessidade, você, por certo, tem um nível de clientes que podem ser definidos com exatidão como low-touch. Uma maneira de pensar sobre o modelo para gerenciar esses clientes é o *customer success* just-in-time.

"Just-in-time" é um termo que roubei do mundo da manufatura. Também é conhecido como Toyota Production System (TPS), porque foi lançado, pela primeira vez, nas fábricas da Toyota, nos anos 1960. Nos tempos da produção em massa, precisava-se de depósitos enormes para armazenar os estoques de peças e materiais necessários para que as linhas de produção fabricassem os produtos já vendidos ou comprometidos. Esses depósitos e estoques eram componentes extremamente dispendiosos do processo. A combinação de pessoas de negócios inteligentes em busca de economias e o aprimoramento dos sistemas de pedidos e transportes possibilitou que as empresas reduzissem os estoques que mantinham disponíveis, acelerando as entregas para datas muito mais próximas da necessidade real. Num sistema perfeito, a peça que o trabalhador de linha de montagem precisa instalar no carro chega à sua estação do trabalho no momento exato em que ele estende as mãos para pegá-la, saindo direto do meio de transporte para a linha de montagem, nem mesmo passando pelo estoque.

O sucesso do cliente para clientes low-touch pode funcionar de maneira semelhante, daí o aproveitamento do termo "just-in-time" (JIT). Sucesso do cliente JIT significa fornecer exatamente o que o cliente precisa, exatamente na hora certa. Nem um minuto antes, nem um minuto depois. Esses clientes não são valiosos o suficiente a ponto de você manter "estoque" para eles. Estoque, nesse caso, seria fartura de orientação, educação e apertos de mão, tudo o que leva a algo sem preço – boa vontade. Em outras palavras, JIT também significa *just enough*, ou "apenas o suficiente". No modelo de negócios high-touch, armazena-se muito estoque/boa vontade por causa do número de interações que ocorrem com cada um desses clientes. Vale a pena percorrer mais um quilômetro e talvez fazer mais do que o necessário em razão da importância desses clientes. No modelo de negócios low-touch, como não é possível dar-se ao luxo de tantas interações, você acabará percorrendo apenas o mínimo indispensável. Nesse modelo, porém, esse mínimo indispensável inclui certa margem razoável de contato pessoal. Em contraste, o modelo tech-touch (atendimento automatizado) o contato pessoal é totalmente eliminado.

Como seria de esperar, o low-touch começa a incorporar elementos de tech-touch, para complementar os contatos pessoais. Vamos rever o conjunto de contatos programados que definimos para o nosso modelo de negócios high-touch:

- Processo de *onboarding* específico.
- Transferências coordenadas entre grupos do fornecedor.
- Reuniões de *status* mensais.
- Avaliações executivas do negócio (AENs) semestrais ou trimestrais.
- Visitas locais (muito frequentes ou anuais).
- Verificações de saúde regulares.
- Próximas renovações (se por assinatura).

No modelo de negócios low-touch, muitos desses contatos programados ainda podem ser relevantes. É possível eliminar completamente alguns deles, como visitas locais, e você certamente mudará a frequência da maioria. Uma versão dessa lista, adaptada para clientes low-touch, poderia ser mais ou menos a seguinte.

- Processo de *onboarding* ~~específico~~ padronizado.
- Transferências coordenadas ~~entre grupos do fornecedor~~ somente de vendas para *onboarding*.
- ~~Reuniões de status mensais.~~
- Avaliações executivas do negócio (AENs) ~~semestrais ou trimestrais~~ anuais.

- ~~Visitas locais (muito frequentes ou anuais).~~
- Verificações de saúde *automáticas* regulares.
- ~~Próximas renovações~~ Autorrenovação (se por assinatura).

Do mesmo modo, os contatos não programados seriam alterados cuidadosamente, para minimizar as despesas. Nesse caso, os limites poderiam simplesmente ser aumentados (ou diminuídos, dependendo de seu ponto de vista). Por exemplo, se mais de 10 pedidos de suporte/serviço em 30 dias disparam uma intervenção para os clientes high-touch, talvez esse número suba para 20 no caso de clientes low-touch. Além disso, as intervenções tecnológicas serão mais comuns, como se vê nos contatos programados. Talvez as primeiras três intervenções em relação a uma fatura com pagamento em atraso sejam somente e-mails, e depois os dois primeiros contatos pessoais talvez sejam feitos por um funcionário da área financeira, não pelo GCS.

É óbvio que o objetivo de todos os níveis e respectivos modelos de contato é impulsionar o negócio para a lucratividade ou, ao menos, para a viabilidade. Numa empresa saudável, focada no sucesso do cliente, os níveis e modelos de contato são bem definidos e usados como determinantes do efetivo de pessoal. Se reexaminarmos o modelo de negócios high-touch, é muito fácil prever o tempo de que um GCS precisará para preparar e executar cada uma das tarefas programadas e para estimar a frequência com que ocorrerão as tarefas não programadas. Considerando que parte do tempo do GCS será gasto com reuniões internas ou com atividades não relacionadas com os clientes, será possível calcular o tempo a ser dedicado pelo GCS a determinado cliente, por ano, mês ou semana, o que, por seu turno, definirá quantos clientes o GCS pode gerenciar. Ei-lo! Esse é o seu modelo de cálculo do efetivo de pessoal.

Dois comentários rápidos: (1) é muito provável que a sua primeira tentativa mostre que você precisa de muito mais pessoas do que lhe permitiriam o CFO (executivo-chefe de finanças) e o CEO. Mas, pelo menos, você terá um modelo a ser manipulado e em torno do qual será possível manter conversas inteligentes em relação a que tarefas eliminar ou automatizar para reduzir as necessidades de efetivo de pessoal; (2) você constatará que a melhor maneira de determinar os índices de GCS não é por número de clientes, mas por valor de contrato (ARR). Como os clientes não são iguais, um cliente de US$ 2 milhões por ano não pode ser contado da mesma maneira como um cliente de US$ 20.000 por ano.

Por outro lado, lembre-se também de que é muito mais difícil gerenciar 100 clientes de US$ 20.000 do que um único cliente de US$ 2 milhões.

Assim como o modelo de negócios high-touch, o modelo de negócios low-touch é plenamente aplicável a empresas tradicionais e B2C. O mercado-alvo de algumas empresas B2C, por exemplo, é surpreendentemente pequeno, e, portanto, oferece base de clientes relativamente pequena. Isso possibilita a aplicação nessas situações das técnicas low-touch que acabamos de analisar. O atendimento automatizado, tech-touch, nem sempre é a única opção apenas porque uma empresa é basicamente B2C.

Um exemplo desse tipo de empresa é a Nipro Diagnostics. Entre seus muitos produtos, encontra-se um medidor de glicose no sangue, de automonitoramento, para diagnóstico de diabetes em casa. O consumidor precisa comprar o medidor apenas uma vez e, então, substituir com regularidade as fitas de teste. O medidor envia os resultados para um dispositivo móvel que usa bluetooth, a ser compartilhado com o provedor de assistência médica do usuário. A assistência médica doméstica possibilitada pela tecnologia é uma tendência mundial significativa, que ainda se encontra na infância. O moral da história, porém, é que o medidor de glicose e suas fitas de teste, que podem ser entregues diretamente em casa, são simplesmente uma versão de barbeadores e lâminas no contexto de assistência médica. A necessidade de reabastecer o suprimento de fitas de teste do usuário de maneira regular inclui esse medidor, basicamente, no modelo de negócios por assinatura, como o Dollar Shave Club. E como a base de clientes é relativamente pequena, o modelo de sucesso do cliente pode ser uma combinação de low-touch e tech-touch. O low-touch, ou atendimento padronizado, é feito pelo provedor de assistência médica (parceiro de canal), que ensina o consumidor a usar o produto com eficácia, e lhe mostra como o uso adequado é de grande importância para o seu estado de saúde e paz de espírito. O tech-touch, ou atendimento automatizado, é feito diretamente por meio do dispositivo que apresenta o resultado de cada teste ao usuário quase imediatamente. A eficácia do *customer success* é componente fundamental desse modelo de negócios, inclusive a possibilidade de intervenção, caso passe muito tempo desde quando o cliente renovou pela última vez o pedido de fitas de teste. A Nipro Diagnostics pode não saber nada sobre o novo ingrediente secreto do Vale do Silício – *customer success* – mas seu modelo de negócios exige a gestão eficaz dos clientes, garantindo que a Nipro cumpra a promessa dos seus produtos. Não importa como o denominem. Uma rosa, qualquer que seja o nome, sempre é uma rosa.

Tech-touch (atendimento automatizado). Este modelo talvez seja o mais complexo e interessante de todos. Como entregar *customer success* aos seus clientes sem jamais ter conversado com eles diretamente? Como o modelo de negócios SaaS reduz as barreiras de entrada para os clientes e o custo das vendas para os fornecedores, ele também amplia os mercados, às vezes de maneira significativa. No final das contas, isso quase sempre redunda em uma cauda longa de clientes de baixo valor. Individualmente, eles não têm muito valor estratégico ou financeiro, mas, coletivamente, eles em geral desempenham um papel relevante nos resultados financeiros do fornecedor. Para a cauda longa, o *customer success* tech-touch é uma necessidade. Para a maioria das empresas B2C, não é só uma necessidade, é a única escolha.

Tech-touch simplesmente significa que todos os contatos com o cliente são movidos a tecnologia. Outra maneira de dizer a mesma coisa é que todos os contatos precisam ser um-para-muitos. Os contatos um-para-um são dispendiosos demais e, obviamente, não podem ser ampliados para manejar os volumes de clientes de que estamos falando. Muitas vezes, as referências a tech-touch se limitam a e-mails. Embora os e-mails sejam uma ferramenta poderosa no arsenal de *customer success* para clientes tech-touch, ele não é a única ferramenta. Outros canais um-para-muitos também estão disponíveis, como:

- Webinars.
- Podcasts.
- Comunidades (portais on-line para o compartilhamento de ideias e para conversas virtuais com outros clientes).
- Grupos de usuários.
- Conferências de clientes.

Qualquer veículo que lhe permita interagir com mais de um cliente ao mesmo tempo, ou que desloque essas interações para outra fonte (comunidades), é uma opção para executar o *customer success* em escala mais ampla. Vamos explorar o e-mail com alguma profundidade, porquanto ele talvez seja, em tese, a ferramenta mais poderosa, além de ser muito oportuno, de grande relevância, e movido a informações.

O marketing por e-mail também é uma disciplina bem conhecida, validada e sazonada ao longo da última década.

O marketing segmentado por e-mail tomou o mundo de assalto nos últimos 12 anos. Três provedores de software de automação de marketing alcançaram grande sucesso, a ponto de lançar oferta pública inicial de ações para abertura de capital (IPO) – Eloqua, Marketo e Hubspot. Dois outros provedores de software, focados basicamente em B2C, Responsys e ExactTarget, também fizeram ofertas públicas iniciais de ações, com ótimos resultados. E cada uma dessas empresas, a certa altura, atingiu avaliações de mercado superiores a US$ 1 bilhão. Essa é uma prova incontestável de que havia algo a oferecer. O conceito central de marketing segmentado por e-mail é muito simples. Crie campanhas de e-mail inteligentes, com base em dados demográficos e comportamentais dos clientes potenciais, a fim de levá-los a percorrer o caminho das compras. Essas campanhas se tornaram muito sofisticadas, com lógica de ramificação e inteligência multicanal de alta complexidade. No entanto, tudo se volta para a boca do funil – a aquisição do cliente. Mas os tempos estão mudando.

Agora, o marketing segmentado por e-mail está chegando ao *customer success*, e aplica os mesmos conceitos aos clientes atuais (em vez de aos clientes potenciais), ajudando-os ao longo da jornada e orientando-os para o uso bem-sucedido do produto. Ainda é, no âmago, geração de demanda, mas com uma diferença. Para os clientes atuais, trata-se de criar demanda para o produto que já usam. Lembre-se de nosso eufemismo para *customer success – cultivar a lealdade*. O objetivo das campanhas de e-mail para os clientes não é só levá-los a comprar mais, embora, às vezes, elas mirem nos clientes com esse propósito. É reforçar a compra que já fizeram ou ajudá-los a usar o produto com mais eficácia para que se mantenham leais, seja renovando o contrato, seja decidindo não optar pela não renovação. O verdadeiro poder de usar e-mails é que, quando já se tem infraestrutura, enviar e-mails é basicamente gratuito e altamente escalável. Para empresas com grandes bases de clientes, esse recurso é como um salva-vidas porque, embora haja outros canais um-para-muitos à disposição, o e-mail é o mais eficaz. Vamos nos aprofundar em por que esse é o caso.

Os e-mails eficazes precisam ser oportunos, relevantes e portadores de informações úteis. A exemplo do cenário de automação do marketing, que já descrevemos, para clientes potenciais, muitas são as informações disponíveis sobre clientes que podem ser usadas para criar e-mails de alta eficácia. Com efeito, há muito mais informações disponíveis sobre clientes atuais do que sobre clientes potenciais. Eis uma lista parcial do que você provavelmente sabe sobre os clientes de sua empresa:

- Data do contrato original.
- Tempo como cliente.
- Setor de atividade.
- Localização.
- Contatos.
- Valor do contrato.
- Taxa de crescimento do contrato.
- Número de telefonemas para suporte.
- Nível de gravidade de cada pedido de suporte.
- Número de dias em que cada caso de suporte ficou em aberto.
- Número de faturas expedidas.
- Número de faturas pagas.
- Número de faturas em atraso quando pagas.
- Prazo médio de pagamento das faturas.
- Escore de saúde e tendências do cliente.
- No caso de empresa SaaS por assinatura:
  - Data de renovação.
  - Todo clique já dado em seu produto.

E essa lista poderia ser muito mais longa. O objetivo, porém, ficou claro. Você tem muitos dados sobre os clientes, o que lhe permite investigações profundas sobre quando contatá-los e com que mensagens. Esse tipo de contato pode ser feito em grande escala, via e-mail.

Vamos dar uma olhada em um cenário específico. Digamos que você seja uma empresa SaaS, e que você tenha lançado um novo atributo de relatório, uns dois meses atrás, que vinha sendo esperado ansiosamente por muitos clientes, alguns deles havia mais de seis meses. Como se trata de um atributo que torna o seu produto mais aderente, é do seu interesse assegurar-se de que todos os clientes o estão usando. Com a ajuda da tecnologia certa, você agora pode identificar os usuários mais exigentes e os administradores em cada um de seus clientes que ainda não experimentaram o novo atributo, e enviar-lhes o seguinte e-mail:

> Caro Joe,
>
> Obrigado mais uma vez por ser cliente leal desde julho de 2012. Estamos felizes por você ser parte de nossa grande família. Observamos que você respondeu à nossa última pesquisa NPS e avaliou a funcionalidade de nossos relatórios com o escore 6 em 10. Agradecemos novamente pela resposta e pelo *feedback*, e tenho o prazer de informar-lhe que desenvolvemos recentemente um upgrade substancial em nossos relatórios. Parece que você ainda não explorou os novos atributos, que lhe permitem combinar com facilidade X e Y em um único documento e criar de maneira muito simples um novo painel de controle também com essa informação. Até agora, os clientes que experimentaram essas melhorias atribuíram-lhes ótimas avaliações. A Acme Manufacturing se expressou assim a esse respeito. Caso você não tenha percebido, você pode encontrar vídeos de treinamento sob demanda para a ativação e a aplicação desses novos atributos aqui e aqui. Por favor, examine-os e nos dê o seu *feedback* por meio do formulário que aparece no fim do segundo vídeo. Quando você completar o segundo vídeo, nós o inscreveremos em nosso desafio ao cliente, para oferecer-lhe a chance de receber tíquetes gratuitos para a nossa conferência do próximo ano.
> Bom proveito! Acho que você achará esses atributos muito úteis.
>
> Atenciosamente,
Sua equipe de *customer success*

Agora me diga que esse tipo de e-mail não seria extremamente poderoso em suas tentativas de fornecer valor aos seus clientes. E o mesmo e-mail, com conteúdo personalizado, poderia ser enviado para 20 ou 1.000 clientes diferentes, ao mesmo tempo e ao mesmo custo – US$ 0. Mesmo que você opere em um modelo low-touch de sucesso do cliente que lhe permita contatos um-para-um, isso poderia poupar-lhe 15 telefonemas, para conversas de no mínimo 30 minutos com os clientes. Se o seu modelo for tech-touch puro, grandes são as chances de que seus clientes tenham sido alvos de muito poucos contatos nos últimos anos, e essa é a chance de realmente surpreendê-los e de impressioná-los profundamente. Se você for uma empresa B2C madura ou uma empresa B2B de alto volume, é provável que você já esteja fazendo algum tipo de campanha de lealdade segmentada. Ela pode ser disfarçada como marketing para o cliente ou como parte da experiência do usuário com o seu produto: mecanismos de recomendação são nada mais que outra forma de sucesso do cliente. Em todo caso, a necessidade de cultivar a lealdade entre os clientes atuais é notória e deve ser suprida de alguma maneira, embora seja provável que não venha a ser tão bem definida e executada quanto deve ser. Hoje, definitivamente, o mundo é do cliente, e é nele que vivemos. O *customer success* é simplesmente o reconhecimento e a aceitação dessa realidade. Se você ainda não o fez, talvez seja a hora de reunir essas ideias em uma unidade organizacional ou pelo menos em uma iniciativa comum. Uma tendência, hoje, nas empresas SaaS maduras é que o marketing do cliente se aproxime cada vez mais do sucesso do cliente, se já não estiver sob o mesmo guarda-chuva.

Sem dúvida, o modelo tech-touch de sucesso do cliente é altamente aplicável em quase toda empresa. Mesmo que você seja rigorosamente high-touch, ainda há algumas tarefas dos GCSs que podem ser automatizadas, dando mais tempo à equipe para atividades estratégicas. O mais importante é que o modelo tech-touch permite que qualquer empresa comece a entregar o sucesso do cliente quase imediatamente, mesmo que você não tenha GCSs, nem o denomine sucesso do cliente. O exemplo que acabamos de analisar girou em torno de e-mails, mas o exemplo anterior, da United Airlines, envolveu mensagens de texto, que podem ser ainda mais eficazes, se usadas de maneira adequada. Mensagens de voz digitalizadas também se prestam a campanhas em grande escala, se esse canal for capaz de, em certas ocasiões, encantar os clientes.

A conclusão é simplesmente que o *customer success* pode ser desenvolvido em grande escala, de maneira eficaz e altamente relevante para os clientes. A tecnologia o tornou possível, e as empresas, cada vez mais, estão começando a tirar proveito desse recurso.

Espero que tenhamos deixado claro agora que o *customer success* é altamente relevante, não importa o seu tipo de negócio. Seja você B2B SaaS; B2C SaaS; não SaaS, mas negócio por assinatura; não negócio por assinatura, mas avançando nessa direção; ou negócio por pagamento em bases correntes, você precisa diretamente do *customer success*. E a afirmação é verdadeira, tenha você 10 clientes de US$ 50 milhões ou 50 milhões de clientes de US$ 10. Seja como for, é provável que você já esteja praticando o *customer success*, ainda que se refira a isso como experiência do cliente, gestão de contas ou marketing do cliente. O nome da unidade organizacional de fato é irrelevante. A missão e os objetivos é que são importantes. E se o propósito é reforçar a retenção ou aumentar o valor financeiro dos clientes atuais, observar os clientes através das lentes do *customer success* está ficando cada vez mais importante. E da mesma maneira que qualquer outra ideia que esteja mudando os modelos de negócios, a tecnologia está viabilizando e impulsionando o processo.

PARTE II

AS DEZ LEIS DO *CUSTOMER SUCCESS*

Capítulo 4

A PRÁTICA DO *CUSTOMER SUCCESS*

Na Parte I deste livro, apresentamos os fundamentos do *customer success*. Analisamos a história da economia de assinaturas e do modelo de negócios SaaS; também examinamos como o conceito de *customer success* é o resultado inevitável desses avanços. Falamos sobre a organização em torno da filosofia de *customer success* e, em seguida, adotamos uma abordagem pragmática em relação às unidades organizacionais denominadas *customer success* (ou algo parecido) e como elas estão mudando a empresa ao influenciar praticamente todas as outras unidades organizacionais. Por fim, contestamos o argumento de que *customer success* é relevante apenas para empresas B2B SaaS. A verdade é que *customer success* é importante para todas as empresas e se aplica não só a B2B SaaS, mas também a qualquer empresa por assinatura ou por pagamento em bases correntes, inclusive B2C, e, cada vez mais, a empresas tradicionais que estejam almejando os benefícios de se tornarem centradas no sucesso do cliente e, ainda com mais probabilidade, que estejam dispostas a converter-se, pelo menos em parte, ao modelo de negócios por assinatura.

Agora é hora de ser muito prático. Em 2010, a Bessemer Venture Partners, empresa de capital de risco, compôs um manual de orientação para pessoas interessadas em constituir, gerenciar ou compreender uma empresa SaaS. A obra foi intitulada *The Ten Laws of Cloud Computing* [As dez leis da computação na nuvem], também conhecido como Ten Laws of SaaS [Dez leis dos SaaS]. O manual de orientação foi extremamente bem recebido e tem sido lido por milhares de CEOs e empreendedores que querem aventurar-se no mundo maravilhoso dos SaaS. Ele realmente tornou-se um livro-texto naquela época e naquele espaço, e até hoje ainda é uma obra de referência. Em 2015, a Bessemer decidiu reprisar o sucesso e encomendou a criação de *The Ten Laws of Customer Success* [*As dez leis do Customer Success*], para oferecer orientações semelhantes a quem quisesse compreender e mobilizar o *customer success*. Esta seção do livro explora essa fonte de sabedoria, alimentada por 10 diferentes especialistas, em toda a sua inteireza, ampliada por comentários deste autor.

As dez leis do Customer Success não é um manual de orientação sobre como implantar o *customer success* em si. Sua perspectiva é um pouco mais abrangente, expondo os princípios que uma *empresa* que esteja lutando para ser um negócio de receitas recorrentes de classe mundial precisa compreender e aplicar em nível muito alto. Algumas das *leis* se destinam principalmente a B2B SaaS; muitas, porém, de maior amplitude, são aplicáveis a todos os tipos de empresas que descrevemos no Capítulo 3. Indicamos no início de cada um dos capítulos (um para cada lei) a relevância do respectivo preceito para cada um dos diferentes tipos de empresas já analisadas:

- B2B SaaS.
- Por assinatura.
- Pagamento em bases correntes (*pay-as-you-go*).
- B2C.
- Tradicional.

Essa forma de apresentação lhe permitirá folhear rapidamente os casos menos relevantes e se aprofundar um pouco mais no que for mais compatível com a sua situação específica.

Os autores de *As dez leis* foram selecionados a dedo por sua *expertise* em sucesso do cliente em ampla variedade de negócios, como:

- SaaS – tanto B2B quanto B2C.
- Software tradicional *on-premise* (no computador ou servidor do cliente).
- Finanças.
- Educação e treinamento.
- Colaboração.

- Gestão de projetos.
- Capacitação de vendas.
- Gestão de *customer success*.
- Gestão de remuneração.

Eu gostaria de agradecer pessoalmente a cada um dos autores por suas contribuições para o ofício e a prática do *customer success*, que vai muito além deste livro, e por sua colaboração específica para a produção deste livro.

Um último lembrete: *As dez leis do Customer Success* respondem à pergunta: "O que minha empresa precisa fazer para ser ótima em *customer success* e para construir um negócio repleto de receitas recorrentes?". Sem nada mais a acrescentar, eis as dez leis.

Capítulo 5

1ª LEI – VENDA AO CLIENTE CERTO

Autor: Ted Purcell, Vice-presidente Sênior de Vendas e de Customer Success, Clarizen

Sumário executivo

Vender ao cliente certo e estar completamente alinhado com o seu *product market fit* (PMF) é uma missão na qual as empresas em crescimento devem focar, em todo o âmbito da organização. A vibração de fechar novos negócios incrementais, principalmente os que envolvem marcas comuns e bem conhecidas, é empolgante para todos. A afirmação é ainda mais pertinente se os negócios forem compatíveis com o seu PMF, porque, nesse caso, sua máquina de receita é energizada e seu passe de craque, de pré-vendas para pós-vendas, pode ser padronizado e aprimorado, para ajudar a garantir a expansão e a reduzir a evasão (*churn*).

Se, contudo, o seu cliente não for o cliente certo, o impacto sobre a organização talvez seja desastroso. Clientes errados podem emperrar a organização e desviá-la dos esforços que impulsionam o sucesso, a eficiência e a escalada. Por outro lado, as fronteiras não raro são tênues, porquanto esses clientes também podem tornar-se parceiros críticos do desenho do produto, para ajudá-lo a estender seu caso de uso e PMF. Qual é o ponto principal? Estar alinhado com os aspectos de qual é e não é o cliente certo para a sua empresa!

O cliente é a estrela norteadora da empresa – e o seu ativo mais valioso. Para uma empresa corresponder às suas aspirações e expectativas em escala adequada, o GCS deve ser o anfitrião responsável por toda a jornada do cliente, tanto dentro quanto fora da empresa - o máximo do conselheiro de confiança. O resultado final pode ser aumento da expansão e redução da evasão, mas isso é cobertura de bolo, em comparação com os detalhes que viabilizam esse objetivo.

A receita não fala, grita. Isso dito, o PMF berra! O encaixe produto-mercado deve orientar todo o seu alinhamento empresarial, do desenvolvimento do produto, passando pelas operações, até o funil *go-to-market*. À medida que a empresa cresce, os clientes podem começar a trazer à tona casos de uso que, idealmente, baseiam-se nos fundamentos do seu PMF. Do contrário, eles podem levar a organização ao caos. O empenho da organização em compreender os dados que afloram durante o ciclo de vida do engajamento do cliente e em questionar se esse é o cliente certo reveste-se de extrema importância. O cliente certo aguça a visão da empresa, seu conteúdo, e o processo de recepção dos empregados, parceiros e clientes. E ajudam a otimizar os rumos da empresa. Os clientes errados, mesmo aqueles que vêm com as melhores marcas com a promessa de enormes pagamentos antecipados e acenam com vastas receitas potenciais, e até com grande capacidade de influenciação, podem absorver recursos valiosos, demandar excesso de atenção e mergulhar a empresa num sorvedouro de dinheiro.

Para maximizar a sua eficácia como empresa SaaS, em crescimento acelerado, você se defrontará com esta pergunta: Será que este cliente é o cliente certo para nós?

Em seus esforços para otimizar a máquina de receita SaaS, o alinhamento em todos os níveis e aspectos da empresa reforçam o foco, a especialização e a capacidade de expandir-se com eficácia. Embora as equipes de produtos devam focar em garantir o PMF, elas ainda precisam ter consciência e sensibilidade em relação às necessidades dos clientes e à realidade do mercado, à medida que evoluem e se transformam. Se o alinhamento não for forte, ele pode comprometer o foco e a capacidade de execução e escalada – para capacitar a organização e, por fim, entregar valor aos clientes certos, à proporção que surgem, em volume e em velocidade crescentes. Os clientes certos ajudam a amadurecer e a calibrar o PMF e a agenda de inovação da empresa. O cliente errado, que não está alinhado com o seu mercado-alvo e seu PMF central, talvez imponha restrições a todos os aspectos do movimento *go-to-market* da empresa. A chave é desenvolver mecanismos de comunicação e processos avançados de detecção de riscos. Pré-vendas, vendas e análise do impacto, durante a fase de desenvolvimento dos serviços e da descrição do trabalho, são pontos críticos do *loop* de *feedback* para, em conjunto, identificar os riscos e, em última instância, mudar os rumos do cliente ou finalizar o processo de vendas em relação ao cliente potencial. Para que tudo isso seja eficaz, a equipe de vendas deve ter uma visão clara e completa do contexto do cliente, que não envolva apenas os atributos e a funcionalidade do produto. Também é importante que a equipe de vendas compreenda a percepção do valor do negócio, e por meio de quem, como e por que ele afetará e influenciará os clientes.

O alinhamento pleno de marketing, vendas e sucesso do cliente com o produto é importante fator de capacitação das numerosas solicitações e demandas geradas por uma base de clientes em evolução e amadurecimento. Compete às equipes de vendas e de *customer success* gerenciar o crescimento e impulsionar a escalada, em conformidade com o *loop* de *feedback* da base de clientes, para manter o alinhamento com o mercado-alvo e com o PMF. Isso exige liderança forte e compreensão nítida de que os clientes certos nos tornam mais sensíveis ao mercado-alvo e nos ajudam a concentrar recursos nas iniciativas adequadas, contribuindo para o sucesso não só dos clientes, mas também dos empregados em geral.

Como definir o cliente certo?

Será que o cliente certo apresenta características de caso de uso ou de linha de negócios, de setor de atividade, ou de porte que sejam compatíveis com os atributos do seu produto? Será que a definição de cliente certo tem algo a ver com a análise da sua atual base de clientes e do que está funcionando hoje, ou com a análise do tamanho dos vários mercados acessíveis, nos quais você ainda não atua, para decidir em quais mirar e, se necessário, que clientes relegar ou abandonar completamente? No final das contas, o cliente ideal agrega um pouco de todos esses fatores. O CEO, porém, deve estar alinhado e comprometido com o PMF, inclusive com o perfil do cliente certo a ser buscado.

Depois de definir o perfil do cliente ou do segmento de cliente ideal, seu motor operacional *go-to-market*, ou de como entrar no mercado, precisa alinhar-se com esse perfil. Do ponto de vista operacional, tudo começa com a venda para o cliente certo, o que significa começar no topo do funil de receita. Marketing deve mirar nos tipos certos de clientes e vendas deve desqualificar rapidamente os que não são bom encaixe, indo além da metodologia típica e das qualificações básicas, como verbas, cronograma e patrocínio executivo.

A evasão (*churn*) em si é apenas a ponta do iceberg; o custo de manter clientes para cujo sucesso você não pode contribuir é em geral enorme. Primeiro, você incorre no custo de aquisição do cliente (CAC), de trazê-lo a bordo, ou seja, de recepcioná-lo. O ônus mais elevado, porém, é o custo de oportunidade de aplicar recursos nos clientes errados e, inevitavelmente, de dobrar os custos com esses clientes, quando eles enfrentam dificuldades. Esses recursos poderiam ter sido destinados a ajudar outros clientes com maiores chances de oferecer valor vitalício (LTV) mais alto.

Sua mensagem e sua marca são energizadas pelo conteúdo certo, que precisa ser contextualizado da maneira certa, diante das pessoas certas, no momento certo. O perfil do cliente deve ser avaliado em todos os estágios do funil, com o compromisso de adotar métodos de assessoramento participativos e interativos no relacionamento com os clientes – mesmo quando for para evitar que os clientes enveredem por um caminho que gere complexidade, custos e extravio. Essa abordagem exige investimentos, inclusive integração total com as equipes, para assumir e reforçar esse compromisso.

Em certas ocasiões, os clientes certos não são recebidos com o alinhamento interno adequado, o que os expõe ao risco de tornar-se clientes errados. Vendas e medidas "higiênicas" de suporte ao cliente, que previnem e eliminam fatores de insatisfação (Herzberg), são fundamentais aqui. Por incrível que pareça, alguns clientes que de início não tinham o perfil de cliente certo tornam-se clientes exemplares. Adote um patrocinador executivo e amplie o seu alcance para cima e para os lados na organização, não só para posicionar o seu produto no contexto certo, mas também para demonstrar sua cultura voltada para o cliente, com o objetivo de impulsionar o ciclo de vida de engajamento do cliente bem-sucedido. Isso o ajudará a estabelecer o ritmo certo com o cliente e a preservar sua marca de *conselheiro de confiança,* que, em última instância, lhe será útil para definir o contexto interno adequado ao cliente, que reforçará o perfil de cliente certo.

Quando uma empresa está em modo de escalada, a comunicação e a mensagem do *compromisso com o cliente certo* devem ser consistentes e reiteradas sucessivas vezes. Esse alinhamento empurrará as atividades do alto do funil, ao longo de suas iniciativas de marketing e de geração de demanda: vendas, de recepção/serviços profissionais, *customer success,* e de volta ao produto, com base em suas referências e, por fim, gerando resultados de redução da evasão e de melhoria da expansão.

Vendas e as já citadas medidas "higiênicas" de suporte ao cliente também são importantes, e o processo gera dados, propiciando decisões que impulsionam os resultados certos. No mundo ideal, a empresa venderia apenas a clientes ideais, mas sabemos que empresas em crescimento sofrem tremenda pressão para turbinar o aumento da receita. Nessas condições, talvez seja necessário expandir a definição de cliente ideal para otimizar o crescimento. Nesse caso, também é importante contar com um mecanismo escalável para captar o perfil do cliente, de modo a ser capaz de rastrear e de avaliar os clientes ideais, incluindo critérios importantes como alocação de recursos, índice CAC, evasão líquida e LTV do cliente. Várias ferramentas de SaaS, como as da Salesforce, Marketo, Gainsight e Clarizen, têm a capacidade de alavancar a arquitetura *open application programming interface* (API) desses sistemas, para conectá-los e oferecer fluxos de dados contínuos e integrados, possibilitando a captura de critérios de encaixe do cliente, no começo do ciclo *go-to-market,* e o rastreamento desses dados ao longo do funil de receita.

Você também pode optar por definir processos exclusivos para segmentos de clientes menos que ideais. Por exemplo, talvez seja o caso de escolher diferentes requisitos de negócios, como a exigência de certos perfis de cliente para comprar um pacote de serviços específico. Outra opção é investir em processos high-touch mais personalizados, em condições de alto risco, como maior envolvimento do Gerente de *Customer Success* (GCS) na fase de adoção, a fim de neutralizar o risco no início do processo e de direcionar o cliente no rumo certo. Uma alternativa é optar por minimizar o investimento, por meio de abordagens low-touch e um-para-muitos, como webinars e autoajuda, recursos de internet para focar recursos limitados em clientes com alto valor vitalício (LTV).

Priorize um sistema escalável para identificar as razões da evasão (*churn*) e para analisar com regularidade os dados captados, recorrendo a equipes de produtos e de clientes para distribuir os dados entre vários segmentos de clientes. Descubra as porcentagens de evasão decorrentes de má adoção, de questões de *market fit*, de falhas dos produtos em relação às necessidades dos clientes e de fatores pouco controláveis, como fusões, aquisições, reestruturações e falências.

Também é importante analisar os processos de incentivos em toda a empresa e definir como alinhá-los para reforçar a necessidade de focar nos segmentos de clientes certos. Sem dúvida, seu líder de *customer success* é motivado para reduzir a evasão (*churn*) e associar-se com vendas para acelerar expansões. Será que seus líderes de vendas são incentivados a reduzir a evasão, o que também os motivará a não vender para clientes errados? E quanto ao seu líder de produtos e os incentivos à retenção de clientes? Se já concluímos que a maximização do valor vitalício (LTV) do cliente e a minimização da evasão são alguns dos mais importantes indicadores-chave de desempenho (KPIs) para o sucesso e a avaliação de qualquer empresa SaaS, será que não faria sentido para todos os líderes funcionais compartilhar essas variáveis em seus incentivos?

Outro fator a considerar é a estrutura organizacional e a maneira como ela se alinha e não se alinha, de modo a focar a organização nas vendas e nos clientes certos. Será que suas unidades organizacionais de vendas e de *customer success* se reportam a um diretor de receita de negócios, que mantém uma visão holística tanto dos negócios novos quanto dos negócios repetidos, para orientar as decisões certas não só sobre os clientes a cultivar, mas também sobre os clientes a descartar? Se vendas e *customer success* são departamentos independentes, será que você garante ao líder de *customer success* poder de veto em relação aos negócios com mau encaixe?

O *feedback* de vendas e de *customer success* é tremendamente importante para qualquer empresa SaaS de alto crescimento, com o objetivo de desenvolver o produto e de melhorar o PMF. Isso é fundamental se você optar por ampliar o foco para clientes não ideais ou para segmentos de clientes adjacentes, além de seu mercado central. Também é de importância crítica captar informações dos segmentos de clientes, no caso de pedidos de novos atributos. Sem isso, a sua equipe de produtos pode avaliar e definir erroneamente as prioridades na alocação de recursos para o desenvolvimento de produtos. Também é importante definir processos e fluxos de dados que se expandam com o crescimento da empresa. E é cada vez mais difícil alinhar as prioridades por causa das dificuldades de comunicação.

Evidentemente, sua agenda e sua estratégia podem evoluir e amadurecer à medida que a empresa se expande, assim como o perfil dos clientes-alvo, para dar o exemplo à organização e à empresa. As referências são tudo para uma empresa, e desenvolver o conteúdo certo num contexto voltado para o valor deve induzir o comportamento adequado – não só de conquistar mais clientes, mas também de definir a agenda para o próprio pessoal, sobretudo quando você contrata e admite novos empregados.

A jornada certa do cliente, junto com o PMF certo e com o alinhamento de cima para baixo das prioridades da organização, sob o impulso de uma agenda colaborativa e transparente para os empregados, parceiros e clientes, minimizará o ruído e impulsionarão a excelência operacional em todo o ciclo de vida do engajamento do cliente. Além disso, por fim, tudo isso o ajudará a concentrar os esforços em vender para os clientes certos.

Comentários adicionais

Dave Kellogg, CEO da Host Analytics, disse-me recentemente: "Noventa e nove por cento da evasão ocorre na época da venda". Em outras palavras, pelo menos no negócio dele, quase toda evasão acontece porque venderam para o cliente errado. Essa afirmação talvez se aplique, em diferentes graus, a todos os negócios. E o *custo* real de vender ao cliente errado é enorme. O cliente errado é sempre mais difícil de recepcionar, causando problemas para a equipe e empatando tempo e recursos. Essa situação sempre acarreta maiores demandas também para a equipe de produtos. A sobrecarga, então, é transferida para as equipes de sucesso do cliente e de suporte ao cliente, quando se conclui o projeto de recepção, e a luta se agrava quando a equipe de sucesso do cliente se desdobra e se empenha para configurar e executar um caso de uso fora do quadrado, sob medida para o cliente, e depois treina o cliente em como usá-lo. Os alarmes, então, soam 90 dias antes da renovação e, com o cliente em risco, constitui-se uma força-tarefa especial para "salvar" o cliente, geralmente incluindo um ou dois executivos. Nessas condições, consegue-se a renovação cerca de 50% das vezes e, em geral, somente reduzindo o preço, devolvendo algum dinheiro, ou concedendo aos clientes alguns meses gratuitos, para atenuar suas dificuldades. Tudo isso é como chutar a lata pela rua, com as mesmas dificuldades ainda a resolver no novo prazo contratual. Quanto aos 50% dos clientes que evadem a essa altura, não renovando o contrato, a perda de receita é dolorosa, mas o custo de oportunidade referente a todas as horas e esforços derramados sobre o cliente, sem colher os frutos, machuca muito mais. Pense em todo esse tempo e energia canalizados, em vez disso, para os bons clientes, com grandes chances de crescer e de prosperar. O último aspecto negativo talvez seja o pior – o boca a boca que se alastrará, desencadeado pelo cliente fracassado. Embora boa parte da culpa na verdade recaia sobre ele, essa não será a versão a prevalecer, quando o cliente conversar com amigos e colegas sobre você.

High-touch

Os negócios high-touch são fortemente afetados quando não se vende ao cliente certo. Por definição, os clientes high-touch são os mais valiosos, e, com toda a probabilidade, isso significa que são os mais lucrativos. No entanto, há mais do que somente dinheiro na linha. Além disso, todas as outras áreas funcionais do contexto de pós-venda são tripuladas para oferecer a esses clientes não só a melhor experiência, mas também alta probabilidade de sucesso. Isso significa que um aumento de 10% ou 20% no custo de recepcionar, treinar, servir e de empenhar-se no sucesso do cliente corresponde a 10% ou 20% de uma cifra muito maior do que a do contexto low-touch ou tech-touch. O valor da marca e o reconhecimento da marca desses clientes é, também, quase sempre muito mais alto; portanto, o custo de sua propaganda negativa, ou de suas acusações, é muito mais doloroso do que o de clientes menos conhecidos.

Low-touch

A dor de perder um cliente low-touch não é tão intensa quanto a da evasão de um cliente high-touch. No entanto, os clientes low-touch são mais numerosos. Portanto, se você não for diligente em vender para os clientes certos, também aqui você pode surpreender-se com um ônus significativo. E, exatamente por serem low-touch, suas chances de gerenciar de maneira adequada a crise ou de evitar a perda do cliente são muito estreitas. No final das contas, as consequências podem ser tão onerosas quanto no caso de clientes high-touch. Sob certo aspecto, talvez sejam até mais dispendiosas. Como os clientes low-touch são muito mais numerosos, eles, por certo, no agregado, conhecem mais pessoas, resultando em boca a boca negativo ainda mais destrutivo que o dos clientes high-touch, mesmo que o valor da marca de cada cliente individual seja mais baixo.

Tech-touch

Agora, pegue os problemas já definidos para os clientes high-touch, multiplique-os por 10 (ou mais) para os clientes low-touch, por causa do volume, e multiplique o resultado, mais uma vez, por 10, para os clientes tech-touch. À medida que você desce para a camada inferior seguinte, muito menores são as suas chances de salvar um cliente individual. Reflita sobre a impossibilidade de salvar um cliente que, realmente, não é bom encaixe para o seu produto, simplesmente enviando-lhes e-mails ou inscrevendo-os em webinars. Muito improvável que produza frutos, certo?

Assim sendo, como atenuar o risco de vender para o cliente errado, uma vez que é tão importante não cair nessa armadilha?

- Use dados, não somente casos. Se você pretende ser rigoroso quanto a quem você venderá, é preciso basear-se em dados. Você não pode simplesmente pensar: "Acho que já vendi para um cliente como esse, e não funcionou". É necessário seguir o seguinte roteiro: "Fizemos negócios com 31 clientes que se enquadram nos mesmos padrões de setor, descontos, casos de uso e nível de preços deste cliente, e 14 deles cancelaram o contrato na primeira renovação; e outros quatro, na segunda renovação. Oito deles ainda não chegaram ao momento de renovação. Os cinco restantes renovaram, mas com uma redução média de 14% do valor contratual. Além disso, nosso NPS médio entre os 13 clientes remanescentes é 5,2 e o escore de saúde médio deles é 38,7".

- Dê a seu vice-presidente de *customer success* poder de veto em relação a negócios no *pipeline*. A medida é ousada e um pouco perigosa, mas pode funcionar. É um pouco como dar à equipe de suporte ao cliente poder de veto quanto a novos lançamentos. Você poderia argumentar que eles devem ter esse poder porque terão de conviver com o resultado da decisão. Se a retenção for de fato importante foco de atenção e atuação em sua empresa, a pessoa responsável pela retenção precisa dispor de muita autoridade.

- Ponha a equipe de *customer success* sob a responsabilidade do VP de vendas. Essa, em geral, não é a nossa recomendação, como observamos no Capítulo 3. Se, porém, as vendas contínuas para clientes errados forem um grande problema, fazer com que o mesmo vice-presidente que toma as decisões de vendas sofra as consequências dessas decisões, inclusive das más decisões, sem dúvida mudará o foco desse executivo. Por isso é que pedimos a um líder de vendas que também é responsável por *customer success* para escrever sobre esta lei. Mesmo que você não ponha *customer success* sob a responsabilidade de vendas, e, em menor extensão, mesmo que você o faça, o seu CEO precisará envolver-se profundamente em equilibrar a necessidade de vender mais para novos clientes com a necessidade de aumentar a taxa de retenção.

- Certifique-se de que seu VP de vendas (e todos os executivos) recebam incentivos para cuidar da retenção, não apenas de novos negócios. Você pode estender essa proposta hierarquia abaixo, até o nível de representante de vendas, mas, em geral, eles não se preocupam com mais de um ano estrada afora, de modo que a ideia talvez não produza o impacto almejado. Se, porém, o seu líder de vendas, que, provavelmente, também é remunerado com base no desempenho total da empresa, recebe incentivos para aumentar a retenção, assim como para angariar novos negócios, você constatará que essa mudança, definitivamente, exercerá impacto positivo.

- Leia cuidadosamente a 10ª Lei. O *customer success* precisa ser um compromisso de cima para baixo, no sentido de que o CEO deve difundir na empresa a mentalidade de retenção a longo prazo, em vez de apenas captar negócios para melhorar os números trimestrais. Com muita probabilidade, esse executivo acabará sendo responsável por dizer "não" a certos negócios e, decerto, por incentivar e reforçar o comportamento certo por parte da empresa. O CEO e o Conselho de Administração são incentivados, acima de tudo, a zelar pelo sucesso da empresa a longo prazo.

Capítulo 6

2ª LEI – A TENDÊNCIA NATURAL DOS CLIENTES E FORNECEDORES É SE AFASTAREM UNS DOS OUTROS

Autor: Karen Pisha, Vice-presidente Sênior de Customer Success, Code42

Sumário executivo

Clientes e fornecedores começam seu **relacionamento como dois barcos, um ao lado do outro, no meio de um lago**. Se os dois barcos estiverem sem navegante, porém, eles logo começarão a afastar-se, à deriva. Depois de algum tempo, é muito provável que os dois barcos acabem muito longe um do outro. O que mudaria essa tendência natural? Simples. Ponha alguém num dos barcos, com um par de remos. Melhor ainda, ponha alguém em cada barco, com remos.

A mudança é a inimiga aqui. Se nada mudar, clientes e fornecedores podem muito bem continuar próximos. A mudança, porém, é a constante. As pessoas mudam em ambas as empresas. Os modelos de negócios mudam. Os produtos mudam. A liderança e a direção mudam.

E assim vai. Somente a interação proativa e premeditada por parte de uma ou de ambas as empresas superará a deriva natural provocada pela mudança constante. Por isso é que as unidades organizacionais de sucesso do cliente vieram à luz. As unidades organizacionais e as práticas usuais de sucesso do cliente intervêm para reunir de novo o cliente e o fornecedor. Eles entram a bordo de um dos barcos e começam a remar.

A saúde duradoura de seu negócio está diretamente relacionada com a sua capacidade de reter clientes e evitar a evasão. Nenhum outro critério é responsável por mais reuniões e mais noites insones. Em um negócio de receitas recorrentes, a maior parte da receita é auferida depois da venda inicial. Com efeito, em muitas empresas SaaS, a expectativa de valor vitalício do cliente (LTV) corresponde a 10 vezes o valor da venda inicial. Como fator limitante do crescimento, a evasão afeta negativamente tanto o crescimento quanto o valor de mercado da empresa. A fuga de clientes também exerce um impacto terrível no moral. Todos detestam perder cliente; nos negócios de receitas recorrentes, porém, os custos são enormes. O maior custo, como mencionado no capítulo anterior, talvez nem seja o valor do contrato do cliente, mas os recursos que foram queimados na aquisição, *onboarding*, assistência, e, em geral, na tentativa de salvar o cliente que acaba cancelando o contrato. A evasão (*churn*) aumenta com o aumento da base de clientes, o que torna incrivelmente difícil superá-la.

A evasão (*churn*) pode ser definida como a porcentagem de assinantes de um serviço que descontinuam a assinatura do serviço em determinado período de tempo. Como todas as empresas investem recursos significativos na aquisição de clientes, é fundamental certificar-se de que os clientes continuem clientes durante o máximo de tempo possível, para gerar o maior retorno possível em relação ao investimento inicial. Quanto mais longa for a permanência dos clientes, maior será o retorno sobre o investimento.

Em um negócio de receitas recorrentes, a compreensão do conceito de *evasão parcial* também é valiosa. Trata-se simplesmente da perda de parte do valor financeiro do contrato numa situação em que o cliente não deixa a empresa. A evasão parcial pode consistir no cancelamento de um produto, na devolução de licenças ociosas, ou na negociação pelos clientes de descontos maiores, em consequência de dificuldades que eles enfrentaram com o produto ou com a empresa ou da percepção de estarem recebendo valor inferior ao esperado de início.

Então, por que os clientes decidem percorrer caminhos diferentes dos de seus fornecedores tradicionais? O que instiga os clientes a deixar o ninho? Será que a evasão (*churn*) resulta de padrões previsíveis ou de uma série de ocorrências imprevisíveis e fortuitas? Muitas horas foram consumidas na análise desse problema; e tanto as pesquisas quanto as experiências casuísticas indicam que a evasão não ocorre ao acaso.

Talvez pareça óbvio, mas se você quer evitar que seus clientes olhem para os concorrentes, você precisa contribuir para o *customer success* com o uso de seu produto ou serviço. Isso, porém, não é tão fácil quanto parece. A definição de cliente bem-sucedido é muito variável e depende de muitos fatores. A maioria das empresas acredita que o cliente bem-sucedido é resultado direto da adoção do produto, do engajamento e do uso do produto. Também é fundamental assegurar-se de que eles estão recebendo os benefícios que se dispuseram a alcançar quando selecionaram a sua empresa como fornecedor preferido. Outra consideração importante é que, às vezes, o cliente mais bem-sucedido parece estar infeliz. Isso tende a acontecer quando o cliente está estendendo as fronteiras de seu produto ou de sua organização. Não confunda cliente exigente com cliente fracassado. Muitas vezes, o oposto é verdadeiro. As características que definem um cliente exigente também tendem a indicar que ele está extraindo o máximo de valor de seu produto e simplesmente está pedindo mais.

Embora muitas sejam as razões pelas quais os clientes cancelam seus contratos, a maioria das empresas não as constata até ser tarde demais para fazer alguma coisa. Esse problema é ainda mais crítico nas empresas por assinatura. Eis alguns dos principais motivos da evasão de clientes. A solução eficaz é adotar medidas para detectar os sinais de advertência e agir com base em dados ao perceber os indícios.

Não realização do retorno financeiro ou do valor do negócio

É possível que o caso de negócio inicial, ou a justificativa para fazer o negócio, não tenha sido elaborada com base em dados exatos ou que as circunstâncias tenham mudado internamente. Em qualquer uma das hipóteses, a falta de ROI (retorno sobre o investimento) gera grande risco para a empresa.

- **Indícios:** Diminuição do uso ou inatividade depois da assinatura.
- **Providências:** Reforçar ou aprimorar a equipe de *customer success*, se ela já existir, para analisar os objetivos do cliente e para orientar os clientes ao longo das fases de adoção do produto para que comecem a extrair valor das ofertas o mais cedo possível. Sempre procure novas maneiras de ampliar o uso de seus produtos, para que eles se prestem a mais funções, assim gerando mais valor para o negócio (isto é, retorno mais elevado). Se o seu contexto for puramente tech-touch, você precisa encontrar maneiras criativas de reforçar sua proposta de valor, de explorar as razões que, para começar, levaram o cliente a comprar, e de aproveitar os recursos disponíveis para que o cliente extraia mais valor dos produtos e dos serviços correlatos.

Paralisação ou demora da implantação

Os clientes, em geral, estão ansiosos para começar, mas, com muita frequência, perdem o impulso ou o foco depois do início do projeto. Enquanto não usarem os seus produtos, os clientes não percebem o valor que eles podem oferecer.

- **Indícios:** Os clientes não conseguem pôr o produto em operação.
- **Providências:** Defina ofertas de pacotes e serviços que ofereçam melhor *time-to-value* (prazo de entrega do valor prometido/esperado), acelerando a partida e o avanço do cliente na jornada de uso do produto. Aí se incluem a definição de fases mais curtas que levem o cliente a usar o produto em subconjuntos do escopo total.

Perda do *sponsor* do projeto ou de usuários avançados

A transição de um para outro patrocinador do projeto ou de um para outro usuário avançado põe em risco seu sucesso duradouro. Em alguns casos, toda a base de informações sobre as razões da compra do produto e sobre os fatores críticos para a gestão do aplicativo se concentram em uma ou duas pessoas-chave.

- **Indícios:** O cliente se torna esquivo. Você não consegue acessar o dono ou *sponsor* do projeto.

- **Providências:** Oferecer treinamento para novos usuários a fim de garantir que mais de uma pessoa na organização seja capaz de usar o produto. Empenhe-se em manter ou em criar relacionamentos de alto nível para incentivar a participação da administração e para dispor de recursos quando um de seus principais campeões deixar a empresa do cliente ou nela assumir novas funções.

Baixa taxa de adoção do produto

Os clientes que não estão usando o seu produto em apoio às necessidades de negócios deles tendem a encontrar outras opções ou a retornar aos velhos métodos de fazer negócios.

- **Indícios:** Os clientes simplesmente não estão usando o seu produto ou o estão usando com menos intensidade.
- **Providências:** Desenvolva programas para trabalhar com os clientes, de modo a avaliar as necessidades de negócios deles e a orientá-los ao longo de uma jornada de uso do produto que deixe clara a funcionalidade a ser extraída do produto. Garantir que mais usuários estão se conectando ao produto e recorrendo a um conjunto mais amplo de funções torna o produto mais aderente e de difícil substituição. Além disso, a criação de uma biblioteca de histórias de ROI de clientes e de depoimentos de clientes sobre o uso do produto quando o interesse ou o impulso começa a diminuir pode ser realmente proveitosa.

Aquisição por empresa que adota outra solução

As aquisições de empresas acarretam certo grau de evasão (*churn*) na maioria das empresas de receitas recorrentes ou de pagamento em bases correntes.

- **Indícios**: Seus contatos com o cliente lhe dizem que a empresa está sendo adquirida ou que novos líderes estão forçando outra solução.
- **Providências**: A situação é difícil. Em alguns casos, você tem a oportunidade de expor o valor de seus produtos ou serviços aos

líderes da nova empresa. Isso talvez lhe dê a chance de manter ou de ampliar a sua pegada. Em muitos casos, contudo, a sorte está lançada e o seu produto não está na lista dos aprovados, gerando, por conseguinte, uma evasão descontrolada.

Falta de atributos do produto

A competição está esquentando para todos os produtos e empresas. A atração de novos atributos, como interfaces do usuário (IU) mais intuitivas e novos recursos de mobilidade e interatividade, além da sedução de preços mais baixos, estão levando muitas empresas a trocar de fornecedor.

- **Indícios:** O cliente está pedindo novos atributos, aprimoramentos no produto ou precificação mais agressiva.
- **Providências:** Certifique-se de que o seu GCS está operando a plena força no roteiro do produto e que compreende onde você está investindo no produto. Se você não tiver uma equipe de *customer success*, descubra outra maneira de transmitir as perspectivas positivas da sua empresa e dos seus produtos para os atuais clientes. Obtenha o *feedback* dos clientes sobre os rumos do produto e peça a opinião dos clientes deles. Compartilhe o *feedback* com a sua equipe de gestão de produtos e esclareça-os sobre o que é mais importante para os clientes. Engajar os clientes e fazê-los sentir-se parte de seus processos pode ser uma iniciativa muito poderosa.

Novos líderes estão promovendo mudanças no rumo e na estratégia

Novos líderes do cliente podem promover mudanças no rumo e na estratégia da empresa. Às vezes, esses líderes introduzem fortes opiniões ou vieses sobre o produto que eles usavam no passado e impõem uma reavaliação ou substituição do seu produto.

- **Indícios:** Pedem-lhe para participar de um pedido de propostas ou de um processo de avaliação de soluções.
- **Providências:** Com o apoio do dono ou *sponsor* do seu projeto, adote ações proativas em relação ao novo líder.

Disponha-se a fornecer-lhe uma visão geral de sua organização, produto e proposta de valor. Reforce o valor do produto e as oportunidades que ele proporciona de aumento do ROI do cliente, com a ampliação de seus recursos e usos. É importante assumir a dianteira do processo a todo custo, porque a realidade de seu produto instalado, com as suas falhas e imperfeições, em geral não é se sair bem em comparação com as apresentações assépticas, em PowerPoint, feitas pelos concorrentes.

Clientes afetados por má qualidade do produto ou por questões de desempenho

Questões de produto e desempenho podem causar fortes dores nos clientes e levá-los a procurar soluções mais eficazes e estáveis.

- **Indícios:** Os registros do cliente revelam aumento no volume de pedidos de suporte e de casos problemáticos.
- **Providências:** Primeiro, descubra uma maneira de rastrear os sinais de advertência avançados, de modo a antecipar-se à crise. O alerta de quando o cliente superou certo limite de pedidos de suporte, talvez três numa semana, desencadeia um plano de ação, como um telefonema ou uma campanha de e-mails. Se a sua situação for de high-touch ou low-touch, você precisa ser solidário e empático, oferecendo soluções e alternativas oportunas. Suba na hierarquia, e deixe claro para o cliente que as suas insatisfações estão recebendo o mais alto nível de atenção. Esteja à frente de todas as pendências e tome a iniciativa de fornecer atualizações sobre o progresso. Os clientes compreendem que o software não é perfeito e valorizam o relacionamento e o suporte que estão recebendo em busca de soluções. Infelizmente, se os problemas persistirem ou gerarem impacto significativo, você corre o risco de perder o cliente.

O seu produto não é a solução certa

Profissionais de vendas criativos podem encontrar maneiras de vender produtos, mesmo quando seus atributos não oferecem o encaixe perfeito para as necessidades dos clientes. Veja o capítulo anterior e a 1ª Lei para mais informações sobre esse tema. Em alguns casos, os clientes comprarão o seu produto para resolver uma necessidade que não bate com exatidão em seu ponto doce, aquele lugar exato da raquete que lança a bola com mais força e mais direção.

- **Indícios:** A maneira como o cliente compreende os principais recursos do seu produto não é exata ou o cliente está pedindo atributos que não são a sua praia.
- **Providências:** Eduque a equipe de vendas sobre os casos de uso e sobre os parâmetros do cliente que criam para ele a experiência ideal. Participe do processo de vendas para ajudar a identificar onde os clientes potenciais não se encaixam no perfil de cliente ideal e ofereça alternativas à maneira como o cliente está atendendo às suas necessidades de negócios. Ensine a equipe de serviços profissionais a captar e interpretar os sinais de advertência e a identificar com antecedência os riscos do projeto. Releia o capítulo anterior para mais orientações sobre como evitar vender para o cliente errado.

O fator humano

Mesmo os melhores profissionais de *customer success* vez por outra não combinam bem com os clientes. É importante prestar muita atenção a todas as pessoas da sua equipe que interagem com os clientes e observar os sinais de advertência de quando a compatibilidade não é a ideal.

- **Indícios:** Você pode receber *feedback* pouco animador de um cliente, num telefonema ou numa pesquisa, em relação a um membro da equipe. Você também pode receber *feedback* indireto, por meio de parceiros ou indivíduos que se relacionam com o cliente.
- **Providências:** Não ignore o *feedback* negativo. Procure o cliente de maneira proativa e peça-lhe contribuições e opiniões sobre o membro da equipe. Você precisa descobrir com rapidez se o relacionamento pode ser ajustado ou se você terá de substituir essa pessoa. Retardar a substituição, se for o caso, pode produzir efeitos negativos duradouros.

A conclusão é que você deve adotar procedimentos proativos para monitorar a saúde dos clientes. Quanto mais você compreender os clientes, suas necessidades de negócios e a maneira como usam o seu produto, melhor será a sua situação na hora da renovação do contrato ou da decisão de manter a sua empresa como fornecedor preferido. Sempre que possível, atendimentos avançados proativos pela equipe de gestão do *customer success* ou intervenções pelos canais tech-touch, como e-mails, webinar ou comunidades, podem fazer grande diferença em seus relacionamentos de longo prazo e em relação à saúde total do cliente. Algumas maneiras ótimas de manter contato são:

- Atendimento avançado proativo do GCS ou de um executivo.
- Conteúdo de e-mail oportuno e relevante.
- Webinars de alta qualidade para os clientes, que forneçam ideias sobre como ampliar o uso do produto.
- Atualizações e interações em uma comunidade de clientes robusta.
- Reuniões regulares de grupos de usuários.
- Conselho Consultivo de clientes.
- Conferências de usuários.

Comentários adicionais

A mudança realmente é o seu inimigo. É muito difícil manter o nível de valor, ou a percepção de valor, que você tinha de início até com os seus melhores clientes. Isso também se aplica a aplicativos para consumidores. Para a maioria das pessoas, o valor do Facebook era mais alto nos primeiros meses da experiência de usuário. Não que o valor real do produto de fato tenha diminuído. Na realidade, o valor potencial do produto quase certamente aumentou, na medida em que foi sendo aprimorado e novos atributos foram sendo adicionados. A percepção de valor pelo usuário final, porém, geralmente se atenua, à proporção que a novidade perde o impacto e o valor começa a ser dado como certo ou o concorrente reduz a diferenciação que os seus clientes viam no seu produto em comparação com o dele. A batalha para reter e aumentar o valor de seus clientes atuais é interminável. Sua única escolha é lidar com ela.

High-touch

Se você tiver clientes high-touch, esse desafio é ao mesmo tempo mais fácil e mais difícil. Pode ser mais fácil por causa do relacionamento estreito que você mantém com eles e com o nível de engajamento que eles provavelmente mantêm com você, como empresa, inclusive ajudando a definir o seu guia de produtos e sendo muito exigente sobre todos os aspectos dos produtos. Também é mais fácil porque o relacionamento não muda tanto quanto nos outros modelos, depois que se consuma a venda. Sob alguns aspectos, a intensidade do relacionamento pode até aumentar depois da conclusão do negócio, uma vez que o valor vitalício (LTV) potencial desses clientes tende a ser muito maior que o da transação inicial, e, em consequência, tendemos a dedicar-lhes mais atenção.

Por outro lado, o desafio pode ser mais difícil com os clientes high-touch, ao menos porque os cacifes são muito mais altos. Além disso, é mais difícil manter relacionamentos executivos no nível certo, para ajudá-lo a navegar entre as mudanças que estão acontecendo na ponta do cliente. O poder e a autoridade do seu campeão, hoje, pode mudar da noite para o dia, em decorrência de reorganizações e de novas lideranças. As organizações tendem a ser muito mais complexas e as considerações políticas, muito mais comuns, em empresas maiores. Tudo isso atua contra a sua capacidade de alinhar-se e de manter-se alinhado com as pessoas certas que continuarão a apoiar e a validar o seu produto.

Low-touch

Os desafios para os clientes low-touch não são surpreendentes. Esses clientes estão muito mais sujeitos a sofrer o impacto de mudanças drásticas no âmbito de toda a empresa do que os clientes maiores. E, como você não conversa com eles com tanta frequência, é mais difícil compreender a magnitude dessas mudanças e a maneira como elas o afetarão. Se você encarar esses clientes como entidades individuais, o que, evidentemente, é preciso fazer às vezes, você pode perder a visão da floresta, ao focar nas árvores. De algumas maneiras, os clientes low-touch e tech-touch o obrigam a fazer coisas, como fornecedor, que são mais positivas e mais abrangentes e prospectivas do que as induzidas por seus clientes high-touch. Como você, em geral, não reagirá em excesso às necessidades de um ou dois desses clientes, o foco necessário para retê-los e satisfazê-los se concentra nos fatores mais escaláveis – processos e produtos. No final das contas, o seu produto é, de longe, a parte mais escalável do seu negócio. Derramar energia e esforços, generosamente, na elaboração de seus produtos e nos processos de apoio, para entregá-los, aprimorá-los e dar-lhes melhor assistência, irá ajudá-lo a crescer com muito mais eficiência do que atender às necessidades especiais de seus maiores clientes. Conscientizar-se dessa verdade pode ser uma atitude cultural muito positiva.

Outro aspecto dessa realidade, importante de compreender, é que suas metas de retenção/evasão para a planície dos clientes low-touch, em comparação com o planalto dos clientes high-touch, devem ser diferentes. Com muito poucas exceções, a taxa de retenção, à medida que você desce a pirâmide de camadas, será mais baixa. Compreender e aceitar esse fato pode ajudá-lo a não concentrar foco excessivo em um ou dois desses clientes, em detrimento de melhorar os aspectos gerais mais escaláveis do negócio, como processos e produtos.

Tech-touch

Como, em geral, será o caso ao analisarmos cada uma das Dez leis e a maneira como elas se relacionam com os diferentes modelos de contato com os clientes, tudo o que se aplica a clientes low-touch *versus* clientes high-touch é excessivo para os clientes tech-touch. Como você nunca conversa com eles, a não ser em grandes grupos, nos quais o *feedback* real é limitado, a probabilidade de descobrir que o modelo de negócios ou a organização deles está mudando é muito baixa. Nesse cenário, três coisas podem ser muito úteis:

1. **Pesquisas**. Essa talvez seja a melhor maneira de obter *feedback* consistente desses clientes. Perguntar-lhes se a liderança ou o modelo de negócios deles mudou provavelmente não é útil. Receber, porém, *feedback* consistente sobre o valor de vários componentes do produto pode ser extremamente valioso. Se for possível coletar essas informações e transmiti-las à sua equipe de produto, que deve, constantemente, observar o mercado e ajustar-se às mudanças em curso, você será capaz de adaptar-se rapidamente às transformações nos requisitos do produto.

2. **Comunidade**. Uma comunidade florescente lhe fornece *insights* consistentes sobre o que os clientes estão pensando e dizendo. A comunidade também é de importância inestimável ao suscitar questões e ao obter respostas rápidas em grandes grupos. Certifique-se de retribuir à comunidade tanto quanto dela recebe, mas explore o poder que ela lhe proporciona.

3. **Compreender a evasão (*churn*).** No contexto B2C, a compreensão dos motivos da evasão (*churn*) deverá ser feita por meio de pesquisas. No contexto B2B, mesmo para clientes muito pequenos, talvez justifique o dinheiro e o tempo gastos acompanhar e estudar um grupo seleto de clientes que cancelaram o contrato, para realmente compreender o que se rompeu e como essa ruptura poderia ter sido evitada. Em todo caso, geralmente é mais importante compreender as razões da retenção ou permanência, uma vez que a evasão quase sempre é um evento isolado, com razões específicas. Desenvolver essa compreensão *deve* ser parte do processo de dirigir um negócio de receitas recorrentes. Ver o Capítulo 11 para mais informações sobre este tópico.

Os clientes high-touch podem ser a sua alavanca para o sucesso financeiro, mas os clientes low-touch e tech-touch talvez lhe forneçam alavancas igualmente valiosas em relação à escalada e à eficiência.

Capítulo 7

3ª LEI – OS CLIENTES ESPERAM QUE VOCÊ OS TORNE EXTREMAMENTE BEM-SUCEDIDOS

Autor: Nello Franco, Vice-presidente Sênior de Customer Success, Talend

Sumário executivo

Os clientes não compram a sua solução para usar seus atributos e funções. Eles compram a sua solução (e o relacionamento com você) porque querem alcançar um objetivo de negócios. Da mesma maneira como as organizações de vendas estão adotando abordagens *desafiadoras*, as organizações e práticas de *customer success* precisam oferecer novos *insights* e questionamentos. Como lembrou Ben Horowitz em seu discurso na cerimônia de formatura, em 2015, na Columbia University, "Não há valor algum em dizer às pessoas o que elas já sabem".

O valor que os clientes atribuem ao relacionamento com a sua empresa não é definido apenas pelos atributos e funções dos seus produtos; também é caracterizado por tudo o mais que a sua empresa faz para ajudar a tornar os clientes melhores no que fazem. Aí se inclui capacitação, marketing de conteúdo, recursos on-line, e, no caso de relacionamentos com empresas maiores e engajamento direto de especialistas em diferentes áreas. Em alguns casos, transmitir uma mensagem que vai contra a sabedoria convencional (e popular) pode ser difícil, mas, no final das contas, transmitir uma mensagem desafiadora, que atenda aos melhores interesses do cliente, fortalecerá o relacionamento. Em um contexto no qual a retenção é fundamental, não se trata aqui apenas de oportunidade, mas de obrigação. Permitir que o cliente prossiga no caminho errado acarretará resultados potencialmente desastrosos. Portanto, desafiar os clientes a mudar de rumo e a agir da maneira certa é fundamental.

Entregar sucesso extraordinário exige que você compreenda três aspectos cruciais:

1. De que maneira o cliente mede o sucesso? Em outras palavras, qual é a unidade de medida do cliente (economia de tempo, incremento de receita, redução de custos, impacto financeiro específico decorrente da melhoria da qualidade), e de que resultados o cliente precisa para declarar vitória?
2. Será que o cliente está alcançando esse valor (ou pelo menos está em vias realísticas para alcançá-lo?).
3. Qual tem sido a experiência do cliente com você ao longo do percurso?

O sucesso extraordinário não acontece por acaso. Ele ocorre porque tanto você quanto o cliente têm interesse no sucesso mútuo. Ambos compartilham e compreendem esses objetivos, vocês monitoram e avaliam o progresso com base nesses objetivos, vocês fazem perguntas difíceis e se empenham o tempo todo em elevar o nível ao definir novos objetivos.

A verdade é que não basta um ótimo produto para tornar o cliente um grande sucesso. Na empresa do cliente, você conquistou o negócio porque a sua equipe de vendas fez um trabalho notável ao vender os benefícios da sua empresa, pintando uma visão e criando expectativas de que a sua solução oferecerá retorno significativo. Numa reunião recente com os clientes, um executivo-chefe de informações (CIO), com mentalidade prospectiva, expressou sua preocupação com a quantidade de fornecedores de software: "Nenhum deles nos desafia. Eles entram, instalam o software e vão embora. Eu gostaria de compreender o que estamos fazendo hoje que deveríamos fazer de maneira diferente. Não estamos apenas pagando por um produto – também queremos *expertise*". De certa maneira, ele estava dizendo: "Você nos vendeu visão e *expertise*. Essa é a nossa expectativa. Agora cumpra o prometido".

A não ser que você comece logo a entregar valor enquanto os executivos ainda estão entusiasmados, você corre o risco de perder o impulso e despencar no que Gartner denominou *vale da desilusão* (ver Figura 7.1).

Com "pontos de prova" preliminares, a percepção de *customer success* traçará uma curva muito mais estável e até ascendente (ver Figura 7.2).

Além de demonstrar que você está avançando rumo ao sucesso duradouro do cliente, predisponha o cliente para uma vitória rápida. Defina um marco inicial e cumpra o prazo para a primeira entrega de valor ("Valor da Fase 1", na Figura 7.2). Pode ser tão simples quanto uma prova do conceito, ainda inicial, com funcionalidade básica, mas que rapidamente forneça evidências ao cliente (tanto ao *sponsor* imediato quanto a outros executivos e membros do Conselho) de que a decisão de adotar a sua tecnologia foi acertada. Também é importante comprovar o valor prometido o mais cedo possível, porque as chances de aprovação de qualquer plano de expansão do projeto inicial com o cliente dependerão dos seus resultados como fornecedor. Vitórias precursoras mantêm o impulso inicial e também serão extremamente úteis caso você venha a enfrentar quaisquer desafios (técnicos, empresariais, ambientais ou políticos) nas fases futuras. Elas possibilitarão que o seu *sponsor* aponte para o valor já alcançado como maneira de superar obstáculos e arregimentar apoio.

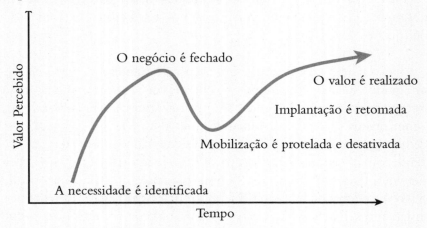

Figura 7.1 – Cenário de valor atrasado ou tardio

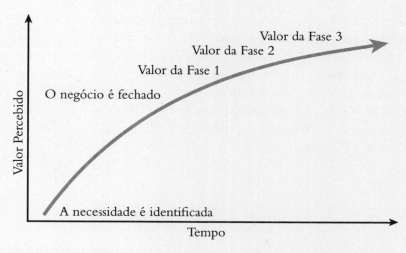

Figura 7.2 – Cenário de valor aprimorado

Instalar um software *on-premise* (no computador ou servidor do cliente), criar uma conta de usuário para uma solução SaaS, tornar a sua solução B2C ou o seu aplicativo móvel fácil de usar, ou até oferecer treinamento básico sobre a funcionalidade do seu produto são simplesmente pontos de partida. Essas iniciativas o incluem no jogo, mas não são os fatores que o levam a vitória. Se a sua empresa inova – e que empresa bem-sucedida não inova? –, é importante que você divulgue explicitamente os benefícios da inovação e, com espírito crítico, mostre como os seus clientes devem usar os seus recursos para serem mais eficazes em suas ações. As empresas bem-sucedidas precisam oferecer essa *expertise* e orientação de maneira escalável. Não se trata apenas de ter consultores de serviços profissionais altamente qualificados que recebem honorários pelos serviços prestados (embora isso seja muito importante ao atender a uma empresa, assim como um subconjunto de soluções altamente técnicas). Você também precisará de muito conteúdo (base de conhecimento, melhores práticas e manuais de serviço) e meios eficientes de entregar o produto ou serviço.

A principal razão para o cliente comprar o produto, em primeiro lugar, não são os atributos em si. É o fato de o cliente ter uma tarefa a realizar e esperar que a sua solução (e a sua empresa) o ajude a trabalhar melhor. Por exemplo, se a sua empresa fornece uma solução de marketing digital, você precisa oferecer as ferramentas, a tecnologia, o treinamento e o conteúdo de apoio para tornar o seu cliente melhor profissional de marketing digital, não apenas uma melhor maneira de trabalhar com e-mails. Mais importante, você precisa fornecer ao cliente, continuamente, exemplos de como usar a sua solução para ser mais eficaz, de como outros clientes a estão aplicando para serem mais eficazes e, caso você disponha de dados agregados, como algumas das principais métricas do cliente (uso ou outras) se comparam com as de empresas similares ou com as médias setoriais. Sem padrões de comparação e sem metas a atingir, o desempenho atual do cliente tem valor limitado.

Para ajudar os clientes a se tornarem extremamente bem-sucedidos, você precisa primeiro compreender o que significa sucesso para eles

Para gerenciar os clientes ao longo da jornada rumo ao sucesso extraordinário, você sempre precisa saber três coisas a respeito deles:

1. **Como eles estão medindo o sucesso?** Especificamente, qual é a principal métrica, ou "unidade de medida", que eles estão usando para avaliar o sucesso, e quantas unidades os clientes precisarão adicionar/poupar/remover/reduzir para reconhecer que extraíram valor da sua solução? Você também deve saber de que maneira os clientes como equipe (independentemente da sua solução) estão sendo avaliados quanto ao desempenho.

2. **De acordo com essa métrica (ou métricas), será que eles estão alcançando o sucesso?** Ou, se for trabalho em andamento, será que os clientes estão no rumo certo para conquistar o sucesso, no prazo esperado?

3. **Qual é a experiência deles ao longo do percurso?** Embora as duas primeiras perguntas sejam muito claras e mensuráveis, esta agora é um pouco menos; ela é, porém, de extrema importância. Ela dará o tom de seus relacionamentos e interações com os clientes. Mesmo que os clientes atinjam os objetivos usando a sua tecnologia, se a experiência deles for dolorosa e exigir mais esforço do que eles consideram necessário, você aumentou significativamente os custos deles (tanto tangíveis quanto intangíveis) para atingir o sucesso e, portanto, também aumentou a probabilidade de evasão (*churn*).

O retorno sobre o investimento não é um conceito, é uma equação

Outra área que é alvo de foco intenso durante o ciclo de vendas, mas pode vazar pelas frestas depois da implantação é a quantificação do ROI. Se você atuar como fornecedor de soluções de *customer success*, os seus clientes podem ter os seguintes objetivos:

- Reduzir a evasão (*churn*).
- Encontrar oportunidades de *upsell*.
- Melhorar a capacidade de ampliar a equipe.

Embora seja difícil definir o grau em que a sua solução está ajudando o cliente a alcançar cada um desses três objetivos, a primeira coisa a fazer, se possível, é quantificar os resultados esperados. Por exemplo, reduzir a evasão em quanto? Identificar quantas novas oportunidades de *upsell* e de que tamanho? Com que valor total? Qual é o aumento de produtividade que você espera da equipe? Como você mede a produtividade? Há alguma maneira de você amarrar o uso do produto (ou de determinado atributo do produto) à escalabilidade da equipe? Será que você é capaz de identificar algumas métricas importantes que associem escores de saúde de uma certa porcentagem de clientes em uma camada específica como ponto de valor inicial? Depois de compreender as expectativas, defina-as sob a forma de metas objetivas.

Entre no ritmo e monitore o seu progresso

Use as avaliações periódicas do negócio (com os clientes mais high-touch) como maneira de monitorar o progresso rumo aos objetivos e metas definidas em conjunto. Se os clientes compreenderem que você tem interesse no negócio deles e se você compartilhar com eles um objetivo comum, eles estarão dispostos a engajar-se com você, em bases regulares, para colaborar em como chegar lá. Avaliações estratégicas periódicas do negócio, trimestrais ou com outra periodicidade, com foco nesses objetivos proporcionam a você e aos clientes uma *razão* para se engajarem de maneira contínua. Esses objetivos também ajudam a estruturar a conversa para uma avaliação do negócio. Já vi muitas avaliações trimestrais do negócio (ATNs) com baixa participação porque não estavam trabalhando com critérios de sucesso bem definidos e bem compreendidos. Atualizações do guia de produtos e avaliações de casos em aberto de suporte ao cliente sustentam uma ATN apenas até certo ponto. Com efeito, uma ATN que trate apenas desses tópicos é extremamente defensiva. Não há como você e o cliente vencerem se todos os temas de suas conversas são atributos que ainda não existem e atributos que não estão funcionando bem.

Uma avaliação do negócio deve ser parte de um contexto mais amplo de uma jornada para o sucesso bem definido. Se você compreender com clareza os critérios de sucesso do cliente, supõe-se que, nesse caso, ao fim de cada ATN, você estabeleça os objetivos para a próxima ATN. Reuni-me com um cliente, pouco tempo atrás, cujo objetivo é transferir bilhões de fileiras de dados para um novo repositório, no prazo de dois meses, usando o nosso produto. Embora nosso GCS venha a ter várias conversas, nesse ínterim, para garantir que o cliente atinja esse objetivo, a equipe maior por certo avaliará o progresso em comparação com os objetivos quantificáveis na próxima ATN.

O sucesso não é um destino, é uma jornada

Ainda que seus clientes tenham definido critérios de sucesso iniciais, parte do valor com que você contribui como parceiro é ajudar o cliente a definir sobre o que pensar em seguida. Você conhece e compreende o valor que seu produto pode trazer para os clientes. Você também sabe como outros clientes estão usando o seu produto com sucesso. Essa é uma oportunidade de que você dispõe para oferecer aos clientes orientação sobre o que deverão pensar em seguida. Se eles apenas usaram o seu produto de automação do sucesso do cliente para aumentar a taxa de retenção deles de 85% para 88%, você agora tem a oportunidade de mostrar-lhes como as melhores empresas estão conseguindo taxas de renovação de 90% ou mais – e como sua parceria pode ajudá-los a chegar lá. Para clientes mais low-touch, você pode realizar esse objetivo por meio do marketing de conteúdo e de instruções sobre melhores práticas on-line. Para os clientes mais high-touch, essa pode (e deve) ser uma oportunidade para o alinhamento dos executivos. Também é uma oportunidade para influenciar a estratégia um do outro, assim como para fortalecer o relacionamento. Boa ferramenta para impulsionar o avanço do cliente além do valor inicial é um modelo de eficácia – demonstração do valor e do progresso (http://blog.nellofranco.com/2013/07/09/demonstrating-value-and-progress-toyourcustomers/) – a ser usado para definir objetivos e prazos e ajudar os clientes a realizar melhor seus objetivos de negócios, por meio da sua parceria.

Na teoria, não há diferença entre teoria e realidade – mas, na realidade, há

Tudo isso soa muito bem na teoria. No entanto, a não ser que você tenha alinhamento e entendimento perfeitos em relação a todos os aspectos do seu relacionamento com os clientes (começando com o processo de vendas), haverá casos em que os clientes não se sentarão à mesa, não lhe fornecerão os dados-chave, e serão desafiantes e antagônicos, e talvez tenham compreensão e expectativas diferentes das suas – quem sabe em decorrência de um esforço de vendas demasiado otimista. Você pode enfrentar desafios com o seu produto. A sua unidade organizacional de suporte e serviços talvez nem sempre preste serviços impecáveis. Tudo o que posso dizer é: Bem-vindo ao sucesso do cliente. Esses são todos os desafios com que você terá de lidar, e talvez você precise ter conversas difíceis o mais cedo possível quando surgirem as questões. Estas, por certo, não irão embora por si próprias. Os clientes, porém, são bem capazes de evadir-se.

Abordadas da maneira adequada, essas conversas são, no mínimo, experiências de aprendizado incríveis. A melhor perspectiva a ser adotada pela sua empresa é olhar para si própria através das lentes do cliente. Por mais que você tente imaginar como os clientes se sentem ou o que pensam em relação a alguma coisa, você jamais saberá, até que eles lhe digam. As conversas francas com os clientes são fontes valiosas de informações – às vezes até de revelações – para a empresa.

Tempos difíceis também são ótimas oportunidades para cimentar um relacionamento. Já ouvi dizer que o aço mais forte é o forjado pelas chamas do inferno. Se você já atravessou uma situação difícil, em colaboração com um cliente, e mostrou suas verdadeiras cores como parceiro, ou se você já assumiu a responsabilidade, identificou os marcos de curto prazo, superou esses marcos, reconquistou a confiança e contribuiu para o sucesso do cliente, você por certo compreenderá essa afirmação, e com ela se identificará. Se os clientes não estão cumprindo a sua parte de um compromisso, você precisará ampliar a sua atuação, formular estratégias com a sua equipe de vendas e outras funções de negócios, e planejar uma conversa difícil, mas indispensável, com a pessoa ou as pessoas certas. O *customer success* é responsabilidade de todos. Use todos os recursos disponíveis. É o que o cliente espera de você.

É verdade que os clientes esperam que você os torne extremamente bem-sucedidos. Também é verdade que eles estão altamente motivados para alcançarem sucesso extraordinário com você. De fato, eles são, pelo menos, parte tão interessada quanto você no sucesso mútuo de ambos os parceiros. Os clientes são exigentes porque querem ser bem-sucedidos. Desafiar os clientes nem sempre é tarefa fácil. Exige relacionamento construtivo, respeito mútuo, e o senso de que os dois estão empenhados no mesmo objetivo. Um cliente me disse recentemente durante um jantar: "O desafio que você nos impôs foi difícil de processar e aceitar. De início, até nos sentimos ofendidos pelo fato de você, na essência, estar dizendo que estávamos errados, o que provocou alguma tensão. No final das contas, porém, ao percebermos que você estava no mesmo barco conosco, aceitamos as suas ponderações. Em consequência, nosso relacionamento se fortaleceu".

O *feedback* do cliente sobre as suas oportunidades de aprimoramento nem sempre é tão óbvio quanto uma escalada ou um desafio. Na maioria dos casos, é preciso prestar atenção a indícios mais sutis de que talvez haja riscos para o sucesso do cliente. Muitas vezes, esses indícios estão mais no que não disseram do que no que disseram. O risco pode ser indicado por uma mudança na programação ou nas prioridades. Em qualquer um desses casos, é fundamental chegar à causa básica da questão e compreender as correções de curso necessárias para impulsionar o sucesso do cliente.

Lembre-se, os clientes não estão comprando tecnologia. Eles estão comprando uma solução para um problema, ou um percurso para melhores alternativas. É sua responsabilidade compreender os objetivos e metas do cliente e orientar o cliente ao longo desse trajeto (por meio de recursos high-touch e low-touch). Depois de compreender como os clientes estão medindo o sucesso, confirmar que eles estão chegando lá, e certificar-se de que eles estão tendo uma experiência positiva no percurso, você terá conquistado o parceiro mais valioso de todos: um advogado. E num contexto em que as mídias sociais e as redes de relacionamento são aceleradores que ajudam a alastrar as opiniões negativas e positivas, como fogo na mata, a advocacia não tem preço.

Em conjunto, as metodologias venda desafiadora (*challenger sale*) e marketing de conteúdo (*content marketing*) criaram um ambiente em que os clientes esperam ter comprado mais do que apenas um produto para usar. Eles iniciaram um relacionamento com uma empresa que os tornará mais eficazes na realização de seus objetivos de negócios. Em consequência, o GCS, assim como todas as equipes que interagem com os clientes, precisam pegar o bastão e assumir o papel de desafiador durante todo o ciclo de vida do cliente. O sucesso extraordinário não acontece por acaso. Acontece porque alguém faz perguntas difíceis, porque os objetivos são medidos e monitorados, e depois que esses objetivos são alcançados, alguém eleva o nível e repete o desafio. Bem-vindo ao sucesso (extraordinário) do cliente.

Comentários adicionais

Não se trata de um golpe na geração do milênio, mas vivemos num mundo de prerrogativas. A internet realmente mudou tudo, mas, especialmente, as expectativas. Lembra-se de quando você ficava pensando em quantos Oscars Anthony Hopkins tinha recebido e nunca encontrava a resposta? Agora, você tem a resposta dois minutos depois de pesquisar na web (para não começar a reclamar do desempenho do Internet Movie Database [IMDb] ou da falta de wi-fi no restaurante). A tecnologia também nos forneceu vasta quantidade de aplicativos móveis, fáceis de usar, como IMDb. Todas essas coisas estão estragando nossos clientes, presentes e futuros, com expectativas às vezes muito difíceis de atender. Uma dessas expectativas é a de que o ônus de torná-los bem-sucedidos é nosso (seu), não deles. Em um contexto de negócios por assinatura, essa é a mais pura realidade, gostemos ou não. Porque, se não gostarmos, um de nossos concorrentes gostará, mesmo que seja má política de negócios, além de muito dispendiosa. Como estamos atolados nessa realidade, precisamos aprender a lidar com ela. Mais uma vez, nossa única opção é aceitá-la. Combatê-la apenas consumirá nossa energia e paixão.

Ainda podemos contar, porém, com um fio tênue de realismo, pelo menos temporariamente. Todos aceitam que um aplicativo que os ajuda a consolidar suas finanças e a fechar as contas no fim do mês será um pouco mais complicado e desafiador que Yelp ou Words With Friends. O fosso, no entanto, definitivamente está ficando mais estreito. Os softwares de negócios de maior sucesso estão imitando a interface do usuário (IU) dos aplicativos para consumidores, e todos estão se beneficiando com isso. A barra mais alta, porém, é sempre mais difícil de saltar. Não importa que estejamos vendendo produtos que exigem um processo de *onboarding* de quatro meses ou produtos que baixamos da App Store e queremos usar em 30 segundos, a expectativa de que tornaremos a vida dos clientes muito mais fácil todo santo dia não será abandonada.

High-touch

Esse é um conjunto de clientes que, pela lógica, melhor se enquadram nesta lei. Argumentarei que as expectativas são as mesmas em todas as camadas de clientes, *quando se trata de diferenciação competitiva*, não necessariamente na comparação de um aplicativo de contas a pagar da Oracle com o aplicativo do Uber instalado no seu dispositivo móvel. Para os clientes high-touch, esse ônus é muito real e recai em grande parte nos ombros das pessoas. Normalmente, uma pessoa é responsável por compreender a definição de sucesso, do ponto de vista do cliente. Uma pessoa precisa definir ROI e reportá-lo ao cliente. E uma pessoa é responsável por fornecer o treinamento necessário para o uso eficaz do produto. Tudo isso são coisas que, cada vez mais, podem ser automatizadas com o passar do tempo, mas, hoje, para a maioria dos produtos, tudo isso ainda se enquadra na descrição de cargo de uma pessoa, como uma de suas atribuições.

Para uma unidade organizacional de *customer success*, essa é definitivamente a situação em que a porca torce o rabo, ou, pior ainda, em que o rabo torce a porca, e aí é que o bicho pega. Esses clientes não ficam sozinhos de modo algum. E as expectativas deles em relação à ajuda das equipes de produtos, treinamento, recepção e suporte são 100% legítimas. A pessoa do GCS, porém, no final das contas, assumirá o ônus de garantir que seus clientes sejam extremamente bem-sucedidos. Como sempre é o caso, os clientes participarão desse processo com diferentes graus de capacidade, direção e zelo. Como nós, que vivemos nesse mundo, sabemos muito bem, o sucesso de um cliente, em geral, compete muito mais a ele do que a nós. Mas somos nós que suportamos o encargo de fazer a hora, sem esperar acontecer, pois, se não o fizermos, os resultados serão ruins, independentemente de culpa.

Low-touch

No caso específico desta lei, os clientes low-touch são os mais difíceis. A solução de longo prazo, por certo, é a automação. A expectativa do cliente, porém, é perfeição, fornecida por pessoas, se o componente tecnológico da equação não atender às suas necessidades. O desafio é óbvio – as expectativas dos clientes são que há pessoas capazes de ajudá-los (o que é verdade), se precisarem de ajuda. O que os clientes, em geral, não compreendem é que os recursos pessoais não são ilimitados. Uma verdade com que temos de lidar é que recursos limitados – no caso, pessoas – é uma realidade muito mais difícil de reconhecer e sustentar do que a falta de recursos. Pense sobre as diferentes mensagens que poderíamos enviar para esses dois conjuntos de clientes e como essa mensagem é ouvida:

Low-touch – "Nosso processo para levá-lo ao sucesso inclui todos os nossos recursos tecnológicos. Você terá acesso total e ilimitado à nossa Base de Conhecimento, à nossa biblioteca de Melhores Práticas, e aos nossos vídeos de treinamento OnDemand. Além disso, seu gerente/equipe de sucesso do cliente podem ser muito úteis, em bases limitadas."

Tech-touch – "Nosso processo para levá-lo ao sucesso inclui todos os nossos recursos tecnológicos. Você terá acesso total e ilimitado à nossa Base de Conhecimento, à nossa biblioteca de Melhores Práticas, e aos nossos vídeos de treinamento On Demand."

Qual dessas duas mensagens está mais sujeita a ser mal-entendida? Qual é mais propensa a ser explorada? Qual é mais tendente a gerar expectativas falsas?

Esteja preparado para as dificuldades aqui. Elas não são insuperáveis, mas são significativas.

Tech-touch

As expectativas, nesse caso, são muito fáceis de formar, mas não se esqueça de que a barra é realmente alta. Mais uma vez, você quer encontrar uma maneira de receber *feedback* real desses clientes para se adaptar às necessidades deles de maneira consistente. Você pode conseguir esse resultado por meio de pesquisas de opinião, como já analisamos. Você também pode fazer isso dentro do seu aplicativo. Muitas são as ferramentas de terceiros disponíveis, como WalkMe, que orientará um usuário através do seu aplicativo em tempo real e que pode tornar a jornada do cliente muito mais eficiente e melhor. Também é possível incluir mecanismos de *feedback* em seu aplicativo, como, por exemplo, perguntando ao usuário se alguma coisa o confunde quando dá pausa por muito tempo numa certa página ou em certo passo do processo. Não negligencie a necessidade de dar a mão ao usuário no percurso do produto ou processo, pois isso é o que ele espera e é nisso que os seus concorrentes estão trabalhando.

Esse é outro lugar onde algum tipo de sistema de alarme avançado pode ser extremamente útil. Se um novo cliente não obtem certa medida de valor com o seu aplicativo (definida por você), o disparo de um e-mail pode ser a maneira de estimular o progresso dele. Isso, obviamente, exige o mapeamento da jornada do cliente em termos ideais e as partes de *uso necessário* do seu produto, para que você tenha condições de intervir de maneira adequada e oportuna.

Em termos gerais, a economia de assinaturas atribui poderes ao cliente, mais do que até então se suponha real. Esta lei se refere a essa verdade de maneira muito específica. Se você pretende ser excelente na construção de um negócio centrado no sucesso do cliente, você precisará assumir o ônus de tornar os seus clientes extremamente bem-sucedidos.

Capítulo 8

4ª LEI – MONITORE E GERENCIE IMPLACAVELMENTE A SAÚDE DO CLIENTE

Autor: Dan Steinman, Chief Customer Officer, Gainsight

Sumário executivo

A saúde do cliente é o coração do *customer success*. É um indicador que não só informa, mas também impulsiona a ação apropriada, quando usado de maneira adequada. É para o *customer success* o que o *pipeline* de vendas é para o VP de vendas – previsor de comportamentos futuros do cliente. Boa saúde do cliente equivale a maior probabilidade de renovação e *upsell*. Má saúde do cliente significa menor probabilidade de renovação e *upsell*. Portanto, da mesma maneira como o VP de vendas gerencia por meio do *pipeline*, as equipes de *customer success* devem gerenciar por meio da saúde do cliente.

Considerando que a retenção de clientes é questão de vida ou morte para os negócios de receitas recorrentes, monitorar e gerenciar a saúde do cliente é atividade central para as equipes de sucesso do cliente: deve ser feita, e bem feita – com determinação e perseverança.

O título desta lei é uma daquelas frases com que é possível praticar um velho jogo de palavras – lê-la em voz alta quatro vezes, enfatizando em cada vez uma palavra ou locução diferente.

- Monitore e gerencie implacavelmente a *saúde do cliente*.
- Monitore e *gerencie* implacavelmente a saúde do cliente.
- *Monitore* e gerencie implacavelmente a saúde do cliente.
- Monitore e gerencie *implacavelmente* a saúde do cliente.

Todas e cada uma das ideias dessa frase são igualmente valiosas, se você quer executar uma visão agressiva de *customer success*. Vamos primeiro preparar o palco e depois voltar à análise de cada parte, independentemente.

Como temos dito e repetido, o modelo de negócios por assinatura exige que se preste atenção ao cliente. Não porque queremos que eles deem boas referências a nosso respeito – embora isso também seja bom. Nem mesmo porque o CEO quer declarar que somos focados no cliente – o que alegam todos os CEOs, pratiquem eles ou não o que pregam. Não, desta vez é diferente. Não temos escolha senão prestar atenção ao cliente, e por uma única e exclusiva razão – é questão de vida ou morte. Os negócios de receitas recorrentes simplesmente não conseguem sobreviver se não impulsionarem o sucesso do cliente, pois os clientes bem-sucedidos fazem duas coisas: (1) renovam seus contratos em alta proporção e (2) compram mais da sua empresa. É de fato simples assim. E os negócios por assinatura, ou por pagamento em bases correntes, não sobreviverão sem essas duas condições.

Para ser justo, nunca é bom não gerenciar, nem fomentar os clientes. Realmente queremos que eles usem com sucesso os nossos produtos e falem sobre eles com os outros, que sejam referências positivas e que desempenhem outros papéis em marketing, conosco e para nós. E a maioria das empresas e CEOs de fato querem que os clientes sejam bem-sucedidos, por outras razões não financeiras. Simplesmente é boa a sensação de ter clientes que realmente extraiam valor significativo para os seus negócios dos produtos em que trabalhamos com tanto afinco para entregar-lhes. Nunca teve a ver, porém, com desejo; teve a ver com motivação. Uma coisa é querer que os clientes aufiram valor para o negócio, outra coisa totalmente diferente é ter em jogo a viabilidade do negócio.

E não se trata aqui de exagero, para transmitir uma ideia. Os números são indiscutíveis. No contexto de software com licença perpétua, porcentagem muito alta do valor vitalício do cliente é colhida no momento da venda inicial, talvez algo da ordem de 90%. Na economia por assinatura, é muito provável que o negócio inicial valha menos de 10% do valor vitalício total do cliente. Vejamos o exemplo de um contrato anual de US$ 25.000. A vida do cliente seria projetada em, no mínimo, 7 anos, ou, com maior probabilidade, em 10 ou mais anos, para um cliente saudável. Nesse caso, o cliente faria 9 renovações. Mesmo a uma taxa de crescimento anual de apenas 5%, o cliente acabará pagando bem mais de 10 vezes o valor do negócio inicial durante o relacionamento. E aí nem se inclui o valor não recorrente de serviços e treinamento, ou o impacto da receita de segunda ordem, já analisado, resultante de reter e encantar os clientes.

E assim se explica nascimento do *customer success* – uma unidade organizacional concebida especificamente com o propósito de bombear valor para todos os clientes, por meio do uso do produto do fornecedor, resultando em altas taxas de retenção e em clientes saudáveis. Daí se origina métrica bastante simples, para medir o que a equipe de *customer success* está realizando – retenção líquida. O que, porém, a equipe de *customer success* de fato faz todos os dias?

Monitora e gerencia implacavelmente a saúde do cliente. É isso. Analisemos cada parte da frase em ordem inversa.

Saúde do cliente

Mesmo antes de definir o que significa saúde do cliente, devemos responder a "por quê". A motivação quase sempre decorre de "por quê", não de "o quê" nem de "como". Então, por que nos importamos com a saúde do cliente? A resposta talvez pareça óbvia, mas tornemo-la um pouco mais concreta. Como vendas é uma realidade de todos os tempos, que sempre existiu, e quase todo o mundo compreende como vendas funciona, ela servirá como nossa analogia. Compreender a saúde do cliente no contexto de sucesso do cliente é muito semelhante a compreender o *pipeline* de vendas no contexto de vendas.

E o que a visão clara do *pipeline* representa para o VP de vendas? Pelo menos três coisas:

1. Prever comportamentos futuros.
2. Prever o momento dos comportamentos futuros.
3. Possibilitar melhor gestão da equipe.

Em poucas palavras – previsão e gestão. A saúde do cliente, para um VP de *customer success*, tem a mesma importância. É um previsor diário de comportamentos futuros do cliente (renovação, *upsell*, evasão, risco) e oferece maneira mais oportuna de gerenciar a equipe (sem necessidade de esperar 12 meses para receber a taxa de evasão/retenção do GCS).

Agora, o "o quê". O que é saúde do cliente? Bem, o termo "saúde" aqui não é coincidência. Seu significado é realmente semelhante ao de saúde dos seres humanos. Se vamos ao médico e fazemos todos os exames, podemos receber um escore de saúde, certo? Vejamos aqui – a temperatura e os batimentos cardíacos estão normais. O exame de sangue não revela maiores problemas, mas o colesterol está um pouco alto. Ele está com cerca de cinco quilos de sobrepeso e faz exercícios físicos apenas três vezes por mês. Poderíamos fazer vários outros exames, mas esses são os mais comuns para homens dessa idade. Numa escala de 0 a 100, podemos dar a ele um escore de 84.

O conceito de saúde do cliente funciona da mesma maneira. Podemos fazer uma série de testes para determinar a saúde geral. Evidentemente, precisamos, primeiro, de uma definição de "saudável" como termo de comparação para avaliar os resultados dos exames. É provável que você tenha um monte de clientes saudáveis. Você sabe quem eles são, e provavelmente também sabe por que você os considera saudáveis: eles usam o seu produto quase todos os dias, inclusive alguns dos atributos mais avançados. Eles ligam para a equipe de suporte com frequência suficiente para você saber que estão usando ativamente o seu produto, mas essas chamadas não são excessivas. Eles pagam as contas no vencimento, e na última pesquisa de satisfação marcaram o escore de 90 pontos. É possível avaliar a saúde do cliente de maneira casuística ou científica. No final das contas, o método predominante será uma combinação de ambas, mas é preciso avaliá-la de algum modo. Como todas as empresas são diferentes, não existe um método único, mas aqui está uma lista de possíveis componentes da saúde do cliente que podem ser usados para estimar a saúde total:

- **Adoção do produto:** Se você puder obter esses dados, use-os. Eles serão muito importantes para determinar a saúde do cliente. Analise-os de todas as maneiras possíveis: com que frequência os clientes usam a solução? Será que eles estão usando os atributos mais aderentes? Quantas pessoas estão usando essa solução? Os executivos também são usuários? Ela é usada em reuniões de Conselho, em reuniões executivas, em reuniões departamentais, e em situações semelhantes? Nada lhe revelará mais sobre a saúde do cliente do que se eles usam e como usam o seu produto. A saúde do cliente, porém, envolve outros fatores, além desses. Se você não tiver acesso a dados sobre uso do produto, o restante desta lista será ainda mais importante.

- **Suporte ao cliente:** Com que frequência o cliente pede ajuda? Em média, durante quanto tempo os casos ficam em aberto? (Quantos casos Prioridade 1, *versus* Prioridade 2 ou 3, etc.)? Os bons clientes saudáveis geralmente telefonam ou recorrem ao suporte com alguma regularidade. Esse é um bom indicador da saúde do cliente.

- **Escores em pesquisas:** Pense nos relacionamentos com os clientes como relacionamentos humanos. Tanto a comunicação verbal quanto a comunicação não verbal são importantes, mas o que os clientes lhe dizem diretamente quando questionados é fundamental.

- **Engajamento no marketing:** O que acontece quando você envia ao cliente um e-mail de marketing? Ele volta por não ter chegado ao destinatário? O cliente se retira da lista de destinatários de e-mails? O cliente abre o e-mail, clica em links ou baixa anexos? A reação em si do cliente é reveladora, qualquer que seja o resultado.

- **Envolvimento na comunidade:** Se você tiver uma comunidade, os clientes, independentemente da saúde, provavelmente passam algum tempo nela. A maneira como atuam pode ser muito interessante. Eles fazem perguntas ou respondem a perguntas? Eles votam em propostas de outros membros?

- **Participação no marketing:** Será que os clientes dão referências a seu respeito? Participam de estudos de casos? Falam nas conferências? Os clientes saudáveis são ativos.

- **Crescimento do contrato:** O investimento do cliente em sua tecnologia e serviços é um indicador claro de lealdade. Se, depois de cinco anos, o contrato do cliente continua do mesmo tamanho que tinha no começo (ou ficou menor), o cliente provavelmente não é tão saudável quanto outro cujo contrato dobrou de tamanho.
- **Autossuficiência:** Os clientes que não precisam da sua ajuda para usar o seu produto com mais eficácia geralmente são mais saudáveis do que aqueles que precisam do seu empurrão para avançar.
- **Histórico de pagamentos:** Clientes saudáveis, felizes e leais pagam as contas em dia. Ponto.
- **Relacionamento executivo:** Até que ponto é bom o seu relacionamento pessoal com cada cliente combinado com até que altura eles sobem na hierarquia pode ser componente muito importante da saúde do cliente.

No mínimo dos mínimos, sua obrigação perante você mesmo é refletir sobre o que significa saúde do cliente e analisar seus vários aspectos em relação a alguns clientes. Você pode preparar a sua própria lista e constatar que alguns itens são muito difíceis de obter ou que o cálculo de um escore é muito complexo. Ou você pode concluir que o único item importante é uso do produto. Tudo bem, porque você precisa começar com algo factível e compreensível. Seja como for, elabore, mantenha e use a lista, porque muitos outros aspectos da saúde do cliente virão à luz, na medida em que você adotar essa prática como ponto central de consideração e análise.

Gerencie

Uma palavra tão simples. Tanto significado. Vamos cavar mais fundo. Essa é a essência do que a equipe de *customer success*, se houver, de fato faz todos os dias. Com efeito, se a nossa tese for verdadeira – de que a avaliação exata da saúde do cliente é indicador claro de lealdade e previsor exato de comportamentos futuros do cliente –, quaisquer atividades executadas pela equipe de sucesso do cliente que não se destinem a melhorar os escores de saúde do cliente são, provavelmente, atividades a serem abandonadas. Voltando à analogia com vendas, quaisquer atividades executadas pela equipe de vendas que não estejam enchendo o *pipeline* ou movimentando oportunidades ao longo do *pipeline* não são bons usos do tempo dos membros da equipe.

O desenvolvimento de um escore de saúde do cliente não é um exercício acadêmico. É uma atividade com um propósito claro. Se, porém, for executada da maneira certa, também gera *insights* conversíveis em ação a serem manejados pela equipe. Por exemplo, se você concluir que o escore de saúde de um cliente deve baixar, se eles lhe atribuírem um escore baixo nas pesquisas, esse resultado insatisfatório nas pesquisas deve desencadear iniciativas que, de alguma maneira, revertam o curso negativo do cliente. Isso é exatamente o que estamos dizendo com o termo "gerencie". Parta para a ação! Não se limite a observar e a refletir. Faça alguma coisa! Análise de dados ou *insights* oriundos de pesquisas ou avaliações que não deflagrem iniciativas são em grande parte inúteis. Correndo o risco de martelar demais na comparação com vendas, seria como uma representante de vendas informar que um negócio no *pipeline* dela está no mesmo ponto há 180 dias. Observar e relatar esse fato não contribui em nada para impulsionar a transação emperrada. "Mova-o ou perca-o" deveria ter sido a advertência do VP, muito antes do decurso dos 180 dias.

Voltemos ao escore de saúde, desenvolvendo os componentes de um escore total. Esses componentes da saúde total são extremamente importantes para os gerentes de *customer success* (GCSs), porque lhes fornecem recursos para mudar o escore total. Pense da seguinte maneira. Se tudo o que você tiver for um escore total, de que maneira você, um Gerente de *Customer Success*, o aumentaria no caso de determinado cliente? Pense! Tornando o cliente mais feliz? Certo. Em outras palavras, basta ferver o oceano, por favor.

Vejamos, porém, o mesmo desafio, quando você tem um escore desdobrado em componentes. Digamos que um desses componentes seja *adoção do produto*, que mede a porcentagem de licenças ativas (em uso), em relação ao total de licenças compradas pelo cliente. Agora, se você for um GCS e quiser aumentar o escore de saúde de certo cliente, e constatar que o escore de adoção do produto pelo cliente é realmente baixo, com apenas 13 licenças ativas (em uso), do total de 100 licenças compradas, você, de repente, depara com algumas ações muito específicas a serem executadas. Esteja certo de que, no caso desse cliente, se 60 usuários passarem a usar ativamente o seu produto em vez de apenas 13, como hoje, o escore total de saúde do cliente aumentará significativamente.

Portanto, estabeleça um escore de saúde do cliente e, então, gerencie-o, com base no pressuposto de que aumentar os escores de saúde significa reforçar a lealdade do cliente e, em consequência, elevar a probabilidade de obtenção de bons resultados no futuro – como renovações e *upsells*.

Monitore

Talvez as conclusões estejam ficando muito óbvias, mas, já que chegamos até este ponto, vamos prosseguir. Para gerenciar a saúde do cliente, você precisa monitorá-la. A tecnologia pode desempenhar um papel importante em todas essas áreas, mas, no caso do monitoramento, em especial, a tecnologia é essencial. Se você não tiver algum tipo de sistema para monitorar a saúde do cliente, você se perderá na análise de numerosas planilhas e relatórios, enquanto tenta extrair de tudo isso conclusões operacionalizáveis. Essa talvez seja uma maneira razoável de iniciar o percurso rumo a algo muito mais científico e metódico. Às vezes vale a pena sentir a dor de fazer alguma coisa manualmente, para ceder à motivação de automatizá-la. Não faz sentido, porém, tentar automatizar alguma coisa que não tenha passado por um mínimo de racionalização prévia. Você acabará cometendo os mesmos erros, com mais rapidez. É como pavimentar o caminho das vacas!

Como você não pode gerenciar alguma coisa que não esteja monitorando, a questão é, obviamente, de extrema importância, não importa como você a faça. Os três elementos de nossa lei, que analisamos até agora, são obviamente importantes. Qualquer um deles, sem os outros dois, de pouco adianta – é insensatez. Logo, nem tente, por favor.

Implacavelmente

Esse é o advérbio na nossa frase. Alguém poderia dizer que esse termo não é tão importante quanto os outros três, porque ele simplesmente descreve como executar a tarefa. Afinal, monitorar e gerenciar a saúde do cliente parece realmente uma excelente ideia. E definitivamente é. Mas, como um sábio disse, certa vez, "Se vale a pena fazer, deve ser bem feito". Todos concordamos que o que estamos discutindo aqui vale a pena fazer; então, por que não fazê-lo realmente bem feito, sendo *implacável* a esse respeito? Com efeito, não seria difícil argumentar que, se não for feito implacavelmente, talvez não valha a pena fazê-lo, em absoluto. Nós, definitivamente, vivemos em um mundo que impõe altíssimo grau de urgência em muitas coisas que fazemos. Se, porém, concordarmos que fomentar a lealdade (sucesso do cliente) é fundamental para a viabilidade duradoura do modelo de negócios de receitas recorrentes, será que realmente teríamos, nessas condições, qualquer outra escolha, a não ser sermos *implacáveis* a esse respeito? Haveria, por acaso, alguma dúvida sobre qual seria a resposta do seu CEO a essa pergunta?

Para a maioria de nós, o trabalho diário é como gás no vácuo. Ambos se expandem até preencher todo o espaço disponível. Se não tivéssemos nada mais a fazer, a troca de e-mails provavelmente consumiria toda a jornada de trabalho. E todos provavelmente concordaríamos que não seríamos muito produtivos nessas condições. Então, por que não aplicar o termo "implacavelmente", nesse contexto, sem escrúpulos e sem restrições? Estamos falando sobre algo que *deve* ser feito por pessoas cujas realizações serão avaliadas pela eficácia com que executarem essa tarefa. *Implacavelmente* parece a única maneira sensata de fazer o que deve ser feito.

Talvez a melhor maneira de resumir esta lei é com o seguinte meme: Implacavelmente. Monitore. E gerencie. Saúde do cliente.

Comentários adicionais

A saúde do cliente é essencial para a compreensão e a administração dos clientes. Também é importante compreender, no entanto, que a saúde do cliente não é uma constante, nem é geralmente linear, quando muda (e mudará). É mais como uma onda senoidal do que como qualquer outra progressão geométrica que eu possa imaginar. Alguns dos leitores que, como eu, lidaram diretamente com clientes durante muitos anos acenarão a cabeça positivamente quando eu disser que a saúde do cliente pode mudar tão rapidamente quanto o tempo em certas cidades, como o Rio de Janeiro, nos fins de tarde de verão. Agora, está ensolarado e abafado; no minuto seguinte, o céu está pesado, com nuvens ameaçadoras, e despenca uma tempestade. Certo cliente pode estar muito feliz com o seu aplicativo, usando-o intensamente, de todas as maneiras para as quais você o projetou. Até que você lança nova versão, que modifica um atributo importante e dificulta a atualização. Ontem, o cliente lhe daria as melhores referências. Hoje, nem tanto. Na próxima semana, ele, provavelmente, voltará a bons termos, talvez ainda melhores, por causa da sua resposta imediata às dificuldades dele e da grande ajuda que você lhe dispensou para superá-las. Compreender a onda senoidal da saúde do cliente é realmente importante, porque lhe permite aproveitar os picos e intervir nos vales.

High-touch

No caso de clientes high-touch, tirar vantagem dos dias felizes e corrigir o rumo nas crises de mau humor em geral exige tratamento individualizado. Essa é a natureza do atendimento personalizado, ou contato de alto nível, dispensado a esses clientes, e o que o torna um modelo muito mais simples de compreender (nem sempre de executar). Se eu sou o GCS de um cliente, é muito provável que eu lhe telefonasse diretamente e lhe pedisse uma referência de nossa empresa. Na pior das hipóteses, eu lhe enviaria um e-mail pessoal. Do mesmo modo, no momento ruim, é quase certo que eu marque uma reunião, para analisar e compreender as dificuldades do cliente. Mas não se esqueça que, mesmo num modelo high-touch, é possível explorar alguns processos tech-touch. Por exemplo, não seria má experiência, mesmo para o cliente mais high-touch, receber um e-mail automático, que pareça ter sido enviado diretamente por mim, pedindo-lhe para fazer uma avaliação de um produto e fornecendo-lhe um link que o remeterá para um site. Na verdade, é sem dúvida mais eficiente, tanto para o cliente quanto para mim, tomar essa iniciativa por e-mail, por causa do link a ser seguido. Além disso, com as ferramentas certas, tenho condições de automatizar esse e-mail, para que seja enviado somente aos clientes que ainda não fizeram a avaliação e cujo escore de saúde acabou de superar 85, e somente se eles não tiverem casos de suporte em aberto. Para manter esse relacionamento high-touch, eu poderia telefonar-lhes pessoalmente, para agradecer-lhes ao completarem a avaliação, ou ter um e-mail padronizado que eu lhes envio com o mesmo propósito.

Low-touch

Lembra-se de quando usamos o termo "just-in-time"? No caso da camada de clientes low-touch, esta lei é o lugar perfeito para pôr em prática o JIT. Por definição, você não pode se dar ao luxo de ter reuniões regulares ou ATNs com esses clientes, o que o obriga a atuar num contexto em que se programam muito poucos pontos de contato, que são em grande parte disparados exatamente no momento certo. O cenário que descrevi há pouco, de pedir ao cliente para fazer uma avaliação, é um exemplo perfeito, de aplicação também perfeita, em todas as três camadas de clientes. Numa situação negativa, digamos que façamos pesquisas regulares com os clientes, e que acabamos de receber um escore de satisfação abaixo da média, de um de nossos clientes. Posso explorar a situação como oportunidade para fazer uma intervenção pessoal, a fim de compreender os detalhes e acompanhar as ações por meio de telefonema, ou posso limitar esse tipo de intervenção apenas aos clientes com escore de saúde abaixo de 70. Com o passar do tempo, você desenvolverá cada vez mais o conhecimento e a sensibilidade indispensáveis para definir quando intervir e quais devem ser os resultados esperados em cada situação. Nesse caso, o aprimoramento será casuístico, mas também é possível aplicar a ciência dos dados, quando os dados forem bastante fartos, para ajudá-lo a refinar os fundamentos e as oportunidades de intervenção.

Tech-touch

Como o contato tecnológico, ou atendimento automatizado, é basicamente gratuito, pode ser fácil exagerar. Todos nós recebemos uma enxurrada de e-mails. É uma ferramenta maravilhosa à nossa disposição, mas também muito suscetível a abusos. E como esse é o principal veículo para interações com essa camada de clientes, ele é extremamente vulnerável a uso excessivo. No entanto, podemos contar com um fato que ajuda a atenuar esse perigo. Se todos os e-mails automáticos que você enviar a um cliente derem a impressão de serem oriundos da equipe de *customer success* ou do assistente pessoal para sucesso do cliente, além de incluir informações altamente personalizadas, oportunas e relevantes, ele jamais será percebido como spam e nunca será considerado excessivo.

Se você estiver monitorando e gerenciando implacavelmente a saúde do cliente, todas as suas interações tech-touch com os clientes terão o sabor de zelo e sempre serão recebidas de braços abertos. É de importância vital, contudo, acompanhar a prontidão dos produtos, as taxas de abertura dos e-mails, as taxas de cliques, e assim por diante, para avaliar até que ponto a suposição é verdadeira e para detectar as tendências que se movimentam na direção errada.

A saúde do cliente é o seu previsor-chave de comportamentos futuros do cliente. Seja implacável em promovê-la e em explorá-la com eficácia, abrangendo todos os clientes.

Capítulo 9

5ª LEI – NÃO É MAIS POSSÍVEL CONSTRUIR A LEALDADE COM RELACIONAMENTOS PESSOAIS

Autor: Bernie Kassar, Vice-presidente Sênior de Customer Success e Serviços, Mixpanel

Sumário executivo

Os fornecedores, hoje, sabem muito bem que precisam criar, sistematicamente, programas que possibilitem interações deles com os clientes. A maioria precisará definir como servir a grande parte de sua base de clientes por vias tecnológicas e amigáveis e, ao mesmo tempo, reduzir a necessidade de métodos humanos, intensivos em capital, de construir relacionamentos. Essa grande parte dos clientes é composta, em geral, por clientes de menor valor quanto ao nível de gastos anuais, mas eles são importantes para o crescimento total da empresa. Isso não significa que você eliminará a necessidade de relacionamentos pessoais com os clientes; apenas impõe a necessidade de desenvolver programas diferentes que se encaixem em cada segmento de sua base de clientes. Isso precisa ser feito sem comprometer o forte vínculo entre cliente e fornecedor, que, no final das contas, fomenta a lealdade e converte o que é conhecido como relacionamento cliente-fornecedor em parceria mútua.

Dependendo do seu produto ou serviço, você terá de decidir como criar uma experiência do cliente que estabeleça uma conexão com a empresa. Depois de concebida, a experiência do cliente deve ser captada, desenvolvida e aprimorada, continuamente, por sua equipe e suas práticas de *customer success*. A experiência do cliente, porém, deve ser alta prioridade da empresa; ela não pode ser o produto de relacionamentos pessoais de representantes da empresa, nem mesmo de um único departamento da empresa, com os clientes. A experiência do cliente que constrói o mais sólido relacionamento entre o fornecedor e o cliente deve começar no início do ciclo de vendas (que pode consistir em interagir com o site ou com um humano), e então evoluir para as fases de *onboarding*, qualidade do produto, suporte ao cliente e adoção da solução, e ao mesmo tempo manter o foco intenso na comunicação entre as duas partes e a comunidade de clientes.

Embora tudo isso pareça prática de negócios comum, a maioria das organizações não tem um plano coeso (a palavra-chave é *coeso*) para oferecer experiência ótima ao cliente. Com um projeto de experiência do cliente que envolva toda a empresa e uma unidade organizacional de *customer success* que impulsione o processo, a empresa, agora, terá dados para promover a mudança e desenvolver relacionamentos mais fortes com todos os clientes. As decisões baseadas em dados podem permitir que as empresas promovam mudanças que incluam projetos de sites e fluxos, projetos de produtos mais intuitivos e novos programas de *customer success*, ajustados ao porte das organizações dos clientes, ao mesmo tempo que possibilitam o redirecionamento de dispendiosas interações humanas individuais para os clientes de maior valor.

As empresas progridem apenas quando os clientes progridem. Para a maioria das empresas isso significa uma cauda longa de clientes de *baixo valor*. No conjunto, eles são, em geral, extremamente valiosos, mas cada um deles, em si, quase sempre não é bastante grande, nem bastante estratégico para merecer qualquer coisa que se aproxime de tratamento com luva de pelica. Alguns clientes se situam na base da pirâmide de segmentação, na categoria *low-touch* e *tech-touch*. Você precisa descobrir como oferecer amor e valor a esses clientes, sem muitas interações individuais. Isso suscitará o melhor e o pior de seu produto e de sua empresa, à medida que você aprende que os clientes serão leais por causa do valor que extraem de seu produto, não do relacionamento que possam ter com alguém na organização.

Com o advento do modelo de entrega SaaS, os chefes de departamento, agora, têm mais poderes do que nunca para reforçar o valor para o negócio por meio de ampla variedade de soluções. Com menor dependência em relação ao envolvimento de TI para fornecer e manter aplicativos para negócios, abriu-se a porta para que empresas de todos os tamanhos avaliem e invistam em soluções para melhorar a produtividade e a eficácia de seus departamentos. Essa evolução gera ganhos tanto para o cliente quanto para o fornecedor, mas também cria a necessidade de uma abordagem diferente à gestão do relacionamento com os clientes.

Até então, os fornecedores serviam aos clientes por meio de relacionamentos individuais, mantidos pelo vendedor original ou gerenciados por um grupo separado de gerentes de conta. Esse modelo funciona bem se os clientes gastarem muito dinheiro com você, e se a sua empresa for capaz de suportar a alta estrutura de custos associada a esse modelo. Agora, porém, com os fornecedores de soluções crescendo em ritmo acelerado, vendendo a empresas menores, primeiro, e depois galgando a curva de receita e lidando com clientes cada vez maiores, o velho modelo de relacionamento com os clientes não funciona, até que o fornecedor alcance certo ponto de maturidade e comece a fechar grandes transações de receitas recorrentes anuais. Entre uns poucos fornecedores SaaS que adotaram esse modelo de negócios, incluem-se alguns atores bem conhecidos, como DocuSign, Cornerstone OnDemand, Marketo, Salesforce.com, SuccessFactors/SAP e Xactly. De uns tempos para cá, alguns recém-chegados, como Gainsight, Mixpanel e Zenefits, entraram em cena. Os atores consagrados estabeleceram-se como líderes em seus espaços, com produtos superiores e foco em iniciativas de sucesso do cliente, como alta prioridade. O sucesso precoce desses protagonistas resultou do aumento acelerado de suas receitas; no entanto, para o crescimento sustentado a longo prazo, todas as empresas devem focar em novos negócios, assim como na retenção de clientes. Aplicando alguns dos seguintes princípios e processos, você pode promover e melhorar as iniciativas de *customer success*, empenhando-se na construção de relacionamentos mais fortes entre a empresa e os clientes:

- Segmente os clientes com base na métrica mais eficaz para o negócio.
- Defina um modelo de cobertura do cliente com base em sua segmentação.
- Crie categorias de interação com o cliente, conforme seu modelo de cobertura.
- Estabeleça o ritmo das interações com os clientes.
- Ajude a conectar os clientes, construindo uma comunidade forte e leal.
- Gere um *loop* de *feedback* do cliente.

Segmente os clientes com base na métrica mais eficaz para o negócio

Cada fornecedor tem um mercado-alvo e, conforme as suas soluções, o foco pode concentrar-se exclusivamente em determinado segmento, como o de empresas de pequeno e médio porte (PME, pense em Zoho e Zendesk), ou tão somente em empresas (pense em Workday), ou em soluções amplas, para toda a gama de clientes, abrangendo B2B e B2C (pense em LinkedIn – soluções para departamentos de recrutamento de RH e filiações premium para consumidores individuais). Independentemente do mercado a que você serve, você terá de segmentar cada um de seus fluxos de receita por cliente. O processo de segmentação permite que você determine o modelo de cobertura mais eficaz, o qual, por seu turno, impulsionará o modelo de engajamento. A maioria dos negócios de receitas recorrentes segmenta os clientes B2B por receitas recorrentes anuais (RRA) ou outro critério semelhante que ajude a classificar os clientes por tamanho ou oportunidades potenciais (a segmentação variará de empresa para empresa). Ao segmentar os clientes, é possível compreender de que maneira se comporta cada grupo independente, como fatias dentro da segmentação. Ao analisar essas diferentes fatias, você disporá de novas perspectivas sobre as principais tendências por segmento. Você talvez descubra que os maiores clientes tendem a renovar com mais frequência depois de atingir certo marco, enquanto os clientes menores cancelam os contratos a taxas mais elevadas. No entanto, se você os tornar bem-sucedidos mais cedo, maior será a propensão deles a comprar mais soluções ou licenças. A segmentação adequada e a análise das tendências lhe permitirão ajustar em conformidade com as suas estratégias de relacionamento.

Defina um modelo de cobertura do cliente com base em sua segmentação

Definir um modelo de cobertura não é adotar um modelo tamanho único. Dependendo das soluções que você oferece e do nível de maturidade de sua organização, seu modelo de cobertura evoluirá com o passar do tempo. Se a sua organização for uma startup ainda nos primeiros estágios, sua equipe de sucesso do cliente talvez tenha de usar muitos chapéus e executar as funções de recepção, treinamento, suporte e renovação. À medida que sua empresa amadurece, você, naturalmente, começará a criar unidades organizacionais específicas para lidar com cada área funcional.

Quando a sua organização se tornar bastante grande para ter uma equipe de *customer success* com dedicação exclusiva, você terá de decidir sobre o seu modelo de cobertura. Se, como empresa, o seu negócio não se presta a ter uma unidade organizacional de *customer success*, você ainda pode aplicar os princípios de *customer success*, com base no modelo tech-touch. O primeiro passo do processo é definir quantas contas se enquadram nas seguintes categorias de interação: high-touch, low-touch e tech-touch (ver diretrizes na seção "Crie categorias de interação com o cliente, conforme seu modelo de cobertura"). Uma abordagem para ajudar a compreender a sua segmentação (se você usar a receita anual recorrente como *benchmark*) é ver onde se situa o princípio de Pareto, analisando a origem de 80% da sua receita. Com base em suas descobertas, você pode começar a fazer julgamentos sobre quantas contas você quer que sejam gerenciadas por GCSs e programas high-touch *versus* low-touch. Depois de classificar as contas por segmento, você pode decidir com mais facilidade quantas contas cada um de seus GCSs pode gerenciar de maneira adequada. Dependendo da complexidade de sua solução e da propensão dos clientes a gastar, a faixa de variação do número de contas high-touch sob a responsabilidade de um GCS pode variar de 5 a 15, enquanto os seus GCSs low-touch podem ser capazes de gerenciar de 20 a 50 contas ou até muito mais. Isso variará muito em todas as empresas, dependendo de numerosos fatores. As diretrizes oferecidas para contas high-touch, por exemplo, se aplicam a soluções complexas, que atendem a vários departamentos ou a toda a empresa e que tem alta RRA – digamos, US$ 500.000 ou mais. O foco desse exercício deve convergir sobre quanto investir na proteção de seu fluxo de receita corrente (e possível crescimento) oriundo de seus clientes mais valiosos.

Crie categorias de interação com o cliente, conforme seu modelo de cobertura

O foco se deslocou do relacionamento individual para o relacionamento coletivo. Como fornecedor que atende a um conjunto mais amplo de clientes, você precisa desenvolver vários programas para o engajamento dos clientes. Esses programas devem estabelecer um canal capaz de fazer com que o cliente se sinta conectado com a empresa, além de educar os clientes sobre atributos e funções; mais importante, porém, é ensinar as melhores práticas, com o objetivo de ampliar a adoção de suas soluções. Dependendo de como você classifica os clientes em segmentos, as seguintes diretrizes ajudam a determinar como e quando interagir com os clientes.

High-touch

- Várias reuniões pessoais durante o trimestre (dependendo das iniciativas de cada cliente).
- Reuniões de ATN (avaliações trimestrais do negócio).
- Desenvolvimento de esboço de plano de sucesso.
- Reuniões individuais com a equipe executiva.

Low-touch

- Uma reunião pessoal por trimestre (ou conforme as necessidades).
- Foco em pelo menos uma reunião de alto valor por mês, online ou por videoconferência.
- Reunião individual com a equipe executiva.

Tech-touch

- Reuniões coletivas com os clientes, em estilo de webinars, sobre adoção do produto.

- Newsletters mensais ou trimestrais.
- Campanhas por e-mail disparadas por dados.
- Treinamento e orientação sob demanda.
- Portal comunitário.

Essas são algumas sugestões de diretrizes, mas será preciso aplicar o julgamento pessoal para saber onde os GCSs devem concentrar tempo e esforço, com base na saúde dos respectivos portfólios de clientes. Cada empresa precisará definir como serão as interações high-touch, low-touch e tech-touch. Dependendo do mix de clientes e dos gastos com clientes, você pode muito bem ter um modelo de interação high-touch que não justifique reuniões pessoais e interações executivas individuais – sem problemas. Se você vende para o mercado de pequenas e médias empresas (PMEs), por exemplo, você talvez queira considerar a interação de um executivo com muitos clientes. Essa experiência pode ser realizada por meio de mesas redondas executivas, por região. O importante é ter interações diferenciadas, por categorias que sejam consideradas relevantes pela base de clientes e forneçam o nível certo de atenção a cada categoria.

Estabeleça o ritmo das interações com os clientes

Agora que você segmentou os clientes pelas categorias de *contato* adequadas, é preciso entremear essas interações em sua estratégia de comunicação/relacionamento mais ampla. Seu objetivo deve ser interagir com os clientes pelo menos a cada mês, por meio de sua estratégia de macrocomunicações (newsletters sobre a empresa e os produtos, grupos de usuários regionais, conferências anuais de clientes e usuários, etc.). A estratégia de macrocomunicações deve focar em todos os clientes (o conteúdo pode variar por segmento), mas o meio de entrega é o mesmo para todos. Uma vez desenvolvida a sua estratégia de macrocomunicações para o ano, o líder de *customer success* e os GCSs podem constituir as diferentes camadas de interações por níveis de "contato" para os respectivos portfólios de clientes.

Com a estratégia de macrocomunicações e o modelo de engajamento prontos, você deve elaborar o cronograma para todo o ano. Partindo desse calendário de macrocomunicações, torna-se muito mais fácil para a unidade organizacional de *customer success* e para os GCSs programar as interações por categoria de "contato".

Ajude a conectar os clientes, construindo uma comunidade forte e leal

Depois de definir o seu modelo de cobertura de *customer success*, a estratégia de macrocomunicações e o ritmo das interações, você completou agora grande parte do plano de sua empresa para manter-se conectada com os clientes. O plano deve possibilitar um relacionamento interativo da empresa com os clientes. Entretanto, no contexto atual de clientes altamente conectados (pense em mídias sociais – LinkedIn, Twitter, Facebook, etc.), você precisa oferecer fóruns para os clientes interagirem uns com os outros. Isso acontecerá com ou sem a sua participação; portanto, sua melhor opção será facilitar essas interações, criando condições para que os clientes se reúnam, colaborem e compartilhem experiências, o que pode ser feito por meios eletrônicos, como um portal para os clientes, ou mediante reuniões high-touch, do tipo grupos de usuários, eventos informais ou conferências patrocinadas por sua empresa ou por um ecossistema de parceiros. Ao promover uma comunidade de clientes e planejar proativamente uma estratégia para a comunidade de clientes, você fornece uma plataforma para os usuários se engajarem, trocarem conhecimentos e, por fim, construírem relacionamentos que você ajudou a fomentar. A maioria das empresas acredita em uma comunidade de clientes. Não se trata de um conceito novo; o planejamento proativo, porém, do que você quer que os clientes experimentem dentro da comunidade pode mudar o jogo. Os clientes são sem dúvida seu melhor veículo de marketing e sua melhor fonte de *leads*. Você pode alardear as virtudes da sua empresa e dos seus produtos até ficar sem voz, mas quando os clientes o fazem em seu lugar, eles se tornam os *agentes de sucesso de sua empresa*, e podem converter mais usuários, com mais rapidez, falando sobre o próprio sucesso deles. Esses agentes de sucesso da empresa ajudam outros clientes a se tornarem mais fortes, enquanto divulgam a proposta de valor da sua empresa aos clientes atuais e futuros. Esse papel dos clientes é tão ou mais valioso que o dos seus GCSs. Trata-se, porém, de um beco sem saída: você precisa de uma empresa que invista em iniciativas de *customer success* e/ou de GCSs capazes de criar essa nova categoria de agentes de sucesso.

Gere um *loop* de feedback do cliente

Para desenvolver relacionamentos com os clientes e fomentar a lealdade dos clientes é preciso criar um *loop* de *feedback*. Essa estratégia pode ser executada por meio de pesquisas, de caixas de sugestões eletrônicas, de grupos de foco com os clientes, de reuniões individuais, ou de Conselhos Consultivos de clientes. Você pode empregar todos esses mecanismos ou apenas um ou mais de um, mas a conclusão é que seus clientes precisam de meios para manifestar suas opiniões sobre sua estratégia de produtos, qualidade, suporte ao cliente, programas de capacitação, visão da empresa – ou apenas para fornecer *feedback* geral.

Esse *feedback* é fundamental para o sucesso da empresa e deve ajudar a impulsionar suas iniciativas atuais e futuras. As empresas que ouvem os clientes têm melhores ideias sobre o produto, que contribuem para a adoção e reforçam a lealdade. Você precisa oferecer aos clientes vários canais de comunicação focados em diferentes objetivos. Esses objetivos devem incluir *feedback* sobre a contribuição de produtos e serviços específicos para a estratégia da empresa e para iniciativas futuras. No final das contas, os clientes é que abastecem seu crescimento e geram suas receitas – parece justo, portanto, convidá-los para sentar-se à mesa – e as empresas SaaS mais bem-sucedidas com muita frequência oferecem-lhes a oportunidade de sentar-se à cabeceira.

A esta altura, você provavelmente já se deu conta de que as comunicações são o principal elemento para a construção de um relacionamento eficaz com seus clientes. Para fortalecer a interação com os clientes e fomentar a lealdade nessa nova era de negócios de receitas recorrentes, siga três princípios básicos em seus esforços de comunicação: (1) comunique-se com frequência, (2) estabeleça expectativas claras e (3) seja tão transparente quanto possível. Como fornecedor, você agora assumiu a responsabilidade de oferecer um produto de qualidade que gere valor para o negócio. Ao mesmo tempo, você se tornou responsável por resultados que uma equipe interna de TI costumava manejar, como disponibilidade de aplicativos e tempo útil, monitoramento do desempenho e a entrega de produtos fáceis de usar, com atributos relevantes e oportunos e com a eliminação de erros.

Para a maioria dos fornecedores, os dias de fazer apenas negócios multimilionários e contratar pessoas para cuidar do relacionamento pessoal como parte da gestão de contas já se foram há muito tempo. No mundo de hoje, não podemos dispensar esse nível de contato à maioria de nossos clientes. Mas isso é de fato algo positivo: todos os fornecedores, abrangendo SaaS, negócios por assinatura ou de pagamento em bases correntes, e até B2C, agora têm a capacidade (se essa for a opção), de alcançar todos os tipos de clientes, dos menores aos maiores. No entanto, a economia desses negócios é muito diferente, e aí reside o desafio. A maneira como você constrói sua estratégia de sucesso do cliente deve refletir o valor recebido do cliente, e vice-versa. Essas iniciativas ainda incluirão alguma gestão de contas para os clientes mais valiosos; os outros programas de *customer success*, porém, devem envolver a maioria dos clientes e fornecer valor para os clientes, além de serem eficazes em relação ao custo.

Relacionamento e lealdade forte com os clientes são a essência de qualquer organização bem-sucedida, centrada no sucesso do cliente. A correlação entre altas taxas de renovação e escores excepcionais de satisfação dos clientes depende da experiência dos clientes. Esse relacionamento não é mais atribuição exclusiva de qualquer indivíduo, mas sim da organização mais ampla. Agora, toda a empresa precisa contribuir para o relacionamento com os clientes. Esse relacionamento é definido, sobretudo, pelos produtos que você projeta, produz, comercializa, entrega, e aos quais presta serviços. Ao repensar como construir o relacionamento com os clientes com base nessas variáveis, você desenvolve a capacidade de planejar e de colaborar com as áreas adequadas da organização, para ajudá-lo a contribuir com conteúdo e valor para todas as iniciativas de *customer success*.

Comentários adicionais

O contexto de relacionamento com os clientes B2B mudou drasticamente. Nos dias do software empresarial, não tanto tempo atrás, todos os relacionamentos com os clientes eram pessoais e personalizados. Não havia, em grande parte, essas coisas de campanhas por e-mails, de comunidades, nem mesmo de webinars. Tudo consistia em cultivar relacionamentos pessoais com os clientes, os quais, por seu turno, eram uma das principais forças propulsoras da lealdade dos clientes para com os fornecedores. Para ser justo, nenhum fornecedor sobrevive muito tempo se o produto dele efetivamente não cumprir o prometido. Era, porém, o relacionamento pessoal desenvolvido pelo representante de vendas e/ou pelo gerente de conta que, geralmente, mantinha o cliente leal. Os relacionamentos geravam referenciabilidade e novas compras. A capacidade de venda e a funcionalidade do produto também eram importantes, mas o lado pessoal era fundamental.

Como vimos no Capítulo 1, o modelo de entrega que denominamos SaaS começou a mudar essa equação, ao permitir a expansão do mercado de qualquer produto para os clientes que não podiam pagar contas de US$ 1 milhão por ano, mas eram capazes de arcar com despesas de US$ 45 mil por ano. E, com o passar do tempo, os preços caíram em ritmo acelerado, a ponto de, para alguns volumes de produtos B2B e para todos os produtos B2C, o custo de aquisição tornar-se extremamente baixo, muitas vezes até gratuito, como ponto de partida (5GB de armazenamento no Dropbox, por exemplo). Tudo isso mudou o conceito de promover a lealdade através do relacionamento. Hoje, essa oportunidade não mais existe, exceto para algumas empresas com altos preços ou para a camada superior dos clientes da maioria das outras empresas. Daí o desafio de desenvolver a lealdade sem criar relacionamentos pessoais.

High-touch

Na verdade, essa lei não se aplica, em grande parte, a essa camada de clientes. Por definição, mantêm-se relacionamentos contínuos com clientes high-touch. Sob vários aspectos, a situação não é muito diferente da que prevalecia nos tempos do software empresarial. Por isso é que os gerentes de contas da década de 1990 transitaram com facilidade para funções high-touch de gerentes de *customer success* nos anos 2000. Vários elementos da gestão high-touch de clientes SaaS são muito diferentes da gestão dos clientes de software empresarial, como a incapacidade de customizar (configurar sim, customizar não) a solução, da maneira como era comum com as gerações anteriores de software. O componente "relacionamento da equação", no entanto, manteve-se em grande parte o mesmo. Dito isso, quase tudo o que você aprendeu e aprimorou em relação ao tech-touch também pode ser aplicado à camada mais alta de clientes. Isso até pode não mudar a importância do relacionamento pessoal, mas não há nada de errado com a automação de algumas interações, para que os momentos de individualidade sejam dedicados às discussões mais estratégicas.

Low-touch

Essa é a camada em que esta lei começa a aplicar-se. Como já conversamos várias vezes, a necessidade de contatar os clientes de maneira grupal está se tornando fundamental para a maioria dos fornecedores. O modelo JIT foi concebido para atender a esse propósito de promover o sucesso com o mínimo de interação pessoal. Embora o cliente possa muito bem ter um GCS nesse nível e até conhecer o GCS pelo nome, o relacionamento, como indutor de lealdade, será, na melhor das hipóteses, tênue, em razão da quantidade de clientes sob sua responsabilidade e da necessidade de automatizar muitos desses pontos de contato.

Tech-touch

Esse conjunto de clientes é o exemplo típico de por que essa lei consta de nossa lista. Quando você chega ao ponto, como fornecedor, em que certos clientes não lhe pagam o suficiente para justificar qualquer tipo de contatos individuais, a lealdade, obviamente, deve ser desenvolvida de outras maneiras. Um desses meios é oferecer práticas de sucesso do cliente através de todos os veículos coletivos. Felizmente, muitos deles são de fácil acesso, conforme já exposto:

- E-mails.
- Webinars.
- Comunidades.
- Grupos de usuários.
- Eventos.

Um dos mais importantes canais coletivos para a construção da lealdade é sutil, e sobre ele falaremos no próximo capítulo.

É essencial que as organizações centradas no *customer success* se tornem altamente qualificadas em impulsionar o sucesso do cliente, sem depender de relacionamentos pessoais. Para empresas B2B de alto volume e para todas as empresas B2C, não há escolha. Esse é um contexto em grande parte inexplorado, mas que amadurecerá com rapidez, porque a viabilidade do seu negócio o torna absolutamente indispensável. Afinal, você precisa aprender a vencer construindo valor, não relacionamentos.

Capítulo 10

6ª LEI – O PRODUTO É O SEU ÚNICO DIFERENCIAL ESCALÁVEL
Autor: Kirsten Maas Helvey, Vice-presidente Sênior de Client Success, Cornerstone

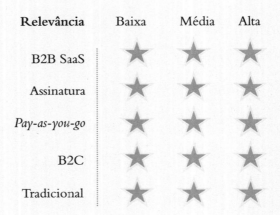

Sumário executivo

A chave para a retenção do cliente, para a satisfação do cliente e para a escalada das unidades organizacionais de apoio e serviço é um produto bem projetado, combinado com a melhor experiência possível para o cliente. A tecnologia do consumidor mudou a maneira como trabalhamos, assim como as expectativas dos clientes. Para certificar-se de ter concebido um produto que atende às necessidades e expectativas dos clientes, constitua uma equipe de experiência do cliente que foque no desenvolvimento de programas numa estrutura de engajamento do cliente – estrutura essa que impulsione o espírito de comunidade entre os clientes, que estimule o engajamento em todos os níveis e funções da base de clientes, e que gere *loops* de *feedback* claros, capazes de promover o aprimoramento dos produtos.

Conselhos Consultivos de produtos (CCPs) e comunidades de prática (CdPs) para áreas de processos de negócios funcionais são programas úteis, a serem usados pela equipe de experiência do cliente para promover a melhoria contínua de todas as funções, aprimorar a experiência do cliente e influenciar diretamente o projeto do produto. Tanto os CCPs quanto as CdPs fornecem inputs para o processo de desenvolvimento do ciclo de vida do software, esclarecendo o valor dos atributos do produto para o negócio, o que é essencial para o desenvolvimento de uma oferta melhor da classe. Um produto que é fácil de usar e que se torna essencial para a maneira de fazer negócios criará clientes felizes e leais.

Os GCSs geralmente trabalham 12 horas por dia, captando todas as questões sob o sol, tanto dos clientes quanto dos colegas internos, mesmo quando elas não têm nada a ver com as suas atribuições. Eles são os fornecedores de soluções para lidar com os desafios dos clientes e com todas as questões do dia a dia e de todos os dias. Mesmo quando os GCSs estão conversando com clientes felizes, os objetivos são, em geral, reforçar o valor, levando-os a experimentar um novo atributo, encorajando mais pessoas a usar o produto, medindo o ROI, e outros. As prioridades do GCS normalmente focam em:

- Impulsionar a adoção e o valor dos seus produtos.
- Combater as causas básicas da insatisfação, solucionando problemas ao longo do ciclo de vida do cliente e explorando as funções de apoio.
- Empenhar-se para que o seu produto seja o melhor da classe.

Por fim, o fator crítico para a retenção do cliente, para a satisfação do cliente e para a escalada das unidades organizacionais de apoio e serviços são produtos e soluções bem concebidos, associados à experiência do cliente em nível melhor da classe.

Para certificar-se de ter concebido um produto que atende às necessidades dos clientes, constitua uma equipe de experiência do cliente que foque no desenvolvimento de programas numa estrutura de engajamento do cliente. Essa estrutura destina-se a impulsionar o espírito de comunidade entre os clientes, a estimular o envolvimento em todos os níveis e funções da base de clientes, e a gerar *loops* de *feedback* claros, capazes de promover o aprimoramento dos produtos. Essa estrutura também permite que os clientes saibam que você tem uma maneira organizada de abordar a gestão do *customer success*. Cada programa deve ter um conjunto de objetivos e de métricas-chave para determinar o sucesso (ver a Figura 10.1).

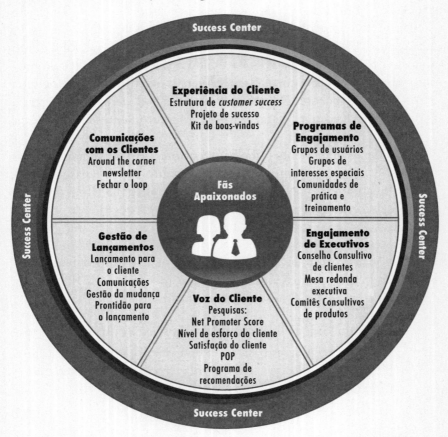

Figura 10.1 – Promovendo a comunidade, o engajamento e *loops* de *feedback*

    Métricas e analítica de dados geram ideias factíveis que ajudam a promover as prioridades do GCS ou as práticas de *customer success* dos clientes tech-touch. Você será capaz de identificar com clareza vetores de satisfação e insatisfação se tiver um processo de medição definido e concentrar o foco em métricas-chave como satisfação do cliente, NPS e escore de nível de esforço do cliente (ver Figura 10.2).

    Normalmente, a causa básica da insatisfação do cliente é o produto. Em termos simples, quanto mais difícil for o seu produto, mais difícil será o sucesso do cliente. Desenvolvemos produtos que tratam de problemas de negócios, mas o objetivo de uma empresa centrada em *customer success* é ajudar os clientes a extrair valor desses produtos. Criar um produto ótimo que põe o design na frente e no centro permitirá que todos os outros componentes da experiência do cliente fluam com mais facilidade, simplificando os serviços e o suporte e ajudando-o a contribuir com os clientes na criação de valor.

Customer Satisfaction (CSAT)
Satisfação do cliente. Geralmente é medida numa escala de 5 pontos, mas pode variar. (A chave é adotar como referência dados históricos.) Usada em pesquisas transacionais e de relacionamentos.

Net Promoter Score (NPS)
Mede a lealdade, não a satisfação, com base na disposição para recomendar. Sempre usa uma escala de 11 pontos, de 0 a 10. O escore é calculado subtraindo a porcentagem de avaliações de 0-6 da porcentagem de avaliações de 9 e 10. Principalmente relacionamento.

Customer Effort Level Score (CES)
Métrica relativamente nova que avalia a facilidade de fazer negócios com a empresa, medida numa escala de concordância de 1-7. Porcentagem de respondentes que pelo menos "concordaram até certo ponto" que lidar com a questão foi fácil. Em grande parte transacional.

Figura 10.2 – Você não pode gerir o que você não mede

Empenhe-se em tornar o produto intuitivo. Se as conversas com os clientes são sempre sobre funcionalidade e sobre o uso dos atributos do produto, você está perdendo a chance de promover atividades agregadoras de valor. Se o usuário perder muito tempo descobrindo como usar o produto, este será menos aderente e as pessoas não quererão usá-lo. Para começar, siga pistas de como as pessoas estão acostumadas a interagir com os seus aplicativos favoritos na vida cotidiana. Ponha-se no lugar delas.

Por exemplo, as maneiras como as pessoas procuram as coisas e como são os resultados das buscas seguem certos padrões. Damos como certo que podemos encontrar com facilidade qualquer coisa e que não temos de nos esforçar muito para consegui-lo. Ofereça funcionalidade rica em informações, para que os usuários consigam encontrar o que estão procurando quando e onde precisarem e da maneira habitual.

Além disso, as pessoas querem ser capazes de enfrentar os problemas e de descobrir as soluções se e quando surgirem. Desenvolva ferramentas de autodiagnóstico para ajudar os usuários a encontrar as respostas por si próprios e oriente-os no que precisam fazer. Compreenda que a tecnologia do consumidor mudou a maneira como trabalhamos. Não mais estamos presos a uma mesa, usando apenas um computador; usamos vários dispositivos para fazer o trabalho. O projeto do seu produto deve propiciar o acesso rápido a informações e a execução fácil de atividades em dispositivos móveis, como smartphone, tablet ou até relógio.

A melhor maneira de garantir que o *feedback* está chegando à equipe de produtos e a outras, como vendas, serviços e apoio ao cliente, é desenvolver *loops* de *feedback* claros para dar voz ao cliente. Conselhos Consultivos de produtos (CCPs) e comunidades de prática (CdPs) para áreas funcionais de processos de negócios são maneiras úteis de promover a melhoria contínua em todas as funções, de melhorar a experiência do cliente e de influenciar diretamente o projeto dos produtos.

Os CCPs fornecem uma plataforma interativa estruturada para os clientes se engajarem com a equipe de gestão de produtos da empresa, fornecendo *feedback* e influenciando os rumos do produto no futuro. O foco dos CCPs deve ser:

- Ajudá-lo a definir a visão e a estratégia para os produtos, compreendendo os reais problemas de negócios que os clientes enfrentam agora e poderão enfrentar no futuro.
- Discutir como os clientes veem a maneira como os produtos abordam esses problemas.
- Considerar as tendências do mercado e da tecnologia, do ponto de vista dos clientes, e seus possíveis efeitos.
- Ajudá-lo na priorização funcional em nível estratégico.

Os CCPs devem ser liderados pela equipe de gestão de produtos (ver Figura 10.3).

As funções e as atribuições de um membro de CCP devem ser descritas com clareza, com base em critérios de seleção, uma vez que os membros atuam como representantes da base de clientes mais ampla. Por exemplo, as atribuições dos clientes membros poderiam incluir:

- Participar ativamente das reuniões do CCP, focando em vetores estratégicos de negócios.
- Engajar-se e atuar em nome dos pares e da base de clientes mais ampla.

- Manter alto nível de conhecimento sobre os *road maps* dos produtos atuais e futuros.
- Engajar-se no desenvolvimento e na apresentação de projetos de produtos.
- Participar de programas de referência e falar positivamente com clientes atuais ou potenciais, quando necessário.

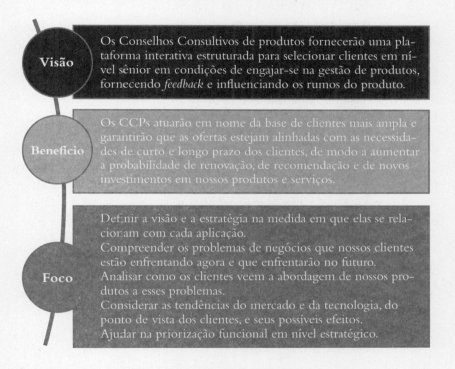

Figura 10.3 - Por que Conselhos Consultivos de produtos

Os critérios de seleção de membros para o CCPs poderiam incluir:

- Líder sênior – ou participação no nível executivo para desenvolver a visão estratégica do produto.
- Os membros do CCP devem preencher formulário de inscrição.
- Os membros devem comprometer-se em participar ativamente do CCP pelo período de um ano.

- Os membros devem comprometer-se em participar de cinco reuniões por ano:
  - Três reuniões trimestrais de avaliação e priorização.
  - Duas reuniões de priorização de pedidos de atributos (por membros do CCP ou delegados).
- Os membros não podem delegar atribuições para avaliação trimestral de roteiros e para priorizações.
- Os membros devem participar de programas de referência, falando positivamente a clientes reais ou potenciais, a pedido.

A clareza da estrutura e do ritmo são fundamentais para garantir o valor de um CCP para a organização, assim como para os clientes. É importante enfatizar continuamente, para o CCP e para a base de clientes mais ampla, a influência que exercem sobre o projeto e sobre o roteiro do produto, para dar credibilidade à voz do cliente. Boa prática é enviar comunicação trimestral que compartilhe os pedidos de mudança nos produtos formulados pelos clientes, assim como as melhorias que foram feitas na organização e nos processos, em resposta ao *feedback* dos clientes.

Figura 10.4 – Valor para o negócio

As CdPs operam muito à semelhança dos CCPs, mas realmente servem como fórum para discutir os processos, práticas e desafios de negócios referentes a produtos específicos. As CdPs são um fórum colaborativo, em que os clientes se conectam entre si, como pares, oriundos de ampla variedade de setores de atividade. Elas tendem a ser grupos mais amplos que os CCPs.

Os CCPs e as CdPs geram inputs para o processo de desenvolvimento do ciclo de vida do software, comunicando o valor para o negócio de atributos do produto. A equipe de desenvolvimento deve ter um modelo definido de valor para o negócio, baseado no seu negócio, para uso na avaliação de novos atributos. A parceria com a gestão do produto e com o desenvolvimento do produto nos programas do cliente é fundamental para o desenvolvimento de um produto líder (ver Figura 10.4).

Os programas dos clientes são ótimas maneiras de garantir que o produto é a prioridade e que o seu produto está atendendo às necessidades dos clientes e do mercado. Tão importante quanto o *feedback* dos clientes é o foco da organização no sucesso do cliente. A cultura da empresa deve estar impregnada de sucesso do cliente até as entranhas. Deve começar no topo e infiltrar-se organização abaixo até a base, a partir do CEO e dos líderes seniores. Todas as pessoas na empresa têm emprego em razão de duas coisas: o produto e os clientes. A cultura da empresa deve empenhar-se em enfatizar e priorizar esses dois elementos. Você deve converter os clientes em fãs apaixonados. Componha um conjunto de crenças comuns que descreva seu foco no cliente. Garanta que um dos objetivos da empresa seja o foco no cliente. Todos os departamentos da empresa devem ter objetivos alinhados com os clientes. A empresa deve construir uma estrutura de foco no cliente que delineie com clareza qual é e como é a jornada do cliente. Os empregados precisam de fóruns para canalizar o *feedback* a todos os departamentos, sobretudo à gestão do produto (ver Figura 10.5).

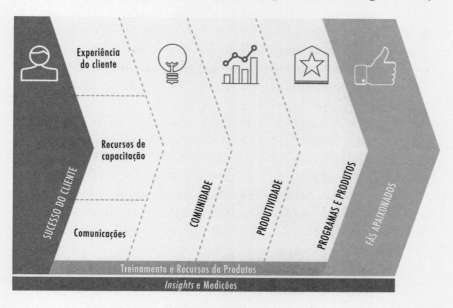

Figura 10.5 – Estrutura de *customer success*

Tanto quanto os clientes, os empregados de linha de frente, principalmente se forem usuários do produto na vida real, precisam de uma maneira de fornecer *feedback* sobre todos os aspectos do produto. A melhor maneira de obter *feedback* dos empregados é recorrer à mesma estrutura usada para os clientes e definir canais claros pelos quais os empregados apresentem e discutam propostas de aprimoramento dos produtos e processos. Os empregados são um input básico que tornam o seu produto o melhor em sua categoria. Inputs de vendas, de implantação e de suporte ao cliente fornecem uma visão holística sobre o que funciona e não funciona.

Ótima maneira de desenvolver nova perspectiva é coletar *feedback* dos novos empregados sobre os produtos e processos que cercam o produto. Faça disso um componente importante do seu processo de recepção. Ofereça aos novos empregados a oportunidade de conhecer os produtos e de fornecer *feedback* aos responsáveis pelos produtos e processos, inclusive vendas, implantação e suporte ao cliente. Sempre convença os empregados a pôr-se no lugar do cliente. Sua melhor referência é usar o seu próprio produto.

O sucesso do cliente foca em ajudar as pessoas a produzir resultados e gerar retorno sobre o investimento (ROI) por meio de produtos; o bom projeto possibilita que esse foco se concentre em atividades agregadoras de valor, não em funcionalidades. Os produtos que se tornam onerosos de gerenciar, de administrar e de usar correm o risco de serem abandonados, porque os clientes não os valorizarão. As equipes de sucesso do cliente interagem com os clientes todos os dias e sabem muito bem como o produto está sendo usado. O *feedback* entre elas e a equipe de produto é essencial.

Os custos da mudança de produtos hoje são muito mais baixos do que no passado. Como fornecedor, tudo o que você tem é a qualidade e a funcionalidade do produto, em conjunto com o valor das ofertas de serviços e de suporte que cercam o produto. A consequência de tudo isso é ter um ótimo produto, fácil de usar. Muitos fornecedores são obcecados por adicionar ao produto atributos atraentes e futuristas; com frequência, porém, os processos internos dos clientes ainda não estão bastante maduros para aproveitar esses atributos. O produto em si deve oferecer meios que possibilitem a mudança dos processos para explorar a funcionalidade avançada. O produto fácil de usar é a base para ajustar o cliente à funcionalidade avançada. Transpor esse fosso é fator crítico.

Se você tiver um produto que seja fácil de usar e que seja essencial para a maneira como as pessoas fazem negócios, seus clientes ficarão felizes e serão leais; eles auferirão o valor do produto. Do contrário, eles o procurarão em outro lugar.

O produto bem projetado, que possibilite a autossuficiência e que entregue valor é fundamental para o sucesso do cliente. Ele não só reforçará a lealdade, mas também possibilitará que a sua equipe tenha discussões mais significativas com os clientes e seja capaz de impulsionar mais crescimento.

Comentários adicionais

A única parte realmente escalável de toda a sua empresa é o produto. Sem dúvida, todas as partes de todas as empresas podem se tornar mais eficientes e maiores, mas, no caso dos produtos, você o desenvolve uma vez, para que ele seja usado milhões de vezes, por milhões de clientes. "Faça uma vez, entregue muitas vezes", é a receita do lucro, se você conseguir chegar lá. Pense dessa maneira. Se você fizer um produto perfeito (e estou dizendo realmente perfeito, sob todos os aspectos), quantas pessoas na sua empresa se tornariam desnecessárias? Numa empresa típica, você seria capaz de eliminar todas as equipes que fazem qualquer uma das seguintes tarefas:

- Suprimento.
- Implantação.
- Treinamento.
- Suporte ao cliente.
- *Customer Success*.
- Operações.
- Professional Services (a maioria deles, pelo menos).
- Renovações.

Em outras palavras, você nem mesmo teria o conceito de *pós-vendas*, pois a única coisa que aconteceria depois das vendas seriam milhões de clientes usando e amando o seu produto e procurando maneiras de falar ao resto do mundo sobre o seu produto.

O mundo B2C convive com essa realidade o tempo todo, sobretudo quando os seus aplicativos são instalados em dispositivos móveis. Veja o Google e o Facebook como exemplos perfeitos. Ninguém é incumbido de ajudá-lo a instalar e a usar o Facebook, nem de segurar a sua mão quando você faz a primeira pesquisa no Google. Não é necessário porque os produtos são elegantes, simples, intuitivos e cativantes, além de oferecerem enorme valor. Para o Google e o Facebook, a mudança para dispositivos móveis definitivamente elevou o nível da facilidade de uso (não que alguma coisa seja mais fácil de usar do que uma caixa de busca onde escrever o que se procura), mas eles se beneficiaram com o fato de a maioria dos usuários ter usado o produto pela primeira vez em um computador. No entanto, para as empresas cujo primeiro ou único canal do produto é um dispositivo móvel, o desafio aumenta significativamente. Centenas já o descobriram e centenas ainda o constatarão.

A principal razão para tornar o seu produto a mais alta prioridade em toda a empresa é ele ser o único caminho para o tremendo sucesso que você quer alcançar. Empresas maduras e bem-sucedidas criam uma identidade além da própria cultura. A identidade da Apple é criar produtos elegantes e atraentes. A identidade da Zappos é oferecer o máximo em suporte ao cliente e experiência do cliente. A identidade do Walmart é valor e conveniência. Mas o sucesso de cada uma dessas empresas tem a ver com criar o melhor produto em seu mercado. Poderíamos argumentar que esse é o debate do ovo e da galinha. Será que a Zappos é o fornecedor dominante no mercado de calçados on-line por causa de seu apoio ao cliente? Ou será o seu apoio ao cliente efetivamente parte do seu produto? No final das contas, para os propósitos desta análise, isso realmente não importa. A conclusão é a seguinte: o fornecedor dominante em praticamente qualquer mercado é aquele que desenvolve o melhor produto. Quanto mais um fornecedor convencer o mundo (ou o mercado) de que o melhor produto não é somente o que você toca e usa, mas também todos os serviços e o suporte que o cercam, tão mais poderoso ele será. As melhores empresas realmente fazem isso muito bem. Mas, sem exceção, as grandes empresas, acima de tudo o mais, constroem grandes produtos. Qualquer tentativa de juntar-se ao movimento *Customer Success* sem tornar o seu produto a sua mais alta prioridade será infrutífera no longo prazo.

High-touch

Para as empresas cujo modelo básico de *customer success* é high-touch ou que têm uma camada de clientes high-touch, a chave para tornar-se focada no cliente é comunicação. Em especial, comunicação entre sua equipe de *customer success* e sua equipe de produtos. Os GCSs estão na linha de frente nessa situação, e sabem mais do que qualquer outra pessoa em sua empresa como o produto está sendo usado ou pode ser usado. É bom pensar neles como gerente de produto de campo para professar essa verdade. O valor de todo esse conhecimento somente é realizado se for transferido dos GCSs para os gerentes de produtos (GP). As empresas precisam desenvolver processos para garantir que isso esteja acontecendo. Se eu gerencio 40 GCSs, e digo-lhes que o produto é a mais alta prioridade deles, mesmo quando eles passam 12 horas por dia ajudando a resolver as dificuldades dos clientes, é melhor que eu crie um processo de comunicação que facilite para eles compartilhar as experiências dos clientes com a equipe de GPs. Evidentemente, também deve haver uma maneira de os clientes fazerem essa comunicação diretamente, mas o filtro dos GCSs será vital. Poderia começar simplesmente com uma reunião mensal entre sucesso do cliente e produtos, na qual se compartilhem as histórias dos clientes. Essa solução não é muito escalável, mas é um bom ponto de partida. Parte dos propósitos desse grupo poderia ser o desenvolvimento de um processo escalável. É importante, dentro desse processo, captar os problemas de negócios, não apenas os pedidos de atributos. Talvez mais importante seja a compreensão dos problemas que eles gostariam que a equipe de produtos resolvesse para eles no futuro. Isso ajudará a impulsionar alguns saltos quânticos, em vez de apenas mudanças incrementais.

Low-touch

À medida que percorre de cima para baixo o modelo das diferentes formas de contato com os clientes, você obviamente precisa criar processos cada vez mais escaláveis. Em especial, você provavelmente quererá facilitar para os clientes a comunicação de suas necessidades e frustrações com o produto diretamente à equipe de gerência de Produtos. Comunidades ou fóruns que usem os recursos de votação ou de curtir/não curtir podem funcionar de fato muito bem, se você tiver bastante participação e puder assegurar a clareza dos elementos do produto que estão sendo avaliados. Como já mencionamos, os Conselhos Consultivos de produtos (CCPs) e os Conselhos Consultivos de clientes (CCCs), escolhidos à mão, podem ser extremamente valiosos, se forem bem representativos da sua base de clientes. Não convide apenas clientes empresariais para comporem o CCC se 70% dos seus negócios forem com PMEs. Você pode pensar em ter dois diferentes tipos de CCCs numa situação em que os mercados e os usos de seus produtos sejam muito diferentes em cada segmento. Quanto mais o seu modelo for low-touch, mais importante será acertar no produto, razão por que é absolutamente imprescindível encontrar uma maneira de promover o envolvimento dos clientes. Você por certo não precisará de exércitos de profissionais de serviços e de *customer success* às voltas com as deficiências dos produtos.

Tech-touch

Em mercados B2C ou em mercados B2B de altos volumes, tudo precisa ser movido a tecnologia, como já afirmamos várias vezes. Isso, porém, não significa que você não possa conversar com os clientes e conseguir algum *feedback* direto. É importante agir dessa maneira, seja através de grupos de usuários, seja mediante grupos de foco. Seus principais veículos, contudo, serão os coletivos, como comunidades, fóruns ou pesquisas. Em razão dos volumes envolvidos, é provável que o *feedback* mais proveitoso provenha diretamente do produto. Os componentes usados com mais frequência são reveladores. Os lugares onde se passa mais tempo podem ser importantes, de maneira positiva ou negativa. É possível embutir no produto alguns mecanismos de *feedback* limitado, para coletar dados durante o uso. Não é exagero achar que o melhor rumo a tomar com o produto é indicado pela maneira como ele está sendo usado hoje. Os volumes de usuários também tornam a experimentação muito fácil e muito valiosa. Não é difícil acrescentar um atributo experimental durante um dia e ver quais são os resultados e as reações. É o que sem dúvida acontece todos os dias, em sites como Amazon, eBay e Match.com.

Tudo bem, os tambores já soaram alto e em bom som. Priorizar o produto ou o *customer success* será ilusório na melhor das hipóteses, e até poderá acarretará o fracasso da empresa. E, se representantes da empresa, de alguma maneira ou forma, estiverem mantendo contatos com os clientes, conscientize-os de que a qualidade e o valor dos produtos também são alta prioridade.

Capítulo 11

7ª LEI – MELHORE OBSESSIVAMENTE O *TIME-TO-VALUE*
Autor: Diane Gordon, Chief Customer Officer, Brainshark

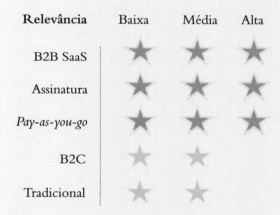

Sumário executivo

Por que os consumidores e as **empresas compram produtos e serviços**? Porque acham que estão adquirindo valor com a compra. Como consumidor, você se dispõe a gastar muito dinheiro em um restaurante caro porque espera ser recebido com refeições e com serviços acima da média. E sua expectativa se realiza ou se frustra quase imediatamente: foi ótimo ou nem tanto. Com base nessa experiência, você decide se voltará ou não.

Quando, porém, você vende produtos e serviços para empresas, é, em geral, difícil apreciar o valor minutos depois da experiência. Embora os compradores saibam disso, eles realmente esperam auferir o valor em prazo razoável. No caso dos fornecedores SaaS ou com negócios por assinatura, esse prazo é a duração da assinatura. Se o cliente já não tiver percebido o valor real no momento da renovação da assinatura, é pouco provável que ele a estenda por mais um período. Fator contrário ao fornecedor é o tempo decorrido, ou *time-to-value*, para que o cliente aproveite integralmente a solução. A melhora obsessiva do *time-to-value* é a maneira de enfrentar esse desafio.

Grande parte de qualquer processo de vendas consiste em convencer os clientes potenciais de que eles extrairão valor real do produto ou solução. No mundo dos SaaS ou das assinaturas, entregar esse valor rapidamente é fundamental para retenção e expansão. Os clientes não renovam, nem ficam com você, nem compram mais de você a não ser que, ou até que, você realmente lhes entregue valor.

Se você estiver implementando software empresarial por assinatura, unicamente o processo de recepção pode estender-se por alguns meses, deixando apenas mais poucos meses para instalar o produto e, finalmente, para demonstrar o valor do produto. Essa situação é muito arriscada, quando paira logo adiante a ameaça da renovação anual. Para salientar esse desafio, considere o extremo: se a espera for de 11 meses para o cliente aproveitar integralmente o produto e o prazo do contrato for de 12 meses, seriam as chances de renovação do contrato melhores ou piores do que se o cliente tivesse auferido o valor em 60 dias (ver Figura 11.1)?

Há, sem dúvida, uma correlação direta entre o prazo de recebimento e a probabilidade de renovação. Se o seu negócio for de pagamento em bases correntes (*pay-as-you-go*), em que todos os contratos são mensais, a situação é ainda mais grave.

Qual é o segredo para garantir que o cliente colha o valor tão rapidamente quanto possível depois de comprar a solução?

- Trabalhe com o cliente para estabelecer medidas de sucesso concretas.
- Implante iterativamente para extrair valor desde cedo, atingindo primeiro a medida de sucesso mais simples e depois focando nas subsequentes.
- Adapte-se em tempo real, partindo para a ação no momento exato em que perceber que o valor esperado está em risco.

Vejamos cada um desses pontos com um pouco mais de detalhes.

Estabeleça métricas de sucesso concretas

No mundo ideal, os clientes tomam a decisão de compra com base no valor dos seus produtos ou soluções. Além disso, os clientes sabem como medir esse valor.

Trabalhe com o patrocinador do negócio para definir as métricas desde cedo. É fundamental usar os *sponsors* do negócio enquanto você conta com a atenção deles durante o processo de vendas, porque, provavelmente, eles estarão menos envolvidos nas táticas da instalação em si. Tentar receber a atenção do *sponsor* do negócio mais tarde, no ciclo de vida do cliente, é muito mais difícil, depois que eles partiram para outras iniciativas. Aproveitar a oportunidade para contar com o foco do *sponsor* logo no começo é a melhor maneira de compreender as métricas de sucesso que ressoam no nível de negócios da organização do cliente.

Se você tiver sorte, o cliente lhe dará uma resposta concreta: "Queremos reduzir à metade o tempo necessário para o *onboarding* de um novo representante". Com muito mais frequência, porém, ainda que os clientes tenham citado indutores ou impulsores importantes, eles ainda não têm em mente medidas específicas (e, se tiverem, ainda não sabem quais são hoje a linha de partida dessas medidas). Nesse caso, em vez de pedir ao cliente para definir as métricas (algo que pode demorar um pouco, sobretudo numa organização complexa), você pode inspirar-se na lista de medidas abaixo, que nossos clientes quase sempre usam para avaliar o sucesso:

- Redução do tempo para alcançar a meta.
- Aumento do número de representantes que atingem a meta.
- Aumento do número de conversão de *leads* de marketing.
- Aumento do tamanho dos negócios ou da receita.
- Aumento da porcentagem de representantes que usam ativamente o Salesforce.
- Aumento do tempo que os representantes passam vendendo em vez de pesquisando conteúdo.
- Redução do tempo de *onboarding* dos representantes.
- Redução do tempo para fechar o primeiro negócio.
- Redução do tempo que os gerentes destinam ao coaching de representantes.

- Aumento da competência dos representantes com o material.
- Aumento do número de representantes que completam integralmente o roteiro de *onboarding*.
- Aumento do número de visualizações.

Pedimos ao cliente para escolher algumas medidas extraídas desses exemplos, confirmando que eles têm valores de partida para qualquer medida que escolherem.

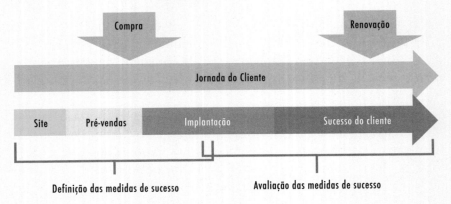

Figura 11.1 – Processo *time-to-value*

Você também deve comunicar essas medidas à equipe de *onboarding*. Um processo que funciona bem é a equipe de pré-vendas documentar as métricas de sucesso e depois passá-las para a equipe de recepção, no começo do processo de implantação. Então, durante a reunião de partida da recepção, o engenheiro de pré-vendas valida essas métricas com o cliente: "No ciclo de vendas, você disse que a redução do tempo de *onboarding* do empregado era um indutor ou impulsor importante. Isso ainda é verdade? Se for, quanto tempo dura hoje a recepção?"

Exclusivamente depois da definição clara dessas métricas de sucesso, damos a partida no processo de *onboarding*. Do contrário, o programa de *onboarding* pode prolongar-se por meses – ou, pior, ser totalmente instalado – sem o cliente ter condições de conferir se está extraindo algum valor da solução.

Também é possível criar efeito de carregamento positivo com essas métricas concretas. Se você realiza ATNs ou algum tipo de avaliações regulares com os clientes, é possível reexaminar esses critérios com frequência (1) para determinar se ainda são as métricas certas para o negócio e (2) validar o sucesso da sua empresa com base nessas métricas. Muitos clientes parecem hesitar em usar o ROI puro, embora muitas vezes tenham sido rigorosos a esse respeito durante o processo de vendas. Mas você sabe que o ROI voltará a mordê-lo, quando menos esperar, se não ajudar o cliente a medi-lo.

Implante iterativamente para extrair valor desde cedo

Não tente ferver o oceano. A maneira mais rápida de extrair valor é começar a cumprir os critérios mais fáceis. Por exemplo, os clientes que compram uma solução para melhorar a produtividade de vendas podem usar duas, três, ou mais medidas de sucesso: redução do tempo de *onboarding* dos representantes de vendas, mais eficácia no engajamento de clientes potenciais, e aumento da porcentagem de representantes que atingem a meta.

Embora tudo isso seja factível, o cliente começará a perceber valor com mais rapidez se começar com a medida mais importante. Consiga esse resultado com um processo de instalação gradual, iterativo, ou repetitivo, focando, por exemplo, nos prazos de treinamento e recepção na Fase I e melhorando o engajamento de clientes potenciais na Fase II (ver Figura 11.2).

Há ainda outras maneiras de antecipar a obtenção do valor, como, por exemplo, limitando-se, de início, a grupos específicos, a divisões e a áreas geográficas, ou focando em uma ou duas iniciativas específicas (p. ex., mudança de imagem) ou em linhas de produtos, em vez de envolver de uma vez toda a população de usuários. Repartir o desafio em pequenas fatias factíveis e implantá-las iterativamente gera valor desde cedo e com frequência.

Além disso, confirme sempre. Não cometa o erro de presumir que exclusivamente porque o patrocinador do negócio definiu métricas durante o ciclo de vendas e a equipe de projetos do cliente validou essas métricas elas continuarão relevantes:

- Liste as métricas no alto de todos os relatórios de *status* e chame a atenção para elas em todas as verificações: "Só para confirmar – essas ainda são as métricas com que nos importamos nessa fase, certo?"
- Em vários momentos durante o processo de *onboarding*, procure diretamente o *sponsor* do negócio para validar as métricas.

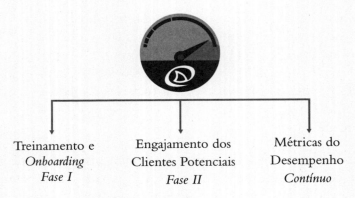

Figura 11.2 – Exemplo de implantação iterativa

Adapte-se em tempo real

À medida que se aproxima o fim de um programa de *onboarding*, apresente a GCS e/ou suas práticas de *customer success*, levando-a para as reuniões sobre o *status* do projeto e instruindo-a sobre os critérios de sucesso selecionados. A mais alta prioridade da GCS nas semanas e meses subsequentes ao *onboarding* é ser obsessiva para garantir que o cliente alcance o valor prometido. Todas as outras atividades tradicionais de *customer success* (introdução de novos atributos, avaliações trimestrais do negócio, etc.) tornam-se secundárias em relação a esse item crítico.

Por que isso é tão importante? Bem, achamos que, ao concluir a fase de *onboarding*, a equipe de projetos do cliente pode perder o foco, na medida em que os seus membros voltam a atenção para as suas atividades diárias. Quando isso acontece, assumimos que o cliente simplesmente não continuará tão interessado em auferir valor quanto nós em oferecer valor. A GCS é responsável em relatar o progresso tanto para o cliente quanto para a equipe mais ampla de gestão de contas, e, então, obter recursos tão rapidamente quanto possível se o cronograma de geração de valor estiver enfrentando dificuldades.

Outra razão impositiva para promover obsessivamente o *time-to-value* é querermos que os clientes tenham a oportunidade de expandir nossa solução. Como fornecedores, denominamos esse processo *upsell*. Se, porém, adotarmos a perspectiva do cliente, ele simplesmente está ampliando o valor de seu investimento em nossa tecnologia. Nos modelos de negócios por assinatura, é fundamental, com o passar do tempo, aumentar o valor total do contrato do cliente.

Esse processo só pode começar depois que o cliente passar a auferir valor real do seu produto ou solução. Nenhum cliente comprará mais licenças ou agregará mais módulos do seu produto se dele ainda não estiver extraindo valor para o negócio. Para avaliar a magnitude da redução do *time-to-value* em 30 dias, por exemplo, basta multiplicar esses 30 dias pelo número de clientes da empresa. O resultado é o número de dias de vendas adicionais de que você passará a dispor simplesmente por haver reduzido o *time-to-value* em 30 dias para o próximo conjunto de clientes. Se não lhe parecer razoável, use 5 dias como multiplicador. Basta calcular o número e se perguntar o que uma boa equipe de vendas (a sua) poderia fazer com esse aumento no número de dias de venda.

Os clientes compram por acreditarem que o valor auferido ultrapassará em muito o custo de aquisição. Nos negócios por assinatura, porém, simplesmente não é seguro partir dessa premissa. Você precisa incumbir-se de garantir que os clientes sabem medir o valor auferido e que efetivamente constatam a melhoria das medidas, muito antes de chegar a hora da renovação.

Comentários adicionais

A palavra-chave nesta lei é *obsessivamente*. Em geral, todos querem reduzir o tempo necessário para fazer alguma coisa. É parte de nosso DNA como empregados promover a melhoria em tudo aquilo que fazemos. Em quantas coisas, porém, realmente nos tornamos obsessivos? Não muitas. Essa é uma área em que a obsessão é indispensável.

Vamos aqui fazer uma comparação com vendas, porque os grandes vendedores têm obsessão por fechar negócios. É parte do que os torna grandes. Quando estão voltando para casa num fim de tarde de sexta-feira, curtindo antecipadamente o fim de semana e o telefone toca com a chamada de um cliente potencial, o que eles fazem? Eles atendem, certo? Eles atendem porque sabem que todo santo dia num ciclo de vendas é fundamental e que só existe um dia bom para fechar qualquer negócio – hoje. Todos os vendedores que atuam na profissão há algum tempo certamente lhe descreverão um grande negócio. A venda, quase fechada numa quarta-feira, teve todo seu processo desandado por mera especulação sobre queda do lucro, demissões em massa e mudanças organizacionais na quinta. O pessoal de vendas sabe o que é obsessão em relação a cada dia porque todos os dias são importantes.

Antes dos SaaS e das assinaturas, a mentalidade do pós-vendas, em geral, não se caracterizava por esse mesmo senso de urgência. Afinal, em um ciclo de implantação de seis meses ou mais, quanto um dia realmente importa? O problema dessa abordagem é que, se um dia não importa, então dois dias realmente também não importam, e assim prossegue a espiral da morte. Isso não significa dizer que as equipes de implantação e de clientes não importam. Elas por certo são importantes. A natureza das assinaturas, porém, e a sempre periclitante renovação ou a chance de optar por sair aumenta drasticamente a urgência.

No contexto do software empresarial, o *time-to-value* frequentemente é medido em meses, por causa da complexidade de implantar as soluções. Se você estiver vendendo soluções de comércio eletrônico ou B2C, o *time-to-value* ainda é relevante e importante, mas pode ser medido em horas ou até minutos. Quando baixei e comecei a usar o aplicativo móvel GoToMeeting, minha expectativa era que todo o processo demorasse menos de cinco minutos. Isso não é muito tempo para ninguém; então, de onde vem a urgência para abreviá-lo para quatro minutos e, depois, para três minutos? Decorre de um de dois pontos: (1) o usuário final e (2) WebEx. Se você não estiver obcecado pelo *time-to-value*, qualquer que seja o seu negócio, os seus concorrentes provavelmente estarão, e isso os diferenciará. Essa afirmação se aplica ainda mais aos mercados em vias de comoditização. É muito difícil para a Citrix diferenciar o seu produto GoToMeeting em relação aos produtos concorrentes da WebEx Cisco para usuários gerais, e quando os produtos em si são parecidos, tudo o mais importa muito mais – preço, *time-to-value*, suporte e experiência total do cliente. Esses minutos importam, obceque-se por eles. Lute por eles.

High-touch

Uma vez que high-touch geralmente significa high-value (alto valor), o que quase sempre envolve alta complexidade, a toda hora nos referimos a encontrar maneiras de cortar dias, talvez semanas, do processo de implantação. E, embora grande parte do *time-to-value* nesse cenário tenha a ver com implantação, não vamos reduzi-lo a apenas isso. Não se trata de *time-to-implementation* (tempo para a implantação), é *time-to-value* (tempo para o valor). Para fornecedores que lidam com clientes high-touch, a equipe de implantação e a equipe de *customer success* geralmente compartilham essa responsabilidade. Quase nunca é o caso de *projeto completo = valor recebido*. É um passo enorme no processo, mas sempre há mais trabalho pela frente. É aqui que o GCS começa a se pagar. Depois de ter uma solução plenamente funcional com que trabalhar, ele pode engajar o cliente em começar a usá-la, com o objetivo de resolver os problemas de negócios que motivaram a compra.

Um dos desafios resultantes dessa transição é efetivamente determinar quando o cliente recebe o valor. É muito fácil medir a duração de um projeto de implantação. Há uma data de partida e uma data de conclusão. Se o tempo médio entre essas duas datas na sua empresa for 97 dias, você pode estabelecer a meta de reduzi-lo para 89 dias no próximo trimestre e para 83 dias no seguinte. É muito fácil de medir. O termo "valor", porém, não é tão concreto; você provavelmente precisará adotar uma aproximação. Para tanto, é preciso identificar os componentes mais valiosos do produto e medir se, ou quanto, cada cliente está usando esses atributos. Uma alternativa é recorrer a interações diretas com os clientes: "Será que o nosso produto foi usado por todos os gerentes de departamento para entrar com os números do orçamento do ano que vem?" Se a resposta a perguntas como essa for sim, assumindo que tenham comprado o produto com essa finalidade, você certamente atingiu o ponto de criação de valor. Para muitas empresas que usam a mais recente tecnologia de gestão de *customer success*, o valor pode ser medido pelo escore de saúde do cliente. Qualquer que seja o método, caso você venha a obcecar-se pelo *time-to-value*, é preciso descobrir uma maneira de determinar e medir valor para o cliente. Sua omissão a esse respeito deixa a equipe de *customer success* e a empresa como um todo em situação precária.

Low-touch

Em muitas empresas, o modelo low-touch, na verdade, exerce mais pressão sobre o *time-to-value* do que o modelo high-touch. Isso porque trata-se, em geral, de uma única camada de clientes, não do foco de toda a empresa. Esses clientes são muito propensos a comprar e a instalar os mesmos produtos dos clientes high-touch, mas, provavelmente, fazem negócios menos vultosos, não têm equipes tão qualificadas para concluir o projeto, e pagam menos pela parcela de serviços da solução. Além disso, em muitos casos, suas expectativas são efetivamente mais altas do que as dos clientes high-touch: "Somos uma empresa pequena em comparação com alguns de seus clientes. Por que esse projeto é tão demorado?"

Uma solução possível para esse desafio é ser muito mais rigoroso e prescritivo com essa camada de clientes em relação aos processos de implantação e de sucesso do cliente. Você pode definir cada passo do processo de implantação e determinar o que você fará e o que você espera do cliente. O projeto termina com a conclusão do Passo 8. A mesma minúcia em relação ao *customer success*. Reunião de transição, sessão de treinamento de 60 minutos, *follow-up* de 30 minutos duas semanas depois, e, em seguida, verificações trimestrais de saúde. No meio tempo, muitos contatos automatizados que fornecem conteúdo valioso ao cliente, no momento certo (lembra-se, "just-in-time"?).

Essa não é geralmente a maneira como você lida com clientes high-touch, de alto valor. E há, com toda a probabilidade, algum risco. Mas, por definição, você não pode gastar o mesmo tempo com os dois tipos de clientes; portanto, você não tem escolha. Isso também significa que as chances de perder esses clientes são mais altas. E essas expectativas devem ficar claras em toda a empresa. Não é viável esperar os mesmos resultados de retenção com menos tempo e atenção. Por todos esses motivos, a automação torna-se imperativa, se não por outras razões, pelo menos para prever a evasão com mais exatidão. Mais uma vez, o desenvolvimento da tecnologia para a gestão do sucesso do cliente pode ser de extrema importância aqui.

Tech-touch

O *time-to-value* também é importante para os clientes tech-touch, como já mencionamos. Igualmente relevante é a complexidade do seu produto. É praticamente impossível entregar valor com rapidez suficiente, exclusivamente por meio da tecnologia, se o seu produto exigir mais que (1) download, (2) configuração e (3) uso. Mesmo que seja assim tão simples, porém, você precisará tirar proveito de todos os truques tecnológicos possíveis, para tornar essa experiência a melhor possível para os clientes. Por isso é que tantos aplicativos para consumidores possibilitam o log-in usando suas credenciais no Facebook ou no Google. Esse recurso reduz o tempo para que o usuário efetivamente comece a usar o produto, ao pular parte do processo de configuração e identificação. As empresas B2B têm algo a aprender aqui, nem que seja apenas para impulsionar o raciocínio sobre como reduzir em minutos a duração do processo.

Já falamos sobre *in-app guidance*, ou orientação no aplicativo, e isso é altamente aplicável também aqui. Os produtos B2C são, em geral, tão simples que o usuário quase não precisa de orientação para começar a usá-los. Mas os produtos B2B e alguns produtos B2C são bastante complexos a ponto de exigirem algum tipo de assistência ao usuário ao longo do processo. Tome o Dropbox como exemplo. Tanta gente baixou-o e começou a usá-lo, que agora a empresa constituiu uma equipe para ajudar os usuários ao longo do processo. Toda a experiência tem que ser movida a tecnologia, e é. O site foi configurado com o propósito exclusivo de acompanhá-lo na baixa e na instalação do produto. Ícones e mensagens lhe dizem o que está acontecendo ao longo do caminho, e, então, depois de concluir-se a instalação, um documento PDF de 10 páginas aparece em sua pasta, fornecendo instruções sobre como começar a aproveitar os recursos do aplicativo. Essa experiência de 5 minutos explica tudo o que analisamos neste capítulo: orientação fácil na tela ou no aplicativo para download e instalação, e, muito importante, empurrando-o a efetivamente fazer o upload do seu primeiro arquivo. É claro que o relógio do *time-to-value* do Dropbox continua andando até a sua primeira experiência de upload. O relógio não para no momento em que se conclui o download e a instalação do aplicativo.

Obceque-se pelo *time-to-value*. Você nunca se arrependerá dessa obsessão, qualquer que seja o tipo de produto que você entrega ou o tipo de cliente que o usa. Esse é o caminho crítico do sucesso para os seus clientes.

Capítulo 12

8ª LEI – COMPREENDA EM PROFUNDIDADE AS MÉTRICAS DO CLIENTE

Autor: Kathleen Lord, Vice-presidente de Vendas e Customer Success, Intacct

Sumário executivo

As empresas por assinatura bem-sucedidas precisam compreender em profundidade os detalhes referentes a evasão e retenção, para manter e acelerar o crescimento da receita. Nada desacelera com mais rapidez o crescimento da empresa do que a evaporação da receita produzida pela base instalada. À medida que cresce a receita gerada pela base instalada, mesmo um aumento de 1% na evasão (*churn*) pode fazer enorme diferença na velocidade de crescimento da empresa. Se hoje a projeção/extrapolação de receita anual da empresa é de US$ 25 milhões e se o objetivo é manter a taxa de crescimento de 50% ou mais, um aumento de 1% na evasão significa que a equipe de vendas terá de aumentar em 20% as vendas de novos negócios para manter a taxa de crescimento. Os cinco passos seguintes o ajudarão a definir e a compreender com mais profundidade os conceitos de evasão (*churn*) e retenção, para ajudar a empresa a focar nas prioridades certas, a acelerar o crescimento e a manter os clientes pela vida afora.

A principal questão a ser enfrentada pelas empresas por assinatura nas fases iniciais é como acelerar a aquisição de clientes. De fato, grande parte dos recursos da empresa (tempo e dinheiro) se destinam, de início, a como resolver esse problema e a mostrar que a empresa tem um modelo de negócios viável. No entanto, assim que a empresa consegue superar o desafio de acelerar a conquista de clientes, alguém — o CEO ou outra pessoa da área de finanças, mais provavelmente — começa a perceber que o número de clientes e a receita recorrente mensal contratada (RRMC) estão diminuindo.

Define-se receita recorrente mensal contratada (RRMC) como o valor conjunto de todas as receitas recorrentes, produzidas por assinaturas, em bases mensais, mais os contratos assinados, geradores de compromissos, em fase de produção, menos a evasão. Evasão (*churn*) é a parcela da receita recorrente mensal que deixou de ser compromisso dos clientes, por estes já terem rescindido o contrato ou já terem manifestado a intenção de fazê-lo no futuro. O VP de vendas talvez esteja pensando como isso foi possível, considerando que ele ou ela estão fazendo um ótimo trabalho de conquista de novos negócios. Infelizmente, muitas empresas não investem o suficiente para reter os clientes cuja aquisição consumiu tantos recursos da empresa. E, como força motriz deste livro, essa é exatamente a razão de ser do conceito e da unidade organizacional conhecida como *customer success*.

As empresas por assinatura, para se sustentarem no logo prazo, precisam compreender em profundidade os conceitos de evasão (*churn*) e retenção: evasão, do ponto de vista de por que e com que frequência os clientes deixam a empresa; e retenção, sob a perspectiva de por que e com que frequência os clientes se mantêm leais à empresa e continuam usando os produtos e serviços da empresa. Quanto mais cedo a evasão e a retenção cíclicas forem analisadas em profundidade, mais fácil será a solução do problema.

As empresas podem seguir cinco passos para captar, medir e compreender a evasão (*churn*) e a retenção:

1. Defina o que você está medindo e os componentes da RRMC.
2. Defina o período e a frequência da medição.
3. Determine a RRMC esperada e as categorias de evasão (*churn*).
4. Determine como identificar o risco/suspeita de evasão (*churn*).
5. Alinhe-se com a liderança executiva para desenvolver um conjunto-padrão de definições e relatórios referentes a evasão (*churn*) e retenção.

1º Passo: As empresas precisam primeiro definir como medirão a evasão (*churn*) e a retenção. Faz mais sentido medir por cliente, por contrato, ou por ambos os critérios? Essa decisão dependerá muito do tamanho do cliente (PME *versus* grande porte), da existência de mais de um contrato por cliente, e de como são gerenciados os contratos de um mesmo cliente, se esse for o caso (p. ex., a empresa pode ter como clientes cinco divisões diferentes da GE). Além disso, é fundamental determinar como a empresa operacionalizará a captação e o cálculo da evasão (*churn*) e da retenção, em bases prospectivas. As mudanças operacionais necessárias incluem a capacidade de captar a evasão (*churn*) e a retenção, em termos de valor e de quantidade.

O passo seguinte é determinar os tipos de RRMC. As variações típicas são RRMC de novos contratos, RRMC de complementos, RRMC de renovações, e evasão (*churn*). A Figura 12.1 é uma representação gráfica de como cada uma dessas modalidades se integra com a sua RRMC inicial para calcular a sua RRMC final. A diferença é a mudança líquida da RRMC. A mudança líquida da RRMC é o valor do crescimento da empresa em sucessivos períodos, e fornece a visão prospectiva mais clara da saúde da empresa.

A melhor prática é desenvolver uma visão ainda mais detalhada, desdobrando a RRMC de renovações em vários subtipos, como cancelamentos, downgrades, upgrades e primeiros arquivos. (Nota: Muitas empresas de nuvem oferecem serviços de arquivos ao preço correspondente a determinada porcentagem da taxa de assinatura anual anterior, para fornecer acesso contínuo, apenas de leitura, aos dados, depois que o cliente deixa de usar os serviços.) Esse desdobramento detalhado da RRMC de renovações oferece *insights* sobre a situação das suas renovações, para que a empresa seja capaz de efetivamente detectar problemas potenciais, em vez de apenas apurar índices amplos de evasão (*churn*) e retenção.

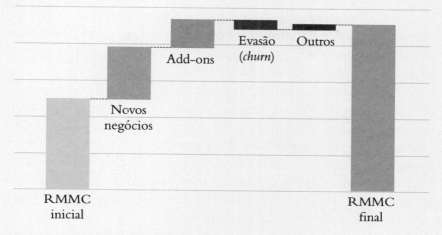

Figura 12.1 – Definindo a RRMC

Por exemplo, digamos que o cliente tinha um contrato de US$ 50.000, que foi renovado com o novo valor de US$ 55.000. Comemore, certo? Sem dúvida, mas nem tanto. Vamos aos detalhes:

- US$ 45.000 de renovação dos produtos A e C.
- US$ 8.000 de evasão (*churn*) do produto B.
- US$ 14.000 de *upsell* de licenças adicionais do produto A.
- US$ 4.000 de aumento, porque o desconto foi reduzido de 25% para 22%.

Para algumas pessoas, cada um desses itens é muito importante – o gerente de produto, no caso do produto B, sem dúvida; e o diretor financeiro, quase certamente. Não há melhor tempo que o presente para descobrir como acompanhar a evasão (*churn*) e a retenção com esse nível de detalhes.

A empresa precisará desenvolver o processo de pedidos para captar os dados necessários, no nível de detalhes em que quiser controlar a evasão (*churn*) e a retenção (cliente, contrato, etc.) Aí se incluem tipo de pedido (novo, adendo, renovação), valores de upgrade/downgrade na renovação (recomenda-se acompanhar separadamente novos add-ons de produtos), motivos de downgrade no nível de unidades de estoque e motivos de cancelamento). A melhor prática no seu sistema CRM é ter uma lista de motivos para a padronização dos relatórios, assim como um campo para a inclusão de comentários para captar opiniões pessoais. O ideal é que o processo de pedidos da empresa seja configurado para captar a diferença entre downgrade de quantidade e downgrade de preço, pois esses problemas de evasão são muito distintos.

Além disso, o preenchimento automático de um campo referente a tipo de evasão, com os motivos de downgrade/evasão, facilitará em muito a elaboração de relatórios em tempo real sobre evasões evitáveis e inevitáveis. Para referência, a evasão inevitável geralmente é chamada de *death and marriage* (morte e casamento). Em outras palavras, a evasão resultante de falências ou aquisições geralmente é aceita como inevitável. Isso é muito importante quando você começa a reportar os motivos de evasão e de downgrade, e a priorizar os casos que devem ser manejados primeiro. Embora a maioria dos aplicativos de planejamento de recursos empresariais (*enterprise resource planning* – ERP) ou de sucesso do cliente possibilite o acompanhamento desse nível de detalhes por meio de diferentes tipos de transações, parte do encargo será assumido por suas equipes de vendas e finanças.

2º Passo: Depois que a empresa determina em que bases medirá a evasão e a retenção, é preciso definir o período e a frequência das medições. Dependendo do modelo de negócios de sua empresa, talvez faça sentido medir a evasão e a retenção com periodicidade semanal, mensal, trimestral ou anual. O critério deve ser a duração do compromisso dos clientes e precisa alinhar-se com a maneira como a empresa apresenta a RRMC e a evasão, para facilitar comparações com o plano. Em geral, as empresas medem a evasão e a retenção em bases mais detalhadas – mensais, por exemplo – mas reporta essas métricas sob a forma de taxa anualizada, para as principais partes interessadas (*stakeholders*). Essa abordagem oferece às partes interessadas mais relevantes uma visão mais clara dos efeitos anuais da evasão e da retenção.

Além disso, é importante definir como lidar com as renovações antecipadas e atrasadas em relação ao período de medição. As renovações antecipadas são muito positivas para a empresa. No entanto, é importante registrar a renovação no período em que é devida; o registro em período anterior dispersará significativamente os critérios de evasão e de retenção. Ao tratar de renovações atrasadas, a melhor prática para preservar a exatidão das métricas de evasão e retenção é deslocar a RRMC esperada e a quantidade de clientes esperada para o período seguinte, embora mantendo as mesmas datas de início e fim da assinatura. Essa abordagem permite que a empresa meça com exatidão a evasão e a retenção, além de relatar as renovações atrasadas. Esse é um critério importante a ser medido pela empresa. O ideal é que todas as renovações sejam efetuadas com antecedência de 30 a 60 dias em relação à data de vencimento da assinatura.

3º Passo: A determinação de como a empresa calculará as taxas de renovação começa com a determinação de como será definida a RRMC esperada. A melhor prática para estimar a RRMC esperada é adicionar a RRMC do período anterior ao valor anualizado de quaisquer complementos durante o período. A soma se torna a base para calcular a evasão e a retenção da empresa. Esse método também significa que a previsão de evasão adotada no começo do período fiscal também mudará no transcurso do ano, à medida que os clientes acrescentam assinaturas incrementais.

Customer success e finanças precisam concordar quanto ao momento em que a empresa fechará a RRMC esperada. A melhor prática é no começo do período fiscal em que a renovação deve ser efetuada (mensal ou trimestral). Se os clientes forem altamente dinâmicos, você deve projetar/extrapolar a taxa de evasão adequada, compatível com todo o seu modelo de negócios. Por exemplo, se a empresa estima que a previsão da taxa de evasão de 10% é adequada, a previsão original adotará a taxa de evasão de 10% da RRMC esperada no começo do período fiscal e será ajustada no começo de cada novo período fiscal para corresponder a 10% da RRMC esperada revisada. Do contrário, os adendos de meio de período podem distorcer significativamente a saúde da empresa e mascarar possíveis questões de evasão. Esse tipo de evasão é considerado inevitável; você deve considerá-lo em seu planejamento total de pedidos e receitas, de modo a formular previsões mais factíveis para o negócio.

Por exemplo, o cálculo da RRMC esperada no começo do ano fiscal como base para o planejamento da empresa poderia ser mais ou menos o seguinte:

- Renovações do ano anterior = US$ 25 milhões.
- Evasão (*churn*) presumida de 10% (devida a mortes, casamentos, etc.) = (US$ 2,5 milhões).
- RRMC esperada e planejada = US$ 22,5 milhões.

Uma abordagem moderada que inclui o valor anualizado dos adendos intercorrentes é atualizar a previsão de RRMC esperada no começo de cada trimestre fiscal. Por exemplo, você calcula a RRMC esperada, atualizada no começo do segundo trimestre fiscal, da seguinte maneira:

- RRMC esperada e planejada, original = US$ 22,5 milhões.
- Valor anualizado dos add-ons intercorrentes do primeiro trimestre = US$ 1,76.
- RRMC esperada e planejada, atualizada = US$ 24,26 milhões.

A abordagem mais conservadora para levar em conta o valor anualizado dos add-ons intercorrentes é atualizar a RRMC no encerramento de cada período fiscal (geralmente mensal, se você fizer fechamentos mensais). Por exemplo:

- RRMC esperada e planejada, original, para setembro = 1,5 milhões.
- Mais valor anualizado dos adendos intercorrentes para as renovações de setembro = US$ 225.000.
- RRMC esperada e planejada, atualizada = US$ 1.725 milhão.

Caso haja vários segmentos de clientes em seu negócio, é preciso calcular a RRMC esperada para cada segmento de clientes, como parte do processo de planejamento, uma vez que cada segmento geralmente terá taxa de evasão projetada diferente.

4º Passo: Uma nova área de foco para muitas empresas é adotar atitude muito mais prospectiva em relação ao negócio, avaliando situações de suspeita e de risco de evasão. Duas são as maneiras de detectar clientes nessas condições: (1) explorar interações humanas e (2) analisar sinais ou dados. Nas empresas tradicionais, explorar interações humanas é muito mais fácil, porque, geralmente, a empresa tem condições de constituir uma equipe de *customer success*. Essa equipe envolve-se frequentemente com os clientes e é capaz de avaliar e documentar qualitativamente a probabilidade de evasão. A dificuldade dessa abordagem é que, à medida que a equipe de sucesso do cliente começa a expandir-se, fica cada vez mais difícil manter avaliações qualitativas objetivas e consistentes do risco por parte de todos os GCSs. No caso de empresas que vendem para mercados PME, prover de pessoal uma equipe de *customer success*, com taxas de expansão baixas e relacionamentos pessoais profundos, a fim de obter boas estimativas qualitativas de evasão (*churn*) não é possível do ponto de vista fiscal.

Explorar sinais ou dados é ótima maneira quantitativa de suplementar a avaliação qualitativa oriunda de suas interações humanas no modelo de empresa, e é recurso muito mais eficaz e econômico de avaliar a probabilidade de evasão no mercado PME. Os primeiros passos são definir os atributos dos clientes mais felizes e saudáveis e, depois, os atributos dos clientes em risco. Esses atributos incluiriam padrões de uso, número de pedidos de suporte, NPS, tempo de uso, crescimento do contrato, ou afastamento de principais contatos ou patrocinadores. Embora por certo seja possível captar e manter esse tipo de informações sobre saúde do cliente em seu aplicativo de CRM ou em Microsoft Excel, a empresa pode ser muito mais eficiente e proativa, implementando um aplicativo de *customer success* desenvolvido para esse propósito específico.

Os aplicativos de gestão do sucesso do cliente não só ajudam a automatizar o processo de avaliação e pontuação da saúde do cliente, como também fornecem um repositório centralizado que todo o pessoal-chave de interface com o cliente, em todo o âmbito da empresa, pode acessar em tempo real ao envolver-se com os clientes. Além disso, esses aplicativos podem oferecer atendimento tech-touch a determinados segmentos de clientes de alguns produtos específicos; ou seja, garantir serviços e suporte relevantes e oportunos, por meio de canais coletivos automáticos, em lugar dos onerosos processos individuais.

A visão clara e prospectiva da evasão e da retenção, temas críticos para o crescimento do seu negócio por assinatura, cria condições para que a empresa preveja com muito mais exatidão e enfrente com muito mais proatividade as possíveis questões pertinentes.

5º Passo: Alinhar-se com a liderança executiva para desenvolver um conjunto de definições e relatórios padronizados referentes a evasão e retenção é condição necessária para apresentar às principais partes interessadas (*stakeholders*) uma visão clara da saúde do negócio. A empresa deve medir tanto a RRMC quanto os volumes de evasão e retenção, inclusive em termos comparativos, nas dimensões mais relevantes para a empresa, como, por exemplo, por setor de atividade, porte, antiguidade do cliente, área geográfica, canais de vendas, linhas de produtos, ou GCS, tanto sob a perspectiva de RRMC quanto de quantidades de clientes. Para criar com facilidade esses relatórios, a empresa precisa captar essas dimensões com o nível de detalhamento em que a empresa queira medir a evasão e a retenção. Considerar desde cedo os dados a serem analisados nos relatórios e configurar os sistemas para captar essas informações fornecem *insights* e enfoques estratégicos sobre evasão e retenção que ajudam a empresa a acelerar o crescimento.

Além disso, fornecer esses relatórios aos executivos, em bases contínuas e consistentes, enfatizando as mudanças ao longo do tempo possibilita que a empresa identifique as questões a serem enfrentadas. Igualmente importante é que os relatórios salientem o impacto de novos programas e processos recém-lançados. Por exemplo, as áreas de desenvolvimento de produtos e de engenharia precisam compreender a urgência de ampliações e aprimoramentos que mais contribuam para o *customer success*.

Caso um segmento da base de clientes tenda a ser, consistentemente, mais problemático do ponto de vista de *customer success*, a equipe de vendas deve ser avisada dessa tendência para não fechar mais negócios com clientes que se enquadrem nesse perfil. Outra hipótese é a de alguns clientes não estarem recebendo o treinamento necessário para alcançar o sucesso duradouro. A análise e a compreensão da evasão em nível muito granular pode ajudar a orientar todas as facetas da empresa em relação a foco, prioridade e investimento para melhorar o desempenho e acelerar o crescimento.

A Figura 12.2 mostra um painel de controle em nível operacional, disponível no aplicativo da Gainsight de gestão do sucesso do cliente, para ajudar a empresa a gerenciar de maneira proativa a evasão e a retenção.

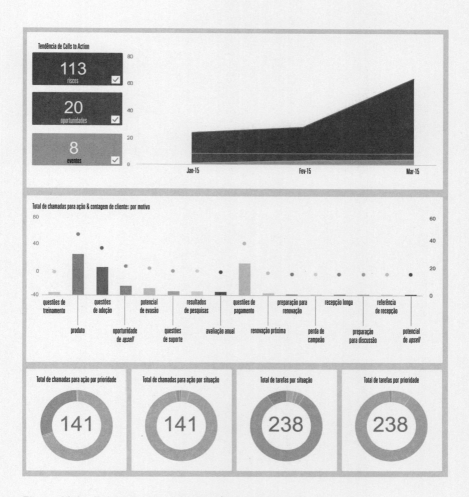

Figura 12.2 – Painel de controle em nível operacional

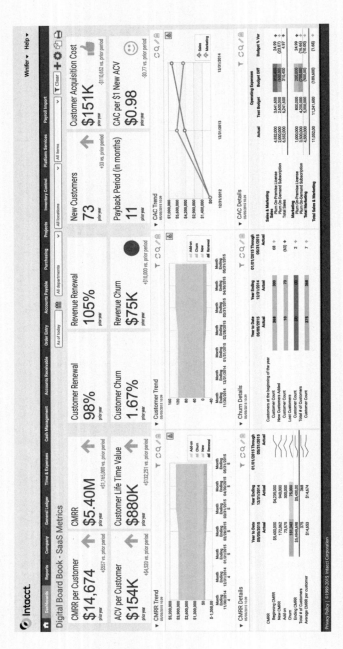

Figura 12.3 – Painel de métricas executivas

180 Customer Success

A Figura 12.3 mostra um painel de métricas executivas, disponível no aplicativo Intacct ERP, que pode ser compartilhado com facilidade, em tempo real, pelas principais partes interessadas (*stakeholders*) da sua empresa, para compreender o impacto financeiro da evasão (*churn*) e da retenção sobre a velocidade da empresa.

Além de dar mergulhos profundos nas informações quantitativas referentes a evasão e retenção, a melhor prática é também recorrer a terceiros neutros para fazer entrevistas com os clientes que cancelam o contrato, para que a empresa compreenda melhor o que e por que aconteceu. (Muitas empresas excelentes oferecem exatamente esse serviço.) Explorar ao máximo serviços de terceiros nesse processo oferecerá melhores *insights* do que usar os próprios recursos internos da empresa para fazer essas entrevistas pós-evasão. Adote essa abordagem da mesma maneira como a empresa recorreria a serviços de terceiros para realizar pesquisas *win/loss* referentes a seu novo negócio.

As análises anteriores aprofundarão sua compreensão da evasão e da retenção em nível que ajudará a empresa a focar nas prioridades certas e a acelerar o crescimento. No entanto, esses resultados não são obtidos sem custos operacionais para a organização. A melhor prática recente consiste em contratar pessoal específico para operações de sucesso do cliente. As operações de *customer success* podem ajudar a implantar na empresa programas transfuncionais de sucesso do cliente; não é realista esperar que seus recursos de interface com o cliente tenham a amplitude ou as competências necessárias para gerenciar esses programas com eficácia. Além disso, as operações de sucesso do cliente ajudam a gerenciar os sistemas subjacentes que facilitam a automatização de processos e fornecem os *insights* e a visibilidade de que a empresa precisa para manter os clientes durante toda a vida.

Comentários adicionais

Você seria louco se dirigisse um negócio sem compreender profundamente os fundamentos do negócio, certo? Essa afirmação talvez se aplique ainda mais a qualquer negócio de receitas recorrentes que dependa da maximização da retenção e da minimização da evasão para o sucesso duradouro. Como em qualquer negócio, porém, há níveis e **níveis** de compreensão. Uma coisa é saber que a sua base instalada de receita recorrente anual (RRA) aumentou em 8% (retenção líquida de 108%) no ano passado. Outra coisa totalmente diferente é conhecer os detalhes:

- Que porcentagem de clientes aumentou o tamanho do contrato?
- Que setores apresentaram as maiores taxas de evasão (*churn*)?
- Quais são as taxas de retenção e crescimento por produto?
- Em que porcentagem reduzimos os descontos na primeira renovação?
- Qual é a diferença média entre o tamanho do contrato atual e o tamanho do contrato original, de todos os clientes que são clientes há mais de três anos?

Conhecer esses detalhes, não somente no alto nível, mas também em relação a cada transação, é fator crítico para gerenciar a empresa de maneira adequada.

High-touch

Esta lei é fundamental em todas as camadas de clientes e em todos os modelos de contato com os clientes. A única vantagem em relação aos clientes do modelo high-touch é que você fala com eles. Por exemplo, é realmente importante compreender as causas da evasão de um cliente, quaisquer que sejam as circunstâncias. Uma coisa é ter um campo em seu sistema CRM que obriga o GCS a escolher uma entre muitas possíveis causas da evasão. Essa é, sem dúvida, uma necessidade incontornável. Você, porém, aprenderá muito mais e compreenderá muito melhor os motivos da evasão se conversar pessoalmente com o cliente. Na vida, aprendemos muito mais com os fracassos que com os sucessos; portanto, devemos tirar proveito dos fracassos e aprender o máximo possível para evitá-los no futuro.

Low-touch

Cumprir esta lei envolve, na essência, pura mecânica financeira. Se a sua empresa operar totalmente com pagamento em bases correntes, você tem condições de acompanhar os detalhes de todas as transações, com o máximo de granularidade, para compreender em profundidade as nuances da evasão/retenção e dos indutores do crescimento. O que não é pura mecânica financeira é o *porquê*. Por que o cliente

X cancelou o contrato? Por que o cliente Y cresceu 243% em dois anos? Em sua empresa, você sempre terá respostas casuísticas a essas perguntas, e você terá de ponderar a importância de pedir a alguém para conversar com alguns desses clientes para obter mais informações. Você também poderá conseguir mais esclarecimentos por meio de uma pesquisa formal, o que também precisa ser levado em conta.

Tech-touch

Mais uma vez, é sempre possível escolher alguns clientes e conversar com eles; o mais provável, porém, é que você prefira usar algum tipo de tecnologia digital para aprender o máximo possível, além das especificidades transacionais. A escolha criteriosa de um subconjunto de clientes e a oferta de um incentivo para participar da pesquisa podem ser uma tática valiosa.

Capítulo 13

9ª LEI – IMPULSIONE O SUCESSO DO CLIENTE COM MÉTRICAS RIGOROSAS

Autor: Jon Herstein, Vice-presidente sênior de Customer Success, Box

Sumário executivo

Customer success, como organização formal, é ainda relativamente novo no contexto das empresas. Como em qualquer outra iniciativa em negócios, somente a maturação garante a viabilidade duradoura. Essa é a situação do *customer success*. Repetibilidade, definição do processo, medição e otimização são os marcos da maturação. Vemos lampejos desses marcos em negócios de receitas recorrentes mais maduros, embora ainda seja longo o caminho pela frente.

No final das contas, o propósito do *customer success*, como o de qualquer outra área funcional de uma empresa em crescimento, é gerar resultados para o negócio. Definir sucesso, tanto para o fornecedor quanto para o cliente, e depois escolher métricas claras que orientem a entrega desses resultados para o negócio é parte integrante da aceleração do processo de maturação. Não é possível melhorar o que não se mede.

Em fins da década de 1980, o Software Engineering Institute, da Carnegie Mellon, começou a desenvolver uma estrutura de maturidade dos processos que ajudaria as organizações a melhorar seus processos de software. Publicado vários anos depois, o *Capability Maturity Model for Software* (CMM), o Modelo de Maturidade de Capacidade para Software (MMC), tornou-se referência para avaliar a maturidade dos processos de organizações de desenvolvimento de software. Igualmente importante, a estrutura CMM passou a ser usada como padrão mais amplo para avaliar o grau de *maturidade* de uma organização e de seus processos, além de servir como guia de orientação sobre como avançar do nível *inicial* para o nível *otimizado* de maturidade.

Por que o CMM continua relevante quase 30 anos depois, no contexto, muito diferente, de *customer success*? Sua premissa básica é que, à medida que evoluem quanto às suas capacidades, as organizações se tornam cada vez melhores e mais previsíveis na execução de sua missão, seja a de desenvolver ótimo software, seja a de garantir a excelência da experiência do cliente, de maneira contínua e consistente. E os marcos do avanço através dos sucessivos níveis de maturidade são repetibilidade, definição do processo, medição e otimização. Juntando tudo, se podemos medir e otimizar os processos relevantes para as nossas unidades organizacionais de *customer success*, a realização de nossos objetivos de negócios torna-se muito mais provável (alta satisfação do cliente, baixa evasão, aumento da receita, etc.).

No Nível 1 (inicial), o trabalho é executado por meio de ações heroicas de pessoas empenhadas, sem muita preocupação com processo ou repetibilidade. Parece familiar? Se você gerencia um punhado de GCSs, essa é provavelmente a sua realidade do dia a dia. O objetivo de seus GCSs é do tipo "Faça o que for necessário para tornar os seus clientes bem-sucedidos e garanta a renovação do contrato!" O papel do GCS nesse estágio tende a ser mal definido; e os detalhes, além desse objetivo genérico, ficam por conta das pessoas, à medida que progridem. Supondo que você tenha uma boa equipe, é até possível que a situação se sustente por algum tempo. Seu ganho no curto prazo, porém, a felicidade do cliente, provavelmente redundará em infelicidade no longo prazo (pessoas sobrecarregadas, entregas inconsistentes, resultados desuniformes e inconstantes).

A passagem para o Nível 2 (*replicável*) ocorre quando o processo já está bastante disciplinado para reiterar os sucessos anteriores. A partir desse ponto, a transposição para o Nível 3 de maturidade (*definido*) se completa quando o processo já está documentado, padronizado e integrado como padrão para toda a organização. A essa altura, os fundamentos de uma metodologia de processo replicável já estão implantados, e o que resta é medição (Nível 4: *gerenciado*) e melhoria consistente (Nível 5: *otimizado*).

Assumindo que sua unidade organizacional de *customer success* tenha identificado seus processos replicáveis e os tenha definido e documentado com clareza, seu foco se voltará para a medição e a otimização ativas. O que, porém, pode e deve ser medido, e quais são os benefícios daí decorrentes? Em termos amplos, você pode pensar em três categorias de métricas a explorar: (1) comportamento dos clientes, (2) atividade de GCS e (3) resultados para o negócio. Você encontrará um vasto conjunto de métricas possíveis em cada uma dessas categorias, e nossa análise seguinte tentará fornecer apenas alguns exemplos relevantes. Cada empresa (e a respectiva unidade organizacional de *customer success*) precisará determinar quais dessas métricas são importantes e como exatamente defini-las e medi-las.

Comportamento do cliente e usuário

Uma das maiores vantagens do modelo SaaS de entrega de software, em comparação com o modelo tradicional (*on-premise*, no computador ou servidor do cliente), é a possibilidade de instrumentar e mensurar todos os aspectos de como os clientes usam os nossos produtos. Antes, o fornecedor de software não tinha meios práticos para determinar se ou como a base de usuários usava o software. Em aplicativos de SaaS bem instrumentados, temos condições de detectar todo log-in, clique, upload, download, erros gerados, e assim por diante. Também sabemos a frequência com que os usuários executam atividades especificadas. E, dependendo da natureza do produto, ainda podemos conhecer o valor dessas atividades para o negócio do cliente (p. ex., um provedor de SaaS de uma plataforma de comércio eletrônico saberá o valor das transações que processou). O truque, evidentemente, é correlacionar métricas de uso com obtenção de valor para o negócio do cliente e determinar como essas variáveis, no final das contas, afetarão a retenção e a expansão.

Exemplos de métricas do usuário incluem (mas não se limitam a):

- NPS.
- Log-ins e log-outs.
- Usos de atributos/plataformas do produto (on-line, móveis, API – *application programming interface*).

Se você estiver operando um modelo B2B, também é possível agregar comportamento no nível do usuário (e outros comportamentos no nível do cliente, como pagamentos efetuados), numa visão de nível mais alto da "saúde" do cliente. Aí se incluem identificação de fatores de risco, que você correlacionou com a probabilidade de evasão (*churn*), tais como pagamento/não pagamento, engajamento com o administrador do cliente, e referenciabilidade.

Importante nota de advertência: o comportamento dos usuários do cliente serve apenas como aproximação do valor para o negócio que o cliente está extraindo do produto. Parafraseando Nick Mehta, CEO da Gainsight, ninguém compra o seu software apenas para entrar nele. O cliente assinou a sua solução para realizar um ou mais objetivos de negócios: encontrar mais *leads*, gerar mais receita, aumentar a eficiência da fabricação, ou melhorar a colaboração com os fornecedores. A chave é compreender quais são esses objetivos e como o seu produto se relaciona com eles. Em alguns casos, você não será capaz de garantir que o seu cliente está atendendo a esses objetivos somente por meio dos instrumentos embutidos no produto. Por exemplo, se os clientes estão usando a sua solução para compartilhar arquivos e eliminar servidores FTP, você terá de perguntar-lhes se eles de fato alcançaram os resultados almejados; o seu produto não fornece esse tipo de visibilidade. Passe algum tempo com os clientes no início do relacionamento, para compreender seus objetivos de negócios e para chegar a um acordo quanto a como vocês, em conjunto, medirão os resultados.

Atividade do Gerente de *Customer Success*

Depois de definir os processos para o seu GCS, é natural querer saber como esses processos estão sendo seguidos. A partir daí, você quererá compreender como as atividades dos GCSs afetam os sentimentos e a retenção dos clientes. A compreensão ampla e as medições adequadas desses processos gerarão *insights* sobre o desempenho do seu pessoal, assim como sobre até que ponto essas atividades efetivamente importam em termos de resultados para o negócio. Por exemplo, será que suas ATNs são tão eficazes quanto você supõe para promover a adoção dos seus produtos? Será que visitas pessoais são melhores que e-mails e telefonemas quando se trata de satisfação do cliente?

Exemplos de métricas de atividade de GCSs podem incluir:

- Frequência de vários tipos de interações com os clientes (ATNs, e-mails, telefonemas).
- Volume de suporte por GCSs (em vez de pela equipe de suporte).
- Presteza na identificação de riscos.
- Eficácia das medidas de atenuação de riscos.

Resultados para o negócio

Outro benefício da evolução da maturação para a definição e a otimização é a maior previsibilidade dos resultados. Quer saber de quantos clientes um GCS pode cuidar (razão de conta ideal)? Meça os resultados relevantes para o negócio obtidos por coortes de GCSs com diferentes cargas de conta. Interessado em compreender até que ponto as ATNs formais são eficazes em comparação com verificações informais mais frequentes? Meça o grau de engajamento e satisfação dos clientes de coortes de GCSs com métodos de trabalho diferentes sob esse aspecto.

Observe que esta seção se refere aos resultados para o negócio que importam para você (retenção, expansão, etc.). Você precisa trabalhar com várias funções em sua organização (produto, marketing, vendas, finanças) para definir o que é "sucesso" e que métricas indicam como você está se saindo. Você desenvolverá seus processos, atividades e métricas com base na definição de sucesso e medirá os seus resultados da mesma maneira. Em muitos casos, você compartilhará a responsabilidade pelo sucesso com outros grupos: por exemplo, as áreas de sucesso do cliente e de produtos são responsáveis, em conjunto, por garantir a adoção de seus produtos pelos usuários. Quanto mais claro você for sobre os responsáveis por essas métricas, mais você será capaz de refinar os processos e os comportamentos da sua equipe.

Exemplos de métricas de resultados para o negócio podem incluir:

- Retenção bruta.
- Retenção líquida.
- Expansão.
- Taxa de retenção de clientes.
- Satisfação do cliente.
- NPS.

Definir com clareza o significado de sucesso, tanto para o fornecedor quanto para os clientes, garante mais exatidão e eficácia para a missão e para os resultados da equipe de sucesso do cliente. Depois de promover a sintonia de todos em relação a essa definição, é fundamental expressar com fluência e coerência o que será medido, para avaliar o desempenho da equipe. Essas métricas possibilitam que os líderes de sucesso do cliente demonstrem o valor da unidade organizacional de sucesso do cliente e melhorem suas contribuições para os resultados totais da empresa ao longo do tempo. Finalmente, os GCSs lhe agradecerão pela objetividade dos propósitos, assim como pelo aumento da capacidade de realmente conhecer os próprios resultados e contribuições.

Lembre-se, você consegue o que mede! Portanto, identifique o que é importante e, então, defina as métricas-chave e nelas concentre os esforços das equipes.

Comentários adicionais

Essa lei se direciona obviamente às empresas que já têm equipes de sucesso do cliente. Se esse é o seu caso, é de todo necessário gerenciar proativamente sua equipe, com métricas muito específicas, da mesma maneira como você já faz com a equipe de vendas ou com qualquer outra equipe. Em algum ponto, as necessidades de pessoal devem ser definidas por métricas, não por persuasão. Se você for uma empresa B2B de altos volumes ou uma empresa B2C, você terá algum dia, se é que já não tem, uma equipe de sucesso do cliente. Podem ser somente uma ou duas pessoas para milhares, ou até milhões de clientes, mas alguém será responsável pela experiência do cliente e será avaliado com base nas principais métricas de *customer success*. As técnicas de uma equipe de GCSs, cada um com um número razoável de contas (5 a 150), certamente serão muito diferentes das adotadas pelos que são responsáveis por milhares ou milhões. Já exploramos esse tema com alguma abrangência em nossas análises dos modelos high-touch, low-touch e tech-touch. No nível mais alto, as métricas indutoras são as mesmas em todos os modelos, e são basicamente as adotadas em toda a empresa – retenção, evasão, *upsell*, e assim por diante. Se você gerencia pessoas com atribuições de GCS, você precisará se aprofundar em suas métricas. Retenção, evasão e *upsell* são as métricas certas no longo prazo, mas elas são métricas consequentes ou retrospectivas, não métricas antecedentes ou prospectivas. Mais a esse respeito na seção high-touch, adiante.

Na infância do *customer success*, em que ainda estamos, as medições de fato são como alimentos para crianças. Temos centenas, até milhares, de conversas fiadas pessoais com nossos GCSs. Fazemos-lhes algumas perguntas com a intenção de ajudá-los, tais como:

- Como estão os seus clientes de um modo geral?
- Existe algum cliente com risco de cancelar o contrato?
- Você está trabalhando com o cliente X nos últimos 60 dias para resolver alguns problemas. Estamos fazendo algum progresso?
- O cliente Y cancelou o contrato. O que poderíamos ter feito de maneira diferente?
- Como posso ajudá-lo?

Todas elas são perguntas razoáveis a serem feitas a alguém responsável pela retenção e pelo sucesso dos clientes da empresa, mas nenhuma delas é muito mensurável. Mais uma vez, essa é uma situação em que soluções típicas de gestão de *customer success* podem ser extremamente úteis. Elas podem muito bem mudar suas interações individuais com os GCSs para algo do tipo:

- O escore de saúde médio de todos os seus clientes é seis pontos inferior ao do restante da equipe. E parece que o componente que o está arrastando para baixo é o relacionamento executivo. Vamos desenvolver um plano para mudar isso, começando com o cliente que hoje apresenta o escore mais baixo.
- Você tem três clientes em risco de não renovar o contrato nos próximos 90 dias. Vamos rever o seu plano de ação para cada um desses clientes.
- Suas taxas de *upsell* são 10% superiores à do segundo melhor GCS. Isso é espantoso! Gostaria que você preparasse três slides para nossa revisão conjunta, a serem apresentados e debatidos na

próxima reunião da equipe, para ajudar todos os outros GCSs a melhorar o jogo até o seu nível de resultados.

Não é difícil concluir qual desses dois tipos de conversa é mais eficaz para as duas partes. Como em todas as disciplinas, a gestão ativa somente é possível quando os fatores mensuráveis são claros. À medida que a disciplina de *customer success* amadurece, é imperativo que a capacidade de gerenciar com eficácia a equipe e as pessoas também evolua, e passe a basear-se em fatores mensuráveis que impulsionem o valor para o negócio.

High-touch

Gerenciar e avaliar o pessoal de *customer success* em um modelo high-touch é muito semelhante a gerenciar representantes de vendas. Para os representantes de vendas, uma única métrica é realmente importante, certo? Em algum ponto, essa é a única medida que determina o sucesso ou o fracasso. Mas será que um bom VP de vendas espera 12 meses, ou até um trimestre, para ver os resultados de um representante de vendas e dizer se ele é realmente bom? Claro que não. Ele observa muitas coisas ao longo do percurso, como indicadores de sucesso no futuro. Algumas das mais mensuráveis são:

- Volume do *pipeline*.
- Crescimento do *pipeline*.
- Movimento do *pipeline*.
- Número de chamadas.
- Número de reuniões.
- Número de propostas criadas e enviadas.
- Volume médio previsto dos negócios.

E há muito mais. Evidentemente, também há um monte de coisas mais subjetivas, que também serão objetos de observação e coaching, como competência para fazer o discurso de vendas padrão, capacidade de superar objeções, e assim por diante. Todas as funções têm aspectos altamente mensuráveis e também outros elementos menos tangíveis.

Em *customer success* não é diferente. Meu argumento é no sentido de que a métrica-chave para determinar a qualidade de um GCS, em si, ou de toda a equipe é retenção líquida. Esse aspecto leva em conta tanto a retenção quanto o *upsell*. Já disse e repito. Duas são as características do cliente bem-sucedido: (1) continuar cliente (renovar os contratos, se por assinatura) e (2) comprar mais. Se o trabalho de *customer success* é tornar os clientes bem-sucedidos e isso é o que fazem os clientes bem-sucedidos, retenção líquida é a métrica que importa para eles. No entanto, da mesma maneira como com os representantes de vendas, você provavelmente não quer esperar 12 meses para ver os números referentes a retenção para todos os negócios de um GCS. O que você quer é medir os elementos que o ajudam a prever se o GCS será bem-sucedido bem antes do evento de renovação ou *upsell*. Muito à semelhança do que fazem os sistemas de CRM na área de vendas, uma solução de gestão de *customer success* pode fazer a mesma coisa na área de *customer success*. Também é possível acompanhar boa parte disso manualmente, se você não tiver uma solução de GCS:

- Escores de saúde de toda a lista de clientes.
- Tendências dos escores de saúde.
- Nível de engajamento direto dos GCSs.
- Número de ações desencadeadas (baixo escore nas pesquisas, não uso do produto).
- Número de ações desencadeadas concluídas.
- Número de oportunidades de *upsell* identificadas.
- Número de atividades de relacionamento positivas (referências, estudos de casos, etc.).

E, evidentemente, também há fatores subjetivos a observar nos GCSs, como profundidade do conhecimento sobre o produto, capacidade de usar outros recursos com sabedoria, e muitas outras.

A conclusão é que não há mais desculpa para conversas fiadas com equipes high-touch de sucesso dos clientes. Precisamos avançar com rapidez para métricas altamente mensuráveis e factíveis que ajudem os profissionais da empresa a impulsionar e a melhorar resultados positivos para a empresa.

Low-touch

Tudo o que dissemos em relação ao modelo high-touch também se aplica ao modelo low-touch. Também aqui prevalecem os mesmos desafios e oportunidades para começar a medir os fatores relevantes no desenvolvimento de uma equipe ou programa eficaz e, mais importante, na produção de impacto positivo sobre os clientes.

Sob certos aspectos, quanto mais low-touch for o seu modelo de negócios, mais relevantes serão esses desafios e oportunidades, porque você não pode depender de relacionamentos para ganhar o dia ou para compreender o cliente. Se eu sou um GCS com cinco clientes, posso dizer-lhe com alto grau de exatidão o escore de saúde de cada um dos meus clientes. Sei disso porque converso com eles o tempo todo. Se eu tenho 200 clientes e sou obrigado a operar em nível muito mais low-touch, ou seja, muito menos personalizado e mais automatizado, dependerei muito mais de qualquer tipo de métrica a ser aplicada e relatada automaticamente em relação aos meus clientes. Nesse contexto, torna-se quase imperativo ter uma solução de GCS, mas muitas das tarefas seguintes podem ser acompanhadas manualmente, caso não se disponha de uma solução automática. A lista abaixo é um prolongamento daquela que já começamos na seção high-touch:

- Escores de pesquisas (geralmente são incluídos no escore de saúde, mas podem ser acompanhados à parte, sobretudo se você ainda não desenvolveu um escore de saúde).
- Interesse pelos e-mails (o que os clientes fazem com os e-mails que você ou a equipe de marketing lhes envia?).
- Número de pedidos de suporte abertos (isso pode não ser boa medida de desempenho de um gerente ou equipe de GCS pelo fato de, provavelmente, estar fora de sua área de controle, mas pode acender a luz vermelha em relação a clientes em dificuldade).
- Faturas: os clientes satisfeitos tendem a manter as contas em dia.

Como, no final das contas, você está medindo a sua equipe de sucesso do cliente em relação a até que ponto os seus clientes estão indo bem, tudo o que o ajudar a compreender a situação de seus clientes é indicador, em graus variáveis, do sucesso das pessoas responsáveis por esses clientes. Não é viável acompanhar tudo, mas acompanhe o que for possível, de modo a ter pelo menos a temperatura dos clientes e alguma ideia de como está se saindo a sua equipe.

Tech-touch

A boa notícia sobre o contexto tech-touch é a grande quantidade de clientes, o que facilita a experimentação. Nesse modelo em que praticamente todas as interações com os clientes são tecnológicas, com os e-mails na condição de principal veículo, você pode fazer com facilidade alguns testes A/B para determinar o que funciona melhor. Digamos que você tenha uma intervenção programada para o primeiro aniversário de todos os clientes da sua empresa. Você pode preparar dois e-mails, exatamente com o mesmo conteúdo, mas com duas linhas de assunto diferentes: uma "Parabéns" e outra "Feliz Aniversário". E, então, você simplesmente observa o comportamento futuro dos clientes para ver se fizeram alguma diferença.

De muitas maneiras, a equipe tech-touch de *customer success* funciona muito mais como equipe de marketing, cujas interações são também basicamente digitais (sites, e-mails, webinars, etc.). Isso leva à conclusão de que ambas as equipes podem ser medidas da mesma maneira. E é verdade. Muito como o marketing, sua equipe tech-touch de sucesso do cliente deve ser avaliada pela eficácia dos seus contatos. Isso significa medir fatores tais como:

- Interesse pelos e-mails.
- Presença em webinars.
- Engajamento na comunidade.
- Participação em grupos de usuários.

Para as equipes de marketing, o fator crítico de sucesso mais relevante é geração de *leads* (ou seja, *pipeline*). Para as equipes de *customer success*, o fator crítico de sucesso mais importante é escore de saúde. Não é por coincidência que o escore de saúde dos clientes para as equipes de sucesso do cliente seja equivalente ao *pipeline* para as equipes de vendas. Em termos muito simples, o *pipeline* de vendas é um previsor de comportamentos futuros, como probabilidade de fechamento, momento do fechamento, tamanho do negócio, e assim por diante. O *pipeline* é o principal input das previsões de um VP de vendas. Um escore de saúde exato é ótimo previsor de comportamentos futuros, como probabilidade de retenção, possibilidade de *upsell*, nível de risco, e assim por diante. No final das contas, tudo o que a sua equipe de *customer success* faz deve destinar-se a criar lealdade, e a lealdade é medida, no longo prazo, pela retenção líquida e pelo escore de saúde no curto prazo.

A disciplina de *customer success* está mudando rapidamente, como a criança que passa por um surto de crescimento. Uma das áreas em mais rápida transformação é a de medição e gestão de nossos clientes e, por extensão, das equipes que são responsáveis por esses clientes. Para tornar-se adulta, com assento à mesa, essa tendência deve prosseguir, para que os diretores financeiros e os CEOs possam ver os frutos de seus investimentos.

Capítulo 14

10ª LEI – É UM COMPROMISSO DE CIMA PARA BAIXO, DE TODA A EMPRESA
Autor: Nick Mehta, Chief Executive Officer, Gainsight

Sumário executivo

Customer success não é somente um **departamento ou uma organização**. É uma filosofia que deve permear toda a empresa. Durante grande parte da história dos negócios, apenas duas coisas realmente importavam: (1) desenvolver o produto e (2) vender o produto. Acreditamos que chegou a hora de um terceiro processo central – *customer success*.

Customer success não é só o termo da moda. O conceito chegou, marcou e pegou. Bem conduzido, o *customer success* empurra o valor real para a linha do lucro líquido do seu negócio. Se você ainda não embarcou, você o fará em breve, porque no contexto atual não há como sobreviver sem ele. Felizmente, dar a partida não é assim tão difícil. O *customer success*, porém, começa no topo, e deve ser um compromisso envolvendo todo o âmbito da empresa.

Customer success parece um truísmo que nada acrescenta de inédito e interessante. Depois de anos ouvindo CEOs dizerem que o cliente é o rei, e observando-os fazerem exatamente o oposto, é fácil ser cínico em relação ao movimento *Customer Success*.

Por meio desta lei, espero convencê-lo a respeito dos seguintes quatro pontos:

1. O que é realmente *customer success*.
2. Por que o *customer success* é inevitável.
3. Como o *customer success* impulsiona o valor.
4. Onde começar.

O que é realmente *customer success*

Na medida em que as empresas criam termos com rótulos, como "gestão de *customer success*" ou "executivo-chefe de cliente", você talvez imagine que *customer success* é um departamento.

Da mesma maneira, porém, como vendas é ao mesmo tempo uma equipe e uma atividade transfuncional, *customer success* é assunto que envolve e engaja toda a empresa. Literalmente, *customer success* implica mudar a orientação da sua empresa, do produto ou da venda para o *customer success*.

Durante grande parte da história dos negócios, as empresas focaram em dois processos centrais: (1) desenvolver o produto e (2) vender o produto. No movimento *Customer Success*, preconizamos um terceiro processo central: promover o sucesso do cliente. Em termos simples, se você se empenha em contribuir para o sucesso do cliente, o sucesso da sua empresa (na forma de vendas e lucros) virá como consequência. É uma grande aposta, e envolve integração, interação e apoio mútuo das equipes de *customer success*, finanças, marketing, vendas e produtos, daí a necessidade de comprometimento em todo o âmbito da empresa. E se você é CEO ou alto executivo, compete-lhe o tom desse comprometimento.

No movimento do *customer success*, todas as questões de negócios são reformuladas em torno do sucesso do cliente:

- **Produto:** Que atributos realmente ajudarão nossos clientes a alcançar os seus objetivos, usando nossas soluções (em vez de demoware, ou software de demonstração)?

- **Vendas:** Que clientes tendem a ser bons encaixes para nossas soluções (em vez de aqueles que logo nos deixarão)?
- **Marketing:** Que mensagens realmente se alinham com o sucesso e o valor que entregamos (em vez de jargões e chavões)?
- **Finanças:** Que métricas realmente refletem sucesso e valor para os nossos clientes (em vez de apenas novas vendas)?

Por que o *customer success* é inevitável

A boa notícia é que aqui você não precisa pensar muito sobre o *se*. O *customer success* é consequência natural de mudanças maciças na economia:

- A globalização e a tecnologia reduziram as barreiras de entrada para as empresas.
- Barreiras de entrada mais baixas permitem que novos entrantes provoquem disrupção em quase todas as categorias tradicionais.
- Os novos entrantes criam modelos de negócios com menos atrito.
- Os modelos de negócios com menos atrito facilitam para os clientes experimentar e comprar – com precificação a mais curto prazo (mensal ou anual), consumo granular (por minuto, por ciclo de CPU, por uso, por clique), e mobilização mais fácil (nuvem ou móvel).
- Ao mesmo tempo, essa redução do atrito facilita para os clientes não só *experimentar* e *comprar*, mas também *abandonar* e *debandar*.
- No final das contas, os clientes têm o poder e os clientes têm a escolha.
- Os clientes que têm escolha podem optar por ficar com os fornecedores que entregam resultados e sucesso do cliente.
- Com efeito, os clientes passarão a *esperar* que os fornecedores foquem no sucesso, como já o faz a maioria dos fornecedores e a exemplo de como atuam os desenvolvedores de aplicativos para consumidores (por exemplo, Uber), que prestam excelentes serviços.

Não se trata de *se* acontecerá. A questão é: será que a sua empresa reagirá com rapidez suficiente para sobreviver quando acontecer?

Como o *customer success* impulsiona o valor

No lado positivo, as empresas que aproveitam essa oportunidade desde cedo alcançarão resultados excelentes, ao focar no sucesso do cliente:

- **Crescimento:** Enfrentando menos vento de proa, na forma de menos evasão, e explorando mais vento de popa, na forma de *upsell*, as empresas que focam no sucesso do cliente simplesmente crescem com mais rapidez. E os clientes bem-sucedidos se tornam advogados e abonadores, para atrair mais clientes. No longo prazo, o efeito "balde furado" da evasão não pode ser compensado apenas com a conquista de novos negócios.
- **Avaliação:** De acordo com o relatório da Altimeter Capital, *Valuation of Subscription Business* [Avaliação de Negócios por Assinatura] de outubro de 2014, os múltiplos das empresas de capital aberto (índice preço/lucro, ou cotação da ação/lucro por ação) que seguem o modelo de negócios por assinatura se correlacionam diretamente com o sucesso do cliente e com a retenção do cliente: "A dollar renewal rate (DRR) [taxa de renovação em valor monetário (TRVM)] é a métrica mais importante para avaliar os negócios por subscrição". Em resumo, as bolsas de valores reconhecem o *customer success*.
- **Diferenciação:** Finalmente, como nem todas as empresas, em todas as categorias, focam no *customer success*, a gestão do *customer success* pode tornar-se diferencial significativo. Os clientes sabem que os produtos e serviços se tornam *commodities* com o passar do tempo. Os processos e as equipes que as empresas usam para impulsionar o sucesso do cliente é realmente o que importa no longo prazo. As mensagens de vendas das empresas líderes se referem ao *customer success* de maneira significativa.

Onde começar

Se estiver convencido, você provavelmente estará pensando, "Como impregnar na empresa 'um comprometimento de baixo para cima, em todo o âmbito da organização?' Onde eu começo?" Eis algumas ideias:

- **Defina sucesso:** Um dos maiores passos a ser dado para criar uma cultura centrada no cliente é definir e difundir o que significa sucesso para os seus clientes. Muitas empresas vendem produtos horizontais que podem ser utilizados em vários casos de uso. Na condição de CEO ou alto executivo, você pode deflagrar um processo transfuncional para sacramentar os casos de uso comuns das suas ofertas e definir o significado de sucesso para o cliente em cada um desses casos de uso. Eis uma maneira simples de pensar a esse respeito: Se você perguntasse aos clientes: "O que significa para você sucesso extraordinário com a contribuição da nossa empresa?", qual seria a resposta deles? Sem definir esse objetivo, é difícil mobilizar a empresa em torno de algo indefinido.
- **Alinhe-se em torno desse objetivo:** Em seguida, reveja a sua organização e certifique-se de que cada área funcional sabe o que deve fazer para promover o sucesso do cliente. Sua equipe de *customer success* pode ser o centroavante da iniciativa, mas precisa da adesão de cada departamento. Isso pode significar:
  - Rever o *feedback* de sucesso do cliente a cada mês com a equipe de produto.
  - Definir e refinar os critérios de qualificação de vendas.
  - Rever as mensagens regulares com as equipes de marketing e de *customer success*.
- **Ouça a equipe de *customer success*:** Como CEO ou alto executivo, é provável que você esteja sobrecarregado de sinais sobre o negócio – de clientes, parceiros, investidores e empregados. Você precisa certificar-se de que parte desses sinais provém da equipe de *customer success* ou reflete suas práticas de *customer success* se você não tiver uma equipe de *customer success*, uma vez que aí se situam os olhos e os ouvidos da sua base de clientes. Estabeleça uma avaliação regular das questões referentes a sucesso do cliente. Inclua um representante de *customer success* em todas as reuniões executivas, reuniões do Conselho e decisões estratégicas colegiadas. E leve a sério as opiniões desse representante de *customer success*, tanto quanto as do líder de vendas.
- **Priorize *customer success*:** É aqui que a porca torce o rabo. Todas as empresas têm recursos limitados e estão sujeitas a

trade-offs (decisões de compromisso). Será que o atributo que encanta os clientes é sempre relegado a favor do que melhora as apresentações? Será que o projeto para implementar o autosserviço está sendo preterido pelo lançamento do parceiro de canal? Será que o treinamento de GCSs está sendo protelado pelo treinamento de vendas? Se você quiser impulsionar o sucesso do cliente, inverta essas prioridades.

- **Dê poderes à equipe de *customer success*:** Da mesma maneira, se você tiver criado uma equipe para impulsionar o sucesso do cliente, empenhe-se em apoiá-la e prestigiá-la. Alguns pontos a considerar:
  - Certifique-se que o título do executivo de *customer success* está no mesmo nível do título do líder de vendas.
  - Mantenha o GCS no circuito quando um cliente tiver acesso à equipe gerencial.
  - Promova o GCS à condição de herói dos clientes (por exemplo, o ideal é que o GCS seja a pessoa a dizer aos clientes que a mudança contratual solicitada foi aprovada).
  - Deixe claro para o resto da organização que a equipe de *customer success* representa as visões e as demandas dos clientes.

- **Meça o *customer success*:** *Customer success* jamais será levado a sério caso não se defina, nem se concorde quanto às métricas a serem aplicadas. Estabeleça metas para os seus resultados finais, como evasão bruta, retenção líquida e outras medidas. Certifique-se de que todos estão de acordo em relação ao significado das metas. E crie métricas de alarme avançado, como escore de saúde, escore de adoção e NPS, para acompanhar os rumos do sucesso do cliente.

- **Relate sobre o *customer success*:** Em seguida, torne essas métricas muito visíveis. Apresente-as nas reuniões. Exiba-as nos quadros e monitores. Nas reuniões do Conselho, dedique tanto tempo a *customer success* quanto a vendas. Inclua na agenda e no material das reuniões do Conselho itens específicos sobre casos incríveis de *customer success* para enfatizar que você leva a sério esse propósito.

- **Crie incentivos para o *customer success*:** As empresas adotam planos de incentivos para promover os comportamentos e as metas almejadas. Se você quiser impulsionar o sucesso dos clientes, incentive as pessoas nesse sentido. Pense em incluir metas de sucesso do cliente (por exemplo, retenção líquida, NPS ou escores de saúde) no plano de bônus da empresa.

- **Desafie a empresa:** Da mesma maneira como você empurra a empresa para aumentar as vendas e atingir as metas trimestrais, empenhe-se com a mesma intensidade em motivar a empresa a atingir as metas de *customer success*, como adoção, evasão, retenção, *upsell* e satisfação.
- **Comemore o sucesso:** O sucesso do cliente não é fácil. Nem sempre está sob o seu controle, e os clientes podem ser desafiadores. A maioria das empresas tem ótimas tradições de animar as vendas – gongos, champanhe, viagens, apostas divertidas. Faça o mesmo com *customer success*. Transforme-se em gongo da equipe de *customer success* e propague que sucesso do cliente é um comprometimento de cima para baixo, que envolve toda a empresa.

Comentários adicionais

É difícil superestimar a importância desta lei para empresas que falam sério sobre *customer success*. Sob certos aspectos, não se trata apenas de mais uma lei numa lista de 10, mas, talvez, das próprias lápides em que são inscritos os mandamentos. Esta é, literalmente, o fundamento de todas as outras leis. Mais do que qualquer outra unidade organizacional numa empresa, *customer success* precisa do comprometimento de todas as outras unidades organizacionais. Eu disse *comprometimento*, não *ajuda*. A ajuda, por vezes, também será necessária, mas o termo "ajuda" implica situação não rotineira, a ser considerada apenas quando se configurarem certos cenários específicos. Não é essa a realidade. O verdadeiro comprometimento com o sucesso do cliente começa antes de direcionar a primeira investida de marketing para o primeiro cliente potencial, antes de escrever a primeira linha de código do novo produto e antes de fazer a primeira visita de vendas. Essa é a natureza das Dez leis em conjunto: definir o que os grandes negócios de receitas recorrentes precisam planejar e executar *em toda a empresa* a fim de realmente *ser grande*. Não é uma reconsideração nem um arremate, muito menos uma equipe que cata as peças quando as coisas dão errado. É uma filosofia que irriga o topo e embebe toda a empresa; e, então, só então, materializa-se como unidade organizacional que interage com todas as outras unidades organizacionais para garantir que o foco da empresa seja impulsionar o sucesso do negócio *para o cliente*, primeiro e acima de tudo.

Nada disso pode acontecer sem que o CEO esteja plenamente comprometido, e o CEO não pode estar plenamente comprometido com nada se o Conselho de Administração também não tiver aderido. Uma das realidades promissoras do movimento *Customer Success* é que os investidores estão cada vez mais interessados nos resultados correlatos – alta retenção, aumento do *upsell* e melhoria da satisfação do cliente – e estão pressionando por maiores investimentos, mais cedo, em sucesso do cliente, como parte integrante da construção de uma empresa viável. Evidentemente, essa ótima notícia envolve custos: a necessidade de ser inteligente em relação a esses investimentos, tanto em tecnologia quanto em pessoas. Mais uma razão para que tudo comece no topo.

A lista de maneiras como o CEO promove o *customer success* é realmente longa, mas a última que mencionarei aqui tem a ver com cultura. Como as grandes empresas têm o *customer success* em seu DNA, é preciso que o *customer success* se torne parte da cultura organizacional. E, como todos sabemos, a cultura pode ser gerenciada e fomentada pela equipe de recursos humanos, mas é semeada, cultivada e irrigada principalmente pelo chefe. Tornar *customer success* parte da cultura organizacional é, em geral, mais difícil para empresas mais maduras, uma vez que pode envolver mudanças drásticas na tradição da organização. Mudanças desse porte e intensidade devem fluir de cima para baixo e ser motivadas pelos programas de recompensa e incentivos. Um dos melhores exemplos que conheço é o de uma empresa SaaS muito bem-sucedida, hoje de capital aberto, em que o sistema de bônus para executivos deixou claro quais eram as prioridades do CEO. Os bônus trimestrais para executivos eram pagos com base em dois critérios: (1) carteira de pedidos e (2) taxa de renovação. Para iniciar a escalada dos incentivos, era necessário transpor certos limites mínimos em ambas as métricas. A mensagem não poderia ser mais clara: as taxas de retenção são tão importantes para o negócio quanto a aquisição de novos clientes.

Como vimos no Capítulo 2, o impacto do *customer success* precisa ser sentido em vendas e marketing, em gestão e desenvolvimento de produtos, e em serviços. Cada uma dessas áreas, além da própria unidade organizacional de *customer success*, são elos de igual importância da mesma corrente. A tensão criada pelo foco constante nos clientes atuais, gerado pela liderança de *customer success* e pelo CEO, impelirá a empresa para frente, de maneira positiva. A supervisão, a direção e o comprometimento no topo são inestimáveis para a promoção do equilíbrio certo. Reflita sobre estas cinco questões seguintes, como CEO, se for o seu caso, ou em relação ao seu CEO. Indague se o seu CEO está realmente focado no sucesso do cliente:

1. Será que o CEO recusaria um negócio no *pipeline* porque as chances de realmente contribuir para o sucesso do cliente são muito remotas?
2. Será que o CEO retardaria o lançamento de um produto vital para tratar de dificuldades dos atuais clientes?
3. Será que o chefe de *customer success* faz parte de seu círculo de confiança?
4. Será que o seu roteiro inclui itens que não aumentam as vendas, mas atendem às necessidades dos atuais clientes?
5. Será que o CEO se envolve pessoalmente em situações críticas dos clientes com a mesma frequência com que cuida de questões de vendas?

Obviamente, pintamos cada uma dessas situações em branco e preto, embora as decisões de negócios sempre ocorram em tons de cinza. Forçar, porém, um sim ou um não, mesmo teoricamente, não raro ilumina a verdade. Se a sua resposta a cada uma dessas questões, como CEO, não tiver sido um rápido *sim*, você precisa reconsiderar se está realmente focado em *customer success*. Se você não for CEO e não tiver certeza de quais seriam as respostas do seu CEO a essas questões, será bom refletir cuidadosamente sobre o que isso significa para você e para a sua empresa. Não estou dizendo que você está condenado ao fracasso porque não está certo de qual seria a resposta para uma pergunta, mas vale a pena pensar sobre o que isso significa e como poderá afetá-lo.

High-touch, Low-touch e Tech-touch

Essa lei não varia de modo algum em consequência do(s) modelo(s) que você adota no relacionamento com os clientes. Qualquer que seja o modelo, os resultados dependem em grande parte do comprometimento do Conselho e do CEO, bem como do alinhamento de sucesso do cliente com as outras áreas da empresa. Talvez haja, porém, algumas variações nas *trade-offs* (decisões de compromisso) a serem considerados em cada modelo:

- High-touch: contratar outro GCS para gerenciar alguns de seus clientes mais importantes em comparação com contratar outro representante de vendas.
- Low-touch: aumentar os pedidos, diminuindo a lista de clientes do GCS em comparação com aumentar as metas de vendas.
- Tech-touch: construir um portal para o cliente em comparação com melhorar a sua solução de automação de marketing.

Cada uma dessas *trade-offs* envolve investir mais em *customer success* em comparação com investir mais em outra área da empresa. Não estou dizendo que a resposta certa é sempre investir em *customer success*. Meu objetivo é simplesmente mostrar que sempre será necessário tomar decisões difíceis sobre investimentos, independentemente de seu modelo de contato com os clientes e da participação mais ou menos provável do CEO em muitas dessas decisões. O foco no comprometimento duradouro com *customer success* se revelará no decurso das centenas de decisões a serem tomadas pela empresa todos os meses.

Uma história instrutiva sobre esse tema me foi contada recentemente por Jim Steele. Jim passou 13 anos na Salesforce, na equipe executiva, como diretor de clientes e presidente de vendas mundiais. Na noite anterior à primeira conferência Dreamforce para os clientes, em 2003, a equipe executiva reuniu-se com Marc Benioff para rever a agenda e repassar todas as apresentações. Como ocorre na maioria das conferências promovidas por fornecedores de software, a agenda estava cheia de apresentações sobre produtos, com o objetivo de enfatizar os atributos e o valor da plataforma da Salesforce. Mais ou menos no meio da avaliação, Benioff tomou uma decisão executiva que deu o tom para toda a empresa nos anos seguintes. Ele resolveu dispensar todas as apresentações sobre produtos em favor de abrir o microfone para todos os clientes compartilharem *feedback* direto. Em vez de enaltecer para os clientes as virtudes da empresa, Benioff optou por dar oportunidade a que os clientes falassem com toda a franqueza, enquanto a Salesforce ouvia. Além disso, quando cada cliente pegava o microfone na sua vez de falar, ele pedia *feedback* expresso sobre o que havia de errado com os produtos, os processos e as pessoas da Salesforce. Nenhum cliente se limitou a simplesmente cantar os méritos da empresa.

Eu não estava presente, mas não é difícil imaginar que a decisão não foi fácil e se baseou no princípio de Benioff de pôr os clientes em primeiro lugar. Em retrospectiva, talvez pareça evidente, mas, na época, com todos os tipos de recursos e esforços dedicados a apresentações sobre produtos, estou certo de que a decisão não foi aceita sem resistência, nem que não envolveu riscos. O impacto sobre os clientes, porém, foi sem dúvida profundo, e talvez ainda mais profundo sobre a própria Salesforce. Pôr os clientes em primeiro lugar soa bem, mas nem sempre é fácil. Por isso é que essa atitude precisa tornar-se parte da cultura organizacional e do DNA empresarial, para que cada situação não resulte em mais uma decisão do tipo *da maneira como fazemos as coisas*.

PARTE III

CHIEF CUSTOMER OFFICER (CCO), TECNOLOGIA E FUTURO

Capítulo 15

A ASCENSÃO DO *CHIEF CUSTOMER OFFICER*

Quando as organizações mudam e, sobretudo, quando aparecem novas organizações, novos títulos tendem a emergir entre as ondas de transformações. Pouco depois de TI assumir lugar de destaque nas empresas, o título *Chief Information Officer* – CIO (executivo-chefe de informações) também tornou-se popular. Hoje, é o padrão. Qualquer empresa de porte razoável tem um CIO. Ninguém questiona se o cargo é necessário, nem se há atribuições suficientes para justificar o "C" de "chief" ou "chefe". É simplesmente fato natural e inquestionável quando se considera a dependência tecnológica de praticamente todas as empresas do mundo e, especialmente, quando se leva em conta a responsabilidade de garantir a segurança das principais informações da empresa. O advento da computação na nuvem apenas aumentou o cacife, na medida em que se tornou parte da infraestrutura de TI de todas as empresas e local de armazenamento de grandes volumes de dados críticos para a empresa. Não há dúvida de que os CIOs chegaram para ficar.

Somente o tempo dirá se também será assim para o novo título que está se tornando parte do panorama do sucesso do cliente – *Chief Customer Officer* – CCO (executivo-chefe de clientes). Por todas as razões já expostas, *customer success* também chegou para ficar e, com toda a probabilidade, também o título CCO. Mas o que efetivamente significa esse título? Por que foi necessário que o movimento *Customer Success* lhe desse tanto destaque? Vejamos.

A Wikipédia, em inglês, define *Chief Customer Officer* nos seguintes termos: "*Chief Customer Officer* (CCO) é o executivo responsável, em empresas centradas no cliente, pelo relacionamento total com os clientes da organização".

O *Chief Customer Officer* a.N (antes da nuvem)

A definição é muito boa e, como você pode ver, uma posição com essas atribuições certamente se encaixaria em qualquer empresa do mundo. Portanto, não é, propriamente, uma nova posição/título, mas foi encarada com muito comedimento até recentemente, quando o tsunami das assinaturas ampliou a visibilidade e a importância dos clientes para um nível totalmente novo. No mundo a.N (antes da nuvem), a função do CCO se destacou basicamente em empresas que o adotaram, até certo ponto, para fazer uma declaração pública sobre a importância dos clientes para elas. Um executivo cuja responsabilidade total consistia em melhorar a jornada e a experiência do cliente parece de fato uma excelente ideia, certo? E, se bem executada e com o apoio integral do topo, era melhor que boa ideia; era excelente ideia.

Muitos eram os desafios, porém, para tornar mensurável o impacto do novo executivo. O principal obstáculo era que o CCO, nos tempos anteriores ao tsunami de assinaturas, raramente tinha qualquer atribuição operacional direta e, portanto, não estava sujeito às métricas de resultados referentes a receita ou lucro, pelas quais fosse responsável. Isso não significa dizer que seus esforços não eram positivos nem significativos, mas sim que eram difíceis de quantificar.

Vamos desenvolver um exemplo supersimplificado. O foco do CCO nos dias pré-assinaturas geralmente era definido em torno da *experiência do cliente*, também conhecida como CX. A maioria das empresas realmente ansiava por facilitar os negócios para os clientes. Elas queriam que todos os pontos de contato com os clientes fossem sem atrito e deixassem uma impressão positiva no cliente. Um dos pontos de contato com todos os clientes é o processo de faturamento do fornecedor. Dependendo da complexidade do produto, as faturas podem variar entre inofensivas e assustadoras. Olhe para a conta de seu telefone celular para ter um bom exemplo de fatura assustadora. E, então, pense em quanto tempo e esforço uma empresa telefônica gasta para explicar as faturas aos clientes. Um CCO com responsabilidade pela experiência total do cliente bem que poderia deter-se no processo de faturamento como fonte de irritação para os clientes e procurar melhorá-lo. Para empresas maiores, isso será um empreendimento de grandes proporções.

Tornar as faturas exatas, simples e oportunas seria uma iniciativa extremamente positiva para os clientes. Dificilmente alguém questionaria essa afirmação. O esforço necessário – porém, significativo e, certamente, oneroso – resultaria em quê? Em melhor experiência para o cliente? Totalmente. Em mais receita para a empresa? Talvez, embora difícil de quantificar. Em aumento da lucratividade? Provavelmente não, mas, outra vez, muito difícil de medir. Os clientes atuais gastariam mais dinheiro com a empresa? Pode ser, mas como confirmar essa expectativa?

Então, você vê os desafios. Conheço muita gente que exerceu essa função, nos *bons tempos do passado*, e com grande satisfação, sabendo que seus esforços realmente mudavam a experiência do cliente e mudavam a maneira como a empresa era vista pelos clientes e neles inspirava confiança. Era sempre frustrante, porém, trabalhar com tanto afinco e fazer tantas coisas boas sem ser capaz de ligar esses resultados aos fatores pelos quais o CEO era julgado pelo Conselho. A consequência era que custear essa posição dispendiosa era um risco e uma despesa com que a maioria dos CEOs não estava disposta a arcar. Agora, você poderia acusá-los de não serem centrados no cliente, mas todos trabalhamos para alguém e, se o Conselho atribui ao CEO responsabilidade por receita, lucratividade, qualidade do produto e participação no mercado, e o CCO não pode associar suas realizações a nada disso, a escolha de não incluir essa posição na equipe executiva é bastante compreensível.

Para o bem de todos nós, a CX (experiência do cliente) desbravou o caminho rumo a milhares de empresas, que lhe abriram as portas, mudando a maneira como interagiam com os clientes. Muito raros, porém, foram os casos em que essa disciplina se tornou tão importante a ponto de justificar uma posição e um título de CCO. Como mencionamos no Capítulo 2, CX e *customer success* são duas peças que se encaixam num quebra-cabeça, e imbricam pelo menos de duas maneiras significativas – pesquisas como fonte de *insights* e *feedback* do cliente.

Em grande parte (mas não exclusivamente), a CX é avaliada por meio de pesquisas de satisfação do cliente. No exemplo anterior, referente ao faturamento, o projeto poderia muito bem começar com uma pesquisa que perguntasse ao cliente sobre sua satisfação com o processo de faturamento do fornecedor e, talvez, até sondar seus elementos-chave – exatidão, simplicidade e oportunidade. Os resultados da pesquisa tornam-se a linha de partida do projeto. Realiza-se então, uma segunda pesquisa pós-projeto, com as mesmas perguntas. Por fim, comparam-se os resultados para quantificar os benefícios e justificar o esforço. É uma maneira perfeitamente razoável de determinar a validade do empreendimento. A sobreposição entre CX e *customer success* decorre do fato de *customer success* também realizar pesquisas para compreender melhor a saúde do cliente (4ª Lei do *customer success*). Eles não são toda a história, mas o *feedback* direto dos clientes é por certo parte do panorama geral da saúde do cliente e ajuda a equipe de sucesso do cliente a priorizar as interações com os clientes. Como os objetivos são realmente os mesmos para ambos os grupos – melhorar a saúde do cliente e a experiência do cliente para aumentar a lealdade –, era provável que se reunissem em termos organizacionais.

Nos tempos a.N, e mesmo ainda hoje, nas empresas tradicionais, que não seguem o modelo por assinatura, a função do CCO é considerada basicamente um trabalho de marketing, ou até mera mudança no título de *Chief Marketing Officer* (CMO). Não por coincidência, CX frequentemente também se inclui entre as funções de marketing. Essas duas tendências são indícios de outra tendência positiva, resultante em grande parte do poder da informação e de sua disponibilidade, na ponta dos dedos, para qualquer pessoa, a qualquer momento, em todos os lugares. De um modo geral, muitas funções de marketing estão passando a ancorar-se nos resultados da empresa e a engajar os clientes como parte ativa de seus meios para alcançar esse fim, em vez de apenas vender-lhes. Hoje, os clientes, empoderados por seu acesso à informação, não podem ser vistos simplesmente como compradores. Eles querem ser ouvidos, engajados e, basicamente, tratados como parceiros. Esse é um objetivo nobre para um VP de marketing, um CMO ou um CCO, e gera tremendos benefícios para o resto da empresa, sedenta por mais *insights* e conhecimentos sobre os clientes. Na falta de outras unidades organizacionais que pensassem estrategicamente sobre os clientes, marketing pegou a bola e saiu correndo com ela. As áreas de suporte e serviços aos clientes, com suas milhares de interações diárias com os clientes, teve oportunidade semelhante. Nesse caso, porém, o foco tático necessário para a obtenção de bons resultados diários no manejo dos problemas dos clientes e na conclusão dos projetos de serviços atuou contra elas, no esforço para adotar foco estratégico e de longo prazo, como imposição do negócio.

E essa era a situação do mundo até mais ou menos a virada do milênio, quando as assinaturas, a nuvem, os SaaS e as mídias sociais irromperam em nossa conscientização.

O novo *Chief Customer Officer* (CCO)

Já vi muitas unidades organizacionais de *customer success* crescerem em quase todas as áreas das empresas. É muito comum como parte de vendas, uma vez que o VP de vendas é em geral a pessoa, pelo menos nas primeiras fases de um negócio por assinatura, responsável pelo processo de renovação e pela meta de renovação. Também é muito comum que *customer success* desponte e se desenvolva como parte da área mais ampla de serviços, porquanto o foco e a função inicial da equipe de *customer success* tendem a ser muito parecidos com alguma combinação de consultoria e suporte, exigindo muitas das mesmas competências. Por todas essas razões, marketing é também uma área relativamente comum, embora muito menos que vendas e serviços. Finalmente, já vi *customer success* emergir como parte da equipe de produtos. A lógica aqui também é muito clara. O produto deve ser construído para atender às necessidades dos clientes, e ninguém saberá mais sobre as necessidades dos clientes do que os GCSs. Como, porém, você já observou em sua carreira, sobretudo em empresas menores, as organizações muitas vezes se desenvolvem em torno de indivíduos, não simplesmente com base em convenções. Com o passar do tempo, no entanto, o consenso começa a formar-se e algum tipo de melhor prática começa a surgir. No caso de *customer success*, essa tendência é para serviços.

Digo *para serviços* com muito cuidado, em vez de *em serviços*. A razão pela qual o movimento é para serviços é muito simples. *Customer success* é considerado, acertadamente, função de pós-vendas, porquanto grande parte do esforço e do envolvimento acontece depois que o cliente potencial se converte em cliente real. No entanto, já que estamos falando disso, uma das muitas nuances da economia de assinaturas é que não existe realmente essa coisa de pós-vendas. Depois que se completa a primeira venda, todos os esforços se concentram em garantir a venda seguinte, seja como renovação, não opção por sair, ou *upsell*. É justo dizer que, na economia de assinaturas ou de *pay-as-you-go*, toda e qualquer atividade é de pré-vendas. De volta, porém, ao tema em questão, o termo "pós-vendas" ainda perdura, e sabe-se bem que seu significado é "depois da primeira venda", e é aqui que entra em cena o *customer success*.

A função de pós-vendas tende a ser muito madura, pois suas partes principais são o feijão com arroz das empresas há muito tempo:

- Professional services.
- Treinamento.
- Suporte ao cliente.
- Implantação/*onboarding*.

Como até os CEOs estão sujeitos a um ponto de ruptura em relação a quantos subordinados diretos podem gerenciar com eficácia, o órgão de pós-vendas tende a consolidar-se com o passar do tempo. Isso geralmente significa que um vice-presidente sênior (VPS) de serviços é contratado ou promovido internamente para gerenciar todas as subunidades acima. É cada vez mais comum que *customer success* se torne outra subunidade de uma área de serviços mais ampla, e que, como desenvolvemos no Capítulo 2, toda essa área de serviços passe a ser denominada *customer success*.

O que acontece, porém, quando o líder de toda essa área de serviços, que já foi intitulado vice-presidente sênior (VPS) de serviços, muda o nome de sua unidade e, portanto, seu título, e se torna VPS de *customer success*? Não há nada de errado nisso, a não ser a confusão de uma subunidade da área mais ampla também ser denominada *customer success* e, ainda por cima, ficar sob a liderança de um VP. Daí pode resultar uma rotina de *quem vem primeiro*, ao descrever a organização total. Essa, certamente, não é a melhor razão para mudar o título de alguém para CCO (executivo-chefe de clientes), mas é, definitivamente, *uma* razão. E quando se junta a isso a responsabilidade pelos números da retenção total de clientes, que decorrerá do acréscimo da função de *customer success*, começa a se desenvolver um argumento muito convincente para se incluir essa função na suíte de executivos-chefes.

A esta altura, descrevemos como a organização de pós-vendas se transformou, evoluindo do que é visto na Figura 15.1 para o que é visto na Figura 15.2.

Para quem ainda não encontrou esse tipo de organização, não tem nada a ver com um VPS de vendas supervisionando quatro diferentes grupos de vendas:

1. Empresa.
2. *Midmarket*.
3. PME.
4. Canal.

Figura 15.1 – A velha organização de pós-vendas

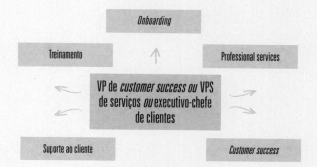

Figura 15.2 – A nova organização de pós-vendas

Ninguém está dizendo que o trabalho é fácil, de modo algum. Mas o foco e as métricas principais de cada um desses quatro grupos são idênticos – vender o produto. O VPS de serviços (ou CCO) tem cinco grupos na organização descrita acima, no segundo organograma. Não se trata, porém, de ter mais subunidades ou pessoas. Tudo se resume em amplitude de atribuições, conforme definido pelos tipos de atividades desempenhadas e pelas métricas correspondentes. Como se verá mais adiante, cada um desses grupos é separado e distinto no que faz, em como faz, e nas métricas pelas quais é avaliado. Esse é outro fator a ser considerado ao avaliar se a palavra *chefe* deve ou não entrar no título desse líder.

Professional services

Métrica principal – utilização

Quase todas as empresas de software, e também muitas outras empresas, têm uma unidade de professional services ou de consultoria. Esse órgão será composto de pessoas com *expertise* muito profunda do produto ou do domínio, que é aplicada, mediante pagamento, em benefício dos clientes. Pode ser um consultor que conhece em profundidade como usar com eficácia o aplicativo de faturamento da Oracle. Ou pode ser um encanador que bate à sua porta e conserta a pia que está vazando. Nenhum dos dois está tentando vender-lhe o software ou a pia. Eles estão vendendo a própria *expertise*. Em resumo, isso é o que geralmente denominamos professional services ou consultoria.

A principal métrica de sucesso nesse negócio é denominada *utilização*. Basicamente, significa o seguinte: do total de horas disponíveis para serem faturadas, quantas horas foram faturadas? Se o encanador trabalha 40 horas por semana, ele será mais lucrativo (e rico) se puder faturar 30 dessas horas do que se faturar apenas 20. A principal tarefa dele, assumindo que tenha mais demanda de trabalho do que pode executar, é minimizar as horas não faturáveis e maximizar as horas faturáveis. O mesmo se aplica a todos os consultores. E para quem gerencia a unidade de professional services (e seus chefes), esse será o número a observar todos os dias e pelo qual ela será responsável.

Treinamento

Métrica principal – número de produtos entregues

Todos sabem o que é treinamento e, portanto, não vamos repeti-lo. Ao longo dos anos, o que mudou foi o mecanismo de entrega. O treinamento em sala de aula ainda subsiste em algumas circunstâncias; no entanto, cada vez mais, o treinamento virtual está se tornando o padrão, e sob demanda também é, agora, outro atributo indispensável. Não admira que haja tantas opções tecnológicas para ajudá-lo a executar, por meio de qualquer canal de sua escolha.

A chave aqui é mostrar como são diferentes os papéis nessa função e como o grupo como um todo deve ser avaliado. Gerencia-se treinamento basicamente como uma equipe de desenvolvimento de produto. Identificam-se as necessidades e projeta-se o produto, que é, então, produzido, vendido e entregue. A viabilidade do grupo depende de dois fatores – qualidade do produto (será que os alunos aprenderam o que deveriam aprender, de maneira positiva?) e número de produtos vendidos. Nem todos os departamentos de treinamento foram concebidos para gerar receita, mas, à medida que a empresa amadurece, o treinamento, frequentemente, torna-se fonte de receita. Não importa que gere ou não receita, o "número de produtos entregues" é, provavelmente, a métrica certa para a equipe de treinamento. Como alternativa, a avaliação pode adotar a perspectiva do cliente e aplicar métricas como "número de clientes/usuários treinados". Em qualquer dos casos, é muito diferente da maneira como se gerenciam e avaliam os professional services.

Suporte ao cliente
Métrica principal – Eficiência

Suporte ao cliente é o órgão quebra/conserta. É a equipe que recebe os telefonemas ou os e-mails dos clientes que supõem haver algo de errado com o produto e que esperam um nível razoável de responsividade, dependendo da gravidade do problema. No mundo do software, suporte ao cliente é a equipe que ajuda os clientes com problemas. Até algum tempo atrás, o canal de comunicação era basicamente o telefone, daí a expressão "call center", ou central de chamadas. Hoje, porém, o canal de comunicação é um órgão que interage com os clientes via e-mail e chat, assim como por telefone. As mídias sociais também se tornaram parte do panorama, com algumas equipes de suporte ao cliente cuidando de casos dos clientes também via Twitter.

Suporte ao cliente é visto, em geral, como mal necessário, que existe apenas por causa da impossibilidade de entregar produtos perfeitos. Call centers em todo o mundo podem ajudá-lo a montar o berço que você acabou de comprar para seu filho recém-nascido, ou a configurar um plano de chamadas mensal para a sua próxima viagem à Europa, ou a eliminar o *bug* que você acabou de descobrir ao tentar rodar aquele relatório.

Em todas essas situações, o suporte ao cliente é um centro de custos e, provavelmente, sempre será assim. Também será, em grande parte, uma organização reativa. Isso não é bom ou mau, apenas um fato. E a maneira como se avalia um centro de custos é por meio de métricas de eficiência, como "número de pedidos fechados por dia, por representante" ou "número total de chamadas atendidas", métricas que indicam se você está extraindo o máximo de seu investimento. Geralmente, o padrão de suporte ao cliente não é algo pago à parte pelo cliente; portanto, minimizar o custo por cliente do fornecimento desse suporte será alta prioridade na lista dos CFOs e dos líderes das equipes de suporte. Tudo se resume em eficiência.

Implantação ou *onboarding*
Métrica principal – time-to-value

Como vimos em profundidade no Capítulo 11, sua equipe de *onboarding* ou implantação é um dos indutores-chave do *time-to-value* na sua empresa. Nenhum valor será extraído do seu produto, sem que antes se tenha concluído a implantação ou *onboarding*, e bem feito. Não é incomum que a equipe de recepção componha o mesmo grupo que a equipe de serviços profissionais, pois as competências podem ser quase intercambiáveis. Com o passar do tempo, porém, a maioria das empresas separa as duas equipes, por dois motivos:

1. Avaliar e melhorar a pontualidade da conclusão do projeto de recepção é crucial.
2. O empacotamento de serviços de recepção é muito mais provável que o empacotamento de serviços profissionais, em que grande parte do trabalho será executado em bases horárias (tempo e materiais).

Como os serviços de recepção quase sempre são parte da primeira venda, eles em geral são padronizados, com preços fixos, para torná-los mais fáceis de vender e para não atrasar o ciclo de vendas. O prazo de conclusão do projeto (*time-to-project-completion*) e o prazo de entrega do valor (*time-to-value*) são as principais métricas para promover a melhoria (e a lucratividade) de seus pacotes de recepção. Desdobrar essa equipe como grupo separado possibilita o acompanhamento da melhoria dessas métricas, como principal determinante da eficácia da equipe. No final das contas, você poderia argumentar que se trata apenas de outra maneira de dizer utilização ou eficiência, mas a maioria concordaria que a pontualidade e a alta qualidade da recepção são tão importantes para o sucesso e a retenção do cliente, que o processo necessita de equipe e de métricas próprias.

Customer success

Métrica principal – Retenção

Customer success, como já analisamos exaustivamente, é um órgão completamente diferente dos outros já descritos aqui. De certa maneira, é o grupo que mantém unidos os outros grupos. Os clientes têm questões que vão além do que o suporte ao cliente pode oferecer. Eles acabam em *customer success*. Os clientes precisam de alguma consultoria especializada para justificar a renovação do contrato, mas não para justificar a contratação de *customer success*. Eles acabam em *customer success*. Os clientes receberam treinamento e passaram pela recepção, mas precisam de um pequeno empurrão aqui ou de um ajuste ali para reforçar essas experiências. Eles acabam em *customer success*. E, ao mesmo tempo, *customer success*, como o lugar que segura a peteca (retenção), cobra dos outros órgãos que sejam melhores e mais rápidos no que fazem. Trata-se, realmente, de um círculo virtuoso, de que o cliente muito se beneficia.

O objetivo e a métrica são retenção, retenção líquida, taxa de renovação, ou alguma coisa ao longo dessas linhas. Você poderia agregar tudo sob a palavra *lealdade*. *Customer success*, high-touch, low-touch ou tech-touch destina-se a construir a lealdade do cliente, porque os clientes leais continuam com os seus fornecedores e compram mais coisas deles. É simples assim.

São, portanto, cinco áreas diferentes, fazendo cinco coisas muito diferentes e sendo avaliados de cinco maneiras diferentes. Essa amplitude de atribuições exige refinado uso de informações, competência e experiência para gerenciar e liderar. Eu diria que as competências e responsabilidades dessa função a tornam pelo menos equivalente à de *Chief Revenue Officer* (CRO), que gerencia marketing e vendas. Com efeito, essas duas funções deveriam ser pares e ter autoridade equivalente. Já falamos sobre isso, mas vale a pena repetir que, em empresas maduras, por assinatura ou *pay-as-you-go*, a receita e os pedidos dos clientes atuais superam em muito os de novos clientes. A Figura 15.3 mostra como esses números se afastam ao longo do tempo numa empresa SaaS, de crescimento moderado a alto.

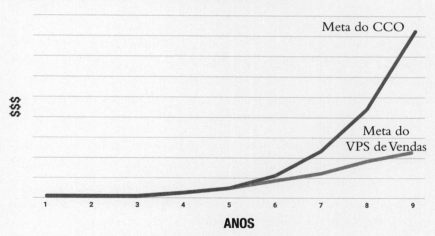

Figura 15.3 – Comparação de metas – Vendas *versus* CCO
(Negócio de receitas recorrentes, em crescimento moderado a alto)

Até agora, essa análise explica a ascensão do CCO e fornece justificativas para o título, se necessárias. Mas esse não é o fim da história. Da mesma maneira como o software começou a comer o mundo, sucesso do cliente como que também está comendo a empresa. Não é difícil compreender por quê. À medida que a sua base de clientes se torna cada vez mais valiosa, as pessoas responsáveis por fomentá-la e ampliá-la também se tornam cada vez mais valiosas. *Customer success* se converteu em vórtice que atrai partes de outras unidades organizacionais. Não se trata de sede de poder; é o reconhecimento da mudança de poder que está acontecendo em muitas empresas de vários setores. Outro artefato da economia por assinatura.

Três outras unidades organizacionais, ou partes de unidades organizacionais, estão sentindo a atração exercida por *customer success* e acelerando a ascensão do CCO. Os resultados serão diferentes, em diferentes empresas, mas só há duas possibilidades para essas unidades organizacionais, como partes de uma empresa centrada em sucesso do cliente: influência ou absorção. Vejamos cada uma delas cuidadosamente, para compreender o que está acontecendo, e por quê.

Vendas

Já comentei que, em um negócio por assinatura ou de pagamentos em bases correntes, não existe isso de pós-vendas. Toda atividade é de pré-vendas. Em termos simples, assim é porque sempre há outras vendas à espreita, seja uma renovação física, seja uma oportunidade de o cliente optar por sair, ou um *upsell* de alguma espécie. O processo de vendas nunca termina, apenas muda de roupa. Considerando essa verdade, e a realidade de que a maioria dos CEOs quer que alguém seja responsável pela retenção líquida (renovações e *upsells*), há um argumento lógico para incluir uma função de vendas no departamento de *customer success*, por numerosas razões:

1. Para que os GCSs possam manter o *status* de assessor de confiança, sem o compromisso de negociar vendas de qualquer espécie.
2. Para que o CEO tenha uma garganta a apertar quando se trata de manter e aumentar o valor da base de clientes
3. Porque a GCS terá nas mãos o pulso de qualquer cliente em vias de renovação e poderá ajudar a preparar o representante

de vendas com a história e os antecedentes do cliente, necessários para a conversa de renovação.
4. Porque os GCSs serão a melhor fonte de *leads* de *upsells* para o representante de vendas e o ajudarão a preparar-se para a oportunidade.

Em suma, a pessoa responsável pelos números referentes a retenção líquida, qualquer que seja o título, terá todo o direito de reivindicar os recursos necessários para produzir esses resultados, inclusive os representantes de vendas, que estão fechando esses negócios. Além disso, a sinergia básica para os representantes de vendas que impulsionam as renovações e *upsells* é com a equipe de *customer success*, em razão da intimidade desta com os detalhes necessários para empoderar essa conversa com o cliente.

Mesmo que essa função de vendas não pouse no departamento de *customer success* (absorção), será significativa a influência dos GCSs sobre o processo de vendas. Com efeito, um bom representante de vendas iniciará e desenvolverá o relacionamento com os GCSs, ciente do valor que eles lhe oferecerão no processo. De muitas maneiras, o representante de vendas da base instalada verá os GCSs da mesma maneira como o representante de vendas de novos negócios veem e utilizam seus consultores de vendas – indispensáveis para ajudar a fechar negócios.

O deslocamento dessa parte de vendas rumo ao *customer success* é inevitável, pois é aí que se situa a sinergia. A equipe que promove as renovações e *upsells* na base de clientes manterá estreito entrosamento com a equipe de *customer success*. Na melhor das hipóteses, serão menos fortes os argumentos para que essa equipe seja parte de outra unidade organizacional.

Marketing

Este não é um argumento para que o *Chief Marketing Officer* (CMO) se reporte diretamente ao VP de *customer success*. Nem na mais distante galáxia alguma proposta desse tipo faria sentido. Há, porém, geralmente, uma parte de marketing cuja denominação também inclui a palavra *cliente*, e é razoável considerar se haveria alguma razão para que essa função também se integrasse com a equipe responsável pelo restante da jornada do cliente. Vamos, primeiro, examinar as responsabilidades típicas de uma equipe de *marketing do cliente* e a maneira como ela pode envolver-se com, ou ser influenciada por *customer success*.

- **Marketing por e-mail/nutrição:** O conteúdo, a oportunidade e até o tom dessas conversas devem ser fortemente influenciados por *customer success*, para garantir que todos os pontos de contato sejam tão relevantes quanto possível.
- **Gestão de referências:** Todas as informações necessárias para combinar determinado cliente potencial com as referências certas de um cliente atual se encontram na gerência de *customer success*, como setor, tamanho, casos de uso, escore de saúde, frequência de referências e última referência concluída.
- **Comunidades:** Conteúdo e interações diretas geralmente serão parte das atribuições de uma Gerência de *Customer Success*.
- **Webinars:** Conteúdo e envolvimento pessoal serão solicitados à equipe de *customer success*, com relação tanto ao produto quanto à *expertise* na área.
- **Grupos de usuários:** A quem convidar, envolvimento pessoal e estímulo à participação dos clientes serão atribuições da equipe de *customer success*.
- **Conferência de clientes:** Agenda, conteúdo, palestrantes e envolvimento pessoal serão fornecidos e influenciados por *customer success*.

Da mesma maneira como em vendas para a base instalada, pode-se argumentar aqui que grande parte da sinergia da equipe de marketing do cliente é com a equipe de *customer success*, não com outras áreas de marketing. E exatamente como em vendas para a base instalada, um CCO responsável pela retenção dos clientes na empresa terá o direito de reivindicar a responsabilidade e os talentos necessários para produzir os resultados almejados. Nenhum CRO aceitaria essa função se ela também não incluísse a área de marketing de geração de demanda. Se você for responsável por uma meta de novos negócios para a empresa, você reivindicará o controle de todo o *pipeline* de receita, não de somente metade dele. A mesma filosofia se aplica ao *customer success* e ao CCO. Se você pedir ao seu CCO para ser responsável por toda a jornada do cliente e pelos resultados de vendas gerados pela base de clientes, a responsabilidade por todos os pontos de contato com o cliente, inclusive os já mencionados aqui como partes típicas de marketing do cliente, é uma reivindicação legítima. E lembre-se da mudança no panorama referente ao fluxo de dinheiro em negócios maduros por assinatura ou de *pay-as-you-go*. Veja a Figura 15.3 para lembrar-se da realidade de que, em período de tempo muito curto, a porcentagem de pedidos oriundos dos clientes atuais supera a de novos negócios e depois acelera rapidamente, até o ponto em que pode facilmente equivaler de seis a oito vezes os novos negócios. Com esse nível de responsabilidade, associam-se autoridade e poder organizacional significativos.

O marketing do cliente talvez não se desloque para *customer success* tão rapidamente quanto as funções de renovações e *upsell*, mas está sendo atraído nessa direção e já está exercendo influência crescente no dia a dia, o que talvez deixe a absorção não muito atrás.

Consultoria de vendas

Das três estradas que levam ao sucesso do cliente, esta é a menos percorrida, e nem mesmo faria parte desta lista seis semanas atrás. Recentemente, porém, CEOs mais progressistas, e mais agressivos, estão empurrando essa função, que sempre, e para sempre, foi parte de vendas, para sucesso do cliente. A razão é simples e lógica. Ver Capítulo 5, 1ª Lei do *customer success*, "Venda ao Cliente Certo".

Muitas são as maneiras de garantir que a empresa cumpra essa lei, como já analisamos. Incentivar o VP de vendas a promover a retenção, dar direito de veto ao VP de *customer success* sobre o *pipeline*, e algumas outras. Não mencionamos a que agora estamos analisando, que é atribuir responsabilidade sobre parte vital da organização de vendas à pessoa que convive com as decisões sobre vendas. Essa é uma posição ousada, que será combatida ferozmente pela maioria dos VPs de vendas, mas cuja lógica é fácil de compreender. É como tirar a função de garantia da qualidade do VP de engenharia e deixá-la sob a responsabilidade de suporte ao cliente. Assumindo que a liderança seja competente e que as linhas de comunicação necessárias com engenharia não sejam rompidas, é até possível que a manobra seja brilhante. A responsabilidade pela função que endossa o lançamento de novos produtos com a organização que sofrerá boa parte da dor se o lançamento não der certo. Não há nada de errado nisso. Em absoluto.

Qualquer que seja a lógica organizacional, a mensagem do CEO implícita nessa mudança é muito contundente: "Priorizaremos a retenção duradoura e o *customer success* acima de meramente garantir as metas de vendas trimestrais". Muito poderosa.

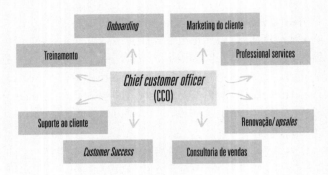

Figura 15.4 – A organização do futuro *Chief Customer Officer* (CCO)

A organização daí resultante, nesse admirável mundo novo, assumindo a migração dos três grupos acima, será como mostra a Figura 15.4, e ninguém questionaria que uma organização tão ampla, capaz de exercer tamanho impacto no negócio, esteja sob a responsabilidade de um executivo-chefe.

De início, propusemos que o CCO assumisse apenas as funções tradicionais de pós-vendas da empresa. Agora, porém, consideramos a possibilidade, talvez até a razoabilidade, de renovação e *upsell*, marketing do cliente, e até consultoria de vendas ficar sob o mesmo guarda-chuva. Da mesma maneira como SaaS e assinaturas transferiram todo o poder do fornecedor para o cliente, as mesmas areias movediças estão deslocando o poder organizacional na empresa, de aquisição de novos clientes para sucesso do cliente, de onde, provavelmente, jamais retornará. A tecnologia o possibilitou, e os clientes potenciais e atuais estão sendo "estragados", como crianças voluntariosas. E, a propósito, não é essa a maneira como o mundo deve funcionar? Será que os clientes não devem exercer mais controle que os fornecedores? Por certo já funciona assim no varejo e em outros negócios voltados para o consumidor.

Queiramos ou não, o cliente, mais uma vez, é o rei, ou pelo menos está subindo os degraus rumo ao trono. E isso torna a pessoa responsável pela saúde e a felicidade do rei, o CCO, vital para o fornecedor. Hoje, nem todas as empresas têm CCO, e muitas jamais o terão, mas o impulso do movimento *Customer Success* está acelerando a ascensão dessa função.

Capítulo 16

TECNOLOGIA DE *CUSTOMER SUCCESS*

Quando uma nova disciplina se torna lugar comum e os praticantes se reúnem para criar departamentos, equipes e organizações, o avanço da tecnologia por certo vem a seguir. Esse é, com toda a certeza, o caso de *customer success*. À medida que cada vez mais pessoas assumem títulos de Gerente de *Customer Success* (GCS) ou exercem funções semelhantes, os processos e melhores práticas referentes a como executar as atividades táticas diárias começam a integrar-se e a aglutinar-se. Quando se deflagra esse processo, surge espaço para a entrada da tecnologia, com a promessa de melhorar os processos e a produtividade das pessoas.

Customer success, executado no estilo high-touch ou tech-touch, tem tudo a ver com dados. De fato, trata-se realmente de converter dados em informação e informação em execução. Mas tudo começa com dados, muitos dados.

Uma profusão de informações sobre clientes

Reflita sobre o que quase todas as empresas B2B, e ainda mais empresas B2C, todos os dias, sabem sobre seus clientes:

- Demografia – setor, geografia, porte da empresa, e assim por diante.
- Há quanto tempo são clientes.
- O que compraram e quando.
- O que pagaram por todos os produtos que compraram.
- Todas as faturas já enviadas – quanto, o quê, quantia, condições.

- Todos os pagamentos recebidos – quando, quantia.
- Todos os telefonemas para serviços/suporte – quando, motivo, gravidade, tempo de resposta, tempo de solução.
- Todos os e-mails já envidados e resultados (aberto, clicado, excluído, desassinado).
- Todo evento/webinar a que compareceu ou em que se inscreveu.
- Qualquer marketing por mala direta enviado.
- Visitas ao site e fontes de tráfego.
- Visitas ao portal de suporte e providências.
- Todo treinamento a que se submeteu – sala de aula ou sob demanda.
- Toda pesquisa enviada, recebida, e respostas.
- Como os seus produtos estão sendo usados (de maneira casuística ou eletrônica).

E se a empresa for por assinatura ou de pagamentos em bases correntes, você também saberá:

- Valor do contrato original.
- Valor do contrato atual.
- Taxa de crescimento do contrato.
- Número de renovações concluídas ou de opções de saída não exercidas.

E se a empresa for SaaS, também isso:

- Todas as ações já praticadas em seu produto (páginas vistas, cliques, relatórios, execuções, etc.).

Com o passar do tempo, tudo isso se torna um conjunto de dados extremamente rico. E dados se encaixam no contexto de *customer success* de maneira muito lógica – quanto mais você sabe sobre os clientes, com mais eficácia você pode gerenciá-los. Lembre-se da 4ª Lei do *customer success* (Capítulo 8 – 4ª Lei: "Monitore e gerencie implacavelmente a saúde do cliente"). Isso, evidentemente, não pode ser feito sem dados. O escore de saúde do cliente é, no final das contas, apenas uma análise predefinida de um conjunto discreto de dados, que são, então, reunidos em um único escore.

O valor que a tecnologia é capaz de trazer para *customer success* pode ser resumido em poucas áreas-chave:

1. Otimize o tempo do GCS.
2. Aumente o uso de informações em todos os contatos com os clientes.
3. Impulsione a escalabilidade.
4. Melhore a colaboração, a comunicação e a visibilidade.
5. Aprimore a gestão da equipe.

Vejamos cada um desses pontos em profundidade.

Otimize o tempo do GCS

A primeira proposta de valor que a maioria das equipes de *customer success* está buscando é a de um sistema de alarme avançado. Em geral, é a evasão (*churn*) que aumenta a necessidade de algum tipo de ferramenta, sob medida ou de prateleira, para fornecer visibilidade sobre a saúde do cliente, especificamente dos clientes em risco. Na falta de informações sobre atividades, a priorização das interações dos clientes nas empresas por assinatura, geralmente, é determinada por dois pontos de dados bem conhecidos: (1) data de renovação e (2) RRA (ou valor total do contrato). O item 2, como aproximação de valor do cliente, é o que orienta a priorização para empresas que não têm renovações específicas, como aquelas com contratos mensais ou pagamento em bases correntes. Valor do cliente, não importa o que isso signifique para você, é algo que vai além das assinaturas e é importante para todos os tipos de empresas. A maioria dos CEOs teria pelo menos uma resposta genérica para a pergunta: "Quais são os seus clientes mais valiosos?". Essa se torna a priorização de fato, na falta de outras informações para ajudar no processo. Em todo caso, qualquer pessoa que gerencie ativamente os clientes acabará desenvolvendo algum método de priorização para otimizar o seu tempo. Os dias em que bastava ter uma lista de chamada comum e confiar nos relacionamentos pessoais com todos os clientes já estão no espelho retrovisor. Ver Capítulo 9 – 5ª Lei: "Não é mais possível construir a lealdade com relacionamentos pessoais", para ter mais *insights* sobre esse dilema.

O problema aqui é óbvio. O valor do cliente sozinho, ou mesmo conjugado com a data de renovação, não é bastante sofisticado como critério de priorização para identificar e diferenciar os clientes que precisam de atenção urgente em relação àqueles que estão indo bem e talvez não precisem do seu tempo. É gritante a necessidade de mais informação. É aqui que essa busca geralmente se ramifica em duas direções: (1) obter dados sobre o uso do produto ou (2) conseguir dados sobre outras interações dos clientes.

- **Dados sobre uso do produto:** Todos concordam que, se você só pudesse explorar uma fonte de dados, esta seria a escolhida. O melhor indicador de saúde do cliente e o melhor previsor do comportamento de compras no futuro sem dúvida é a maneira como cada cliente usa o seu produto. Mas pode ser difícil consegui-lo e ainda mais árduo identificar tendências.
- **Outras interações dos clientes:** Os clientes telefonam para o suporte, pagam (ou não pagam) faturas, respondem (ou não) a pesquisas, engajam-se com suas mensagens de marketing, e assim por diante. É sempre assim com vários sistemas que são separados e distintos. O gerente de conta perfeito teria de entrar nesses sistemas e decifrar os dados desses e de outros sistemas similares, a fim de priorizar suas intervenções e de maximizar o valor de cada uma delas.

O ideal seria conseguir todas essas informações, mas, em geral, é uma jornada passo a passo, e você precisa escolher uma batalha de cada vez.

Assim, concluímos que há necessidade de mais informações para promover as interações certas, na hora certa, com os nossos clientes. Além das informações em si, para as quais o aplicativo Excel ou o sistema CRM seriam suficientes, também é preciso alguma análise de dados, movida a sistemas, para ajudar a contextualizar determinado ponto de dados ou conjunto de dados, e até recomendar ações. É aqui que as soluções de gestão de *customer success* podem oferecer alto valor e vitórias rápidas.

Apenas um rápido aparte. Não estamos avaliando soluções tecnológicas específicas, nem estamos detalhando o que qualquer uma delas, em especial, seria capaz de fazer. Estamos apenas identificando os problemas que as equipes de sucesso do cliente estão enfrentando e como a tecnologia pode ajudar a resolver essas dificuldades, seja através de uma solução desenvolvida na própria empresa, seja por meio da compra de um software de terceiros. E, como *customer success* ainda está na infância e as soluções de GCS surgiram somente depois do advento da disciplina de *customer success*, é muito difícil prever o volume e a sofisticação das mudanças. Basta dizer que os aplicativos de soluções de *customer success* logo se tornarão mais robustos e bem melhores nos próximos anos.

De volta à otimização do tempo da equipe, esboçamos uma imagem bastante clara da situação vigente na maioria das empresas — falta de informação e de *insights* que contribuam para a priorização e a aplicação de recursos para atender às necessidades dos clientes. Grande parte dos dados necessários encontra-se em algum lugar na empresa, e muitos outros talvez existam no ambiente externo. Reunir esses dados em um único repositório que ofereça uma visão consistente do cliente, com *insights* sobre o significado das informações, além de propostas de ações, significará para qualquer empresa centrada no cliente um enorme salto à frente. O velho mundo em geral pensava assim:

> Temos três clientes aproximando-se da renovação, ou aniversário, nos próximos 90 dias. Sem dúvida, já deveríamos estar conversando com os três, de maneira consistente, sobretudo com a Acme, por ser nosso maior cliente. Vamos fazer o possível para que nenhum deles cancele o contrato.

O novo mundo provavelmente se manifestará assim:

> Temos 17 clientes cujo uso de nossos principais atributos caiu mais de 20% nos últimos seis meses e que não responderam ou nos deram uma avaliação negativa na última pesquisa. Vamos procurar cada um deles, a começar pelos quatro que devem renovar neste trimestre ou que estão a menos de um ano conosco. Também vamos priorizar a Acme, porque eles têm um aumento de 50% no contrato, programado para daqui a nove meses.
> As prioridades desta semana são os sete clientes com casos de suporte P1 ou P2, que ficaram em aberto mais de 10 dias, e com fatura em atraso há mais de 30 dias.
> Temos cinco clientes cujo executivo patrocinador foi transferido para outro cargo ou cujo usuário campeão cancelou o contrato depois de nosso último e-mail de marketing. Vamos conversar com eles com o máximo de urgência.
> Temos mais de 30.000 clientes que nem mesmo experimentaram o novo atributo de colaboração da nossa versão mais recente. Vamos enviar um e-mail para eles, convidando-os a ver o vídeo de

treinamento sob demanda e a comparecer aos webinars da próxima semana sobre esse tópico.

Informações consolidadas factíveis, reunidas em um sistema que dispara e acompanha todos os contatos com os clientes, humanos ou tecnológicos. Assim é que se priorizam as interações com os clientes e se otimiza o tempo da equipe.

Aumente o uso de informações em todos os contatos com os clientes

Embora essa proposta de valor seja diferente da primeira, a solução é a mesma – informação de alta qualidade, acessível com facilidade. Na falta do conjunto de informações certo, a maioria das interações com os clientes toma a forma de um telefonema de checagem.

> Oi, John, é Dan, seu gerente de contas. Esta é a terceira quinta-feira do mês, só estou ligando para ver como vão as coisas, e saber se há alguma coisa que eu possa fazer para ajudá-lo.

Hoje, os clientes têm toda a razão para se ouriçar se dermos um telefonema como esse. Devemos saber como as coisas estão indo, inclusive se e como estão usando o nosso produto. Não devemos? Mesmo que não tenhamos aqueles dados enganosos sobre uso, ainda contamos com o suficiente para tornar nosso telefonema muito mais valioso. Não seria ele mais ou menos assim? E, a propósito, olha que para isso não precisamos de dados sobre uso:

> Oi, John, é Dan, seu gerente de contas. Eu só queria agradecer-lhe por participar de nosso webinar na semana passada, e verificar pessoalmente se você está precisando de mais informações ou orientação sobre o assunto. Também observei que você abriu três pedidos de suporte nas duas últimas semanas, sobre relatórios. Estou à sua disposição se você quiser que eu reveja alguns dos relatórios em que você está trabalhando.

É fácil perceber o valor desse tipo de telefonema. Também é muito fácil compreender a dificuldade de cavucar todas essas informações se você não as tiver consolidadas em algum lugar. Muito mais difícil de quantificar é o custo de não cavucar. Francamente, a maioria dos GCSs ou de gerentes de contas está tão ocupada que não tem tempo para entrar em três ou quatro outros sistemas e buscar as informações que os ajudariam a melhorar a próxima ligação. Não porque não queiram fazer o melhor trabalho possível, mas porque precisam priorizar como usam o tempo e, em geral, o contato, em si, com o cliente é mais importante do que a qualidade do contato. Obviamente, para tornar sua equipe mais produtiva e inteligente, seja ela high-touch, low-touch ou tech-touch, é preciso reunir um conjunto vital de informações relativas à saúde do cliente em um lugar de fácil acesso.

O valor dessa solução vai também muito além de seus esforços em sucesso do cliente. Ela é de importância inestimável para toda e qualquer pessoa em sua empresa que converse com os clientes. Será que cada uma de suas conversas com os clientes não seria melhor se não fosse mais movida a informação? Reflita sobre alguns exemplos.

- **Suporte ao cliente:** Seus representantes de suporte conversam com os clientes o tempo todo. A principal fonte de informação para eles são as suas soluções (Zendesk, ServiceCloud, Parature, etc.). Eles podem acessar com facilidade a quantidade de pedidos em aberto, quantos foram fechados nos últimos 30 dias, o grau de prioridade e gravidade de cada um, tempo médio de fechamento, e assim por diante. Isso é bom, mas será que eles não se beneficiariam ao conhecer também os escores de saúde atuais e projetados, as ações em aberto (não casos), os resultados da pesquisa mais recente, as tendências de uso positivas e negativas, e as faturas vencidas? Os contatos com os clientes são raros e preciosos. Todos na empresa precisam otimizá-los.
- **Gerentes de produtos:** Eles não conversam com os clientes com tanta frequência, mas será que eles não gostariam de saber como os clientes estão usando o produto (se essa informação estiver disponível) e como isso se compara com o uso geral do produto em toda a base instalada? E também o que eles têm, quando compraram, e mais?
- **Professional services:** Seus consultores estão interagindo o tempo todo em engajamentos com os clientes e muito se beneficiarão com o conhecimento mais apurado de cada um desses clientes.
- **Vendas:** Não importa que seja um representante da empresa gerenciando seus clientes em bases contínuas ou um representante de renovações ou *upsell* explorando uma oportunidade em aberto, a necessidade de compreender em profundidade a saúde do cliente é de extrema importância. Ainda maior, talvez, seja a necessidade de amplitude de visão ao telefonar para um cliente. Nada pior do que fracassar num telefonema de vendas

pela existência de um pedido de suporte de alta prioridade, em aberto, que você ignorava.

- **Marketing:** Quem normalmente cuida dos programas de referências, dos estudos de caso e dos grupos de clientes? Marketing. Eles precisam estar bem informados sobre a saúde e o nível de atividade dos clientes para conseguirem desempenhar bem essas tarefas. Essa é uma das razões pelas quais a parcela do marketing que cuida dos clientes está cada vez mais próxima do *customer success*, como dissemos nos capítulos anteriores.
- **Executivos:** Ninguém gosta menos de ficar alheio ao que está acontecendo que o seu CEO. E nenhum funcionário gosta de ser o motivo disso. Um dos melhores caminhos para compreender o valor de se ter todas as informações necessárias – consolidadas em um só lugar – é observar o que acontece quando é preciso organizar uma conversa do CEO com qualquer cliente. Há tanto esforço envolvido nesse tipo de situação que só isso justificaria a aquisição ou desenvolvimento de uma solução.

Essa solução geralmente é denominada *visão de 360° do cliente*, e a tecnologia de GCS de fato converte esse sonho em realidade, pela primeira vez. Os sistemas CRM faziam a mesma reivindicação, mas, na verdade, estavam longe de cumprir o prometido, a não ser que se fizesse enorme esforço para abarrotar de informações a solução CRM, por falta de alternativa adequada de onde armazená-las. O valor de se ter resolvido esse problema é enorme e abrangente, e o custo de oportunidade de não solucioná-lo também é altíssimo, embora não tão visível, o que torna a omissão ainda mais perigosa.

Impulsione a escalabilidade

Se há palavra no léxico de negócios mais comum do que *escalabilidade*, não posso imaginar qual seja. E quando alguém fala em escalabilidade, a tecnologia quase sempre é parte da resposta. Tudo isso por certo se aplica ao *customer success*, em que realmente há duas maneiras de gerenciar a base de clientes sempre crescente:

1. Mais gente.
2. Mais tecnologia.

Evidentemente, a resposta certa é realmente a número 3 – uma combinação de 1 e 2. *Customer success*, para a maioria das empresas B2B, é, pelo menos em parte, um esforço movido a pessoas, e isso provavelmente será sempre verdade. E pessoas são sempre a parte mais dispendiosa de qualquer operação de negócios. Para melhorar a lucratividade, não se pode expandir a quantidade de pessoas em linha com o crescimento da base de clientes, ao menos no caso de organizações que não cobram separadamente por seus esforços. A ausência de cobrança é, em geral, o caso nas formas padronizadas de suporte ao cliente e de *customer success*. Ambas as funções são necessárias para altas taxas de retenção e de satisfação do cliente, razão por que os produtos básicos de cada uma são, em geral, empacotados no contrato SaaS ou fornecidos a todos os clientes, nas empresas tradicionais ou na comunidade de software *on-premise* (no computador ou servidor do cliente).

Considerando essa realidade, a tecnologia deve ser aplicada à disciplina, para melhorar a produtividade e a lucratividade. As soluções de *customer success* devem possibilitar aumento de no mínimo 25% a 30% na produtividade. Esse resultado geralmente é medido pelo número de contas gerenciadas por pessoa ou pelas quantias gerenciadas por pessoa. Se eu sou um GCS high-touch e tenho acesso a uma ótima solução de GCS, devo ser capaz de aumentar a quantidade de clientes que gerencio, mantendo a mesma qualidade, em mais ou menos de 25% a 30%, talvez até 35%. Se eu sou um GCS tech-touch, gerenciando 1.000 clientes, a tecnologia certa pode, literalmente, dobrar esse número, ou muito mais. Se tudo consiste em tecnologia, o número de clientes quase não importa. Você acha que a Verizon se preocupa em não expandir demais as campanhas de e-mail direcionadas aos clientes, quando a empresa amplia a base instalada em um milhão de clientes por mês? Claro que não. Eles simplesmente disparam mais um milhão de e-mails.

Os aspectos da solução tecnológica que possibilitam o aumento da produtividade são muito óbvios, e já falamos sobre vários deles:

- Priorização – não contatar clientes que não precisam ser contatados, o que é enorme vantagem.
- Eficácia – os *insights* movidos a informação tornam cada chamada mais eficaz.
- Colaboração – falaremos sobre isso em breve, mas facilitar o compartilhamento da informação é uma grande vantagem.

- Acessibilidade – as informações-chave não mais ficam ocultas em um e-mail, mas são disponibilizadas para todos.
- Proatividade – a intensidade do esforço necessário para ser proativo é exponencialmente menor do que apagar incêndios.

Talvez nada seja mais importante para a viabilidade do negócio do que a escalabilidade. Por isso é que se gasta tanto dinheiro com tecnologia. Geralmente se dispõe de meios manuais para fazer quase tudo, mas a tecnologia traz eficiência, exatidão e escalabilidade para quase todas as partes de uma empresa em que é aplicada com inteligência.

Melhore a colaboração, a comunicação e a visibilidade

À medida que cresce a sua base de clientes, também aumenta o tamanho das equipes que a gerencia. Mesmo que você aumente a escala com eficiência, você ainda precisa aumentar de maneira adequada a quantidade de pessoas. Mais clientes, mais pessoas contatando clientes, mais camadas de gestão, mais separação de órgãos e funções, mais desafios. Simplesmente não há como contorná-los. Quando se aumenta a escala, a necessidade de melhorar a colaboração e a comunicação pode igualar, talvez até superar, a necessidade de tornar-se mais produtivo. Essa é outra aplicação perfeita da tecnologia. Os sistemas, por definição, podem reunir coisas, são agregadores. Essas "coisas" podem ser as pessoas que executam tarefas semelhantes, as informações necessárias para executar essas tarefas, a situação de cada tarefa, e os *insights* e os resultados gerenciais relevantes. Todas as coisas que devem ser sistematizadas com legitimidade.

"Fluxo de trabalho" talvez seja um termo desgastado pelo uso excessivo, um pouco como escalabilidade. Mas é usado, em geral, com boas razões. É importante. Nos primeiros dias da tecnologia de *customer success*, o foco se concentrava quase que exclusivamente em análise de dados. Tudo se resumia exclusivamente em dados. Os fornecedores incluíam a palavra *análise* em seus nomes, porque supunham que aquilo era o fim do jogo. O mercado, porém, sempre tem a palavra final, não os fornecedores. E o mercado, de início, comprou a ideia de que tudo se limitava a analítica de dados. A única coisa melhor do que falar sobre análise era falar sobre análise preditiva. O modismo, porém, revelou-se meio que um subterfúgio. Não há dúvida de que análise de dados era importante, e ainda é. Também é verdade que análise preditiva é uma busca legítima que fornecerá imenso valor para os esforços de *customer success* ao longo do tempo. Nunca, porém, deveria ter sido o ponto focal de uma empresa ou produto, e isso também se aplica a quem cria suas próprias soluções em âmbito interno. O problema central a ser resolvido em *customer success* não é a questão da análise de dados. Se fosse assim, teria sido resolvido muito tempo atrás. Não há falta de soluções analíticas espantosas, como Business Objects, Birst to Good Data e Tableau. Produtos maravilhosos, todos eles. E há lugar para cada um deles em praticamente todas as empresas, mas não como substitutos de soluções específicas, em paralelo, para diferentes situações. O problema central a ser resolvido, exatamente como no caso do CRM, é uma questão de colaboração e comunicação, que se soluciona com o desenvolvimento de um fluxo de trabalho, que envolve o dia a dia da equipe de *customer success*.

Mencionei CRM por se tratar de ótima analogia para essa proposta de valor. Vou expandi-la um pouco, porque todos compreendem como vendas funciona, o que sempre facilita seu uso como bom termo de comparação. Usarei aqui o sistema da Salesforce como aproximação de todos os sistemas de CRM, pois é aquele com que estou mais familiarizado. Será que o sistema da Salesforce é uma ferramenta de análise de dados? Para quem não sabe, a resposta é "não". Ou, talvez com mais exatidão, "NÃO!" Há algum componente de análise de dados no sistema da Salesforce? Em absoluto. Será que ele está sendo refinado e aprimorado enquanto escrevo esta página? De modo algum. Será que alguém compra o sistema da Salesforce puramente pela análise de dados? Claro que não. Muitas são as maneiras diferentes de extrair valor do sistema da Salesforce, sobretudo agora que ele se transformou em plataforma admirável, sobre a qual milhares de outros aplicativos foram desenvolvidos. A proposta de valor original, porém, foi o que já se denominou SFA, ou *Sales Force Automation* (Automação da Força de Vendas). O sistema da Salesforce e todos os CRMs oferecem uma maneira de as equipes de vendas gerenciarem e acompanharem todos os aspectos de seu contexto, que tem tudo a ver com fechar negócios. Na Salesforce, o sistema consiste em quatro baldes (objetos): (1) *leads*, (2) contatos, (3) contas e (4) oportunidades. Em outras palavras, tudo o que é necessário para compreender e gerenciar o funil de vendas. Vendas é, no final das contas, gerenciar oportunidades para fechar negócios. E assim tem sido desde a aurora dos tempos, sem sistema de CRM. O sistema CRM apenas põe alguma estrutura e disciplina em torno do processo. Isso gera quatro resultados extremamente valiosos para a empresa:

1. Previsibilidade.
2. Presumibilidade.
3. Replicabilidade.
4. Visibilidade.

Os resultados, porém, não são indolores. Pergunte a um representante de vendas cuja empresa use religiosamente o sistema CRM. É provável que ele passe mais tempo do que gostaria incluindo dados no sistema e, depois, também gerenciando todos os seus processos. Todos esses preparativos, porém, são parte inevitável do processo, para o bem maior da empresa. Além disso, se eles não o fizerem, o VP pode ameaçar não lhes pagar as comissões.

Essas mesmas quatro características são necessárias em *customer success*. A única diferença é que, neste caso, trata-se de clientes atuais, não de clientes potenciais. Como isso se aplica no contexto de pós-vendas?

- **Previsibilidade:** Um sistema que tem todos os dados e monitora o fluxo de trabalho das tarefas associadas à função de GCS tem a capacidade de tornar previsíveis os resultados futuros.
- **Presumibilidade:** Como em vendas, *customer success* deve presumir renovações, *upsell* e evasão. Somente um sistema que usa as informações certas e aplica os resultados históricos de maneira adequada é capaz de refinar e codificar pressupostos exatos.
- **Replicabilidade:** Somente se se monitorar o fluxo de trabalho das pessoas (pense em gestão do *pipeline*), o sistema poderá ser usado para determinar o que funcionou e não funcionou, de modo a repetir o que funcionou e a descartar o que não funcionou.
- **Visibilidade:** Os sistemas CRM são muito eficazes em oferecer aos gestores visibilidade dos negócios de cada indivíduo, assim como do *pipeline* e dos pressupostos de toda a empresa. Uma ótima solução de GCS fornecerá os mesmos *insights*.

Mencionei visibilidade, que é o terceiro dos pilares dessa proposta de valor. Os outros dois são colaboração e comunicação, que já circundamos e tateamos, mas ainda não abordamos de maneira explícita. Em termos simples, colaboração e comunicação caminham de mãos dadas com o fluxo de trabalho. Um mecanismo completo de fluxo de trabalho incluirá uma função de comunicação que possibilite o livre fluxo de informações e comentários com o objetivo de manter todas as partes em sincronia. Um exemplo disso é o produto Chatter da Salesforce, que possibilita a comunicação *in-product*, para que ela seja capturada no contexto e não fique enterrada no meio dos e-mails pessoais. Os sistemas GCS normalmente tiram vantagem da tecnologia existente, como Chatter ou Yammer, mas poderiam, sem dúvida, desenvolver a própria tecnologia. A comunicação *in-product*, quando adequada, é a maneira de evitar que o CEO pergunte: "Quais são as últimas notícias sobre a Acme?", quando estiver pensando no cliente. A já mencionada visão do cliente em 360° trata de algumas dessas questões, mas os comentários específicos de quem contatou o cliente recentemente põe o ponto no final do período. A comunicação *in-product* pode ser feita, e geralmente é feita, através de comentários de campo, mas a maioria dos usuários concordaria que ainda restam muitas falhas para que seja uma solução duradoura ótima.

A colaboração, embora parecida, é diferente da comunicação. Colaboração não consiste apenas em comentários, mas também envolve compartilhamento, distribuição e cooperação em tarefas e atividades específicas. Num sistema CRM, aí talvez se inclua uma maneira de criar e armazenar uma meta ou proposta que seu chefe pode editar e refinar. Um sistema GCS precisará desses mesmos recursos, talvez mais, por causa da necessidade de delegar tarefas e ações a outros. *Customer success*, por sua natureza, abrangerá pessoas fora da equipe, para resolver dificuldades do cliente. Vendas é mais autocontida. Embora o CEO e outros executivos possam envolver-se em determinados negócios de vendas, tarefas específicas, em geral, não são delegadas com frequência para pessoas fora de vendas. Não que essas delegações nunca ocorram em vendas; só que são menos comuns que em *customer success*. Os GCSs sempre precisam de ajuda para impulsionar o sucesso de seus clientes. Essa tendência pode implicar o envolvimento de um gerente de produto para falar sobre as complexidades de um componente do produto ou sobre os benefícios de um novo atributo do produto. Também pode significar a intervenção de um representante de suporte para resolver as dificuldades de um cliente com o produto. E, evidentemente, demandará com frequência a participação temporária da engenharia. Em todo caso, a solução de GCS deve permitir o necessário compartilhamento, delegação e colaboração geral em torno de qualquer tarefa e atividade.

À medida que as equipes e as empresas crescem, a colaboração e a comunicação se tornam cada vez mais importantes. Não a ponto de ultrapassarem a produtividade em prioridade, mas de se tornarem necessárias *a fim de* melhorar a produtividade.

Aprimore a gestão da equipe

É verdade que o principal objetivo da tecnologia GCS é ajudar as equipes a gerenciarem seus clientes com mais eficácia. No entanto, é igualmente verdade que, se a solução for eficaz e incluir fluxo de trabalho, como descrito na seção anterior, o sistema terá o potencial de ser igualmente eficaz em ajudá-lo a gerenciar as equipes.

Vejamos mais uma vez o sistema CRM como exemplo. Os sistemas CRM, pelo menos quando eram exclusivamente SFA, ou automação da força de vendas, destinavam-se a ajudar a gerenciar o processo de vendas. Eles fornecem estrutura e impõem disciplina, em relação a manter e movimentar os negócios no *pipeline*. O vice-presidente de vendas depende do sistema CRM para indicar-lhe quando pressionar marketing por mais *leads* (como se transcorresse um único dia em que isso não acontecesse), o CRM também revela ao CEO onde estão os riscos e, em geral, gerencia suas previsões. Por isso é que o CRM é tão aderente; é um sistema, no final das contas, inestimável tanto para o CEO quanto para o CFO.

Embora esse fosse o projeto e a intenção inicial, logo se descobriu um valor paralelo. O sistema CRM ajudava a gerenciar a equipe. É quase injusto incluir a palavra *ajudar* na frase. O sistema CRM se converteu na principal ferramenta gerencial para o VP de vendas. Todas as atividades e resultados que podem indicar ao VP se determinado representante de vendas está no caminho certo, além de apenas fechar negócios, encontram-se no sistema CRM:

- Telefonemas dados.
- Reuniões concluídas.
- Crescimento do *pipeline*.
- Geração de propostas.
- Movimentação do *pipeline*.
- Negócios emperrados.

- Negócios/quantias fechadas.
- Dias para o fechamento.
- Preço de vendas médio.

Essas informações valem ouro se você estiver dirigindo uma equipe de vendas. Cada um desses pontos de dados lhe diz alguma coisa realmente importante. E são ainda mais importantes se você comparar esses pontos de dados de todos os membros da equipe. Isso lhe permite estabelecer padrões de comparação, promover a competição e focar as ações de coaching. Também possibilita que o VP explore as áreas de *expertise* específicas de cada representante de vendas, e use suas competências para melhorar todos os demais membros da equipe. Cada equipe é constituída de vários pontos fortes e pontos fracos. O trabalho do líder é maximizar os pontos fortes e minimizar os pontos fracos. O sistema CRM é seu melhor amigo no processo e raras serão as interações pessoais em que ele não estará na linha de frente da discussão.

Sei que estou insistindo na analogia entre CRM e GCS, mas está muito claro que uma ótima solução de GCS alcançará muitos dos mesmos sucessos de um sistema CRM, e em grande parte da mesma maneira. Tudo gira em torno da proposta de valor central oriunda do fluxo de trabalho. Dar a um GCS um sistema que se torne o seu local de trabalho, a sua lista de afazeres, o seu rastreador de prioridades, o seu mecanismo de priorização e o seu veículo de comunicação e colaboração também significa que todas as coisas necessárias para medir a sua eficácia e para lhe oferecer coaching se encontram no mesmo sistema. A capacidade desse sistema de rastrear as atividades importantes equivale à do CRM – as atividades em si são as únicas variáveis:

- Telefonemas dados.
- Reuniões concluídas.
- Ações desencadeadas.
- Ações encerradas (por categoria).
- ATNs concluídas.
- Outros marcos alcançados.
- Resultados de renovações/*upsell*.
- Escore de saúde do cliente.
- Escore de satisfação do cliente.

- E-mails enviados/abertos/clicados.
- Planos de contas criados/atualizados.

Considerando a maioria dos relatos casuísticos de *customer success*, as reuniões individuais de prestação de contas do GCS têm sido muito açucaradas. Perguntas do tipo: "Os seus clientes estão felizes?", "Algum cliente está em risco?", "Como posso ajudar?" são predominantes. No entanto, uma grande solução GCS muda tudo isso e torna a vida muito melhor para cada GCS e para o VP. Afinal, os bons profissionais querem metas claras e mensuráveis pelas quais sejam responsáveis e pelas quais sejam recompensados, se as cumprirem ou as superarem. E os grandes líderes querem o mesmo para si próprios e para as suas equipes, para que possam justificar e recompensar os comportamentos adequados. E, como o VP de vendas, eles querem identificar as forças e fraquezas de toda a equipe, para que assim possam gerenciá-las. Há muito mais em sucesso do cliente convertendo-se em métricas, como vimos no Capítulo 13, 9ª Lei do *customer success*, "Impulsione o sucesso do cliente com métricas rigorosas".

Outro aspecto de gerenciar uma equipe com eficácia é compreender com clareza a capacidade da equipe e prover pessoal para o máximo de eficácia, observados os limites de despesa da empresa. A solução de GCS será parte inestimável desse processo. Como já mencionamos, *customer success* é uma unidade organizacional geradora de receita, tanto quanto vendas. Isso significa que a justificativa para mais pessoal decorre da receita ou dos pedidos. "Todos na equipe estão realmente ocupados" não mais funcionará com o CEO. Você terá de definir com clareza a contribuição de cada GCS adicional para o resultado final da empresa, e somente os *insights* proporcionados por uma solução de GCS que o ajude a rastrear todos os fatores mensuráveis relevantes podem assisti-lo nessa tarefa.

Essas são as principais propostas de valor que a tecnologia GCS pode oferecer a uma equipe, mas essa lista está longe de ser exaustiva. Não mencionamos relatórios, painéis de controle, pesquisas, integração de dados, visualização, funcionalidade de e-mails, análise de coorte, planejamento de contas, integração de CRM, rastreamento de dados externos, e muitas outras funções que são partes necessárias de uma solução multifuncional. E lembre-se de que essa jornada começou há não mais que três ou quatro anos. O que está disponível hoje é apenas a ponta do iceberg.

Resta mencionar um último benefício que decorre de uma grande solução tecnológica de *customer success*. Como *customer success* é uma unidade organizacional ainda tão jovem, uma luta constante tem sido a busca de um assento à mesa executiva. A maioria dos assentos hoje disponíveis aí está por causa do valor tradicional por eles proporcionado ao longo dos anos. Eles pertencem aos clássicos VP de vendas, executivo-chefe de marketing (CMO), executivo-chefe de finanças (CFO), executivo-chefe de tecnologia (CTO), VP de engenharia, executivo-chefe de operações (COO), VP de operações, executivo-chefe de informações (CIO), e assim por diante. Como discutimos exaustivamente no capítulo anterior, o deslocamento de poder que está acontecendo em muitas empresas e a ascensão do executivo-chefe de clientes (CCO) está mudando o cenário. Mas a tecnologia que capacita o líder de *customer success* a quantificar o seu valor e a apresentar resultados objetivos para esse fim é parte importante desse empreendimento. A ideia não é nova. Praticamente todas as outras unidades organizacionais importantes da empresa têm aplicativos específicos da função que as ajuda a gerenciar o seu negócio e as suas equipes, a quantificar os seus resultados e a justificar as suas necessidades adicionais. *Customer success* é simplesmente a entrada mais recente no jogo. A conclusão é que as principais unidades organizacionais precisam de líderes empoderados, e líderes empoderados precisam de apoio tecnológico. Isso está acontecendo rapidamente no novo mundo do *customer success*.

Capítulo 17

PARA ONDE VAMOS A PARTIR DAQUI?

Aqui é que começamos a falar sobre carros voadores, certo? Afinal, toda história que olha para o futuro tem carros voadores, não tem? Neste caso, porém, esses carros voadores talvez sejam de fato veículos aéreos autônomos do Google. E, evidentemente, eles transportarão robôs que, por uma ninharia, descerão na empresa com todos os clientes dos nossos produtos, e os orientarão para o uso perfeito deles e para gerar o mais alto ROI possível. A evasão de clientes será coisa do passado remoto. Todo cliente será para toda a vida. Para a geração seguinte, sempre é mais fácil.

Tudo bem. Hora de acordar do sonho e passar mais algum tempo aqui, no mundo real. Sem dúvida, o futuro trará mudanças dramáticas para todos os aspectos da nossa vida. *Customer success* não ficará para trás. Com efeito, por ainda estar na infância e em face de sua dependência tecnológica, o ritmo da mudança em *customer success* provavelmente será bem mais acelerado que na maioria das outras disciplinas.

Prever o futuro e o que mudará e não mudará é tarefa perigosa, embora seja sempre banal simplesmente dizer "tudo mudará". Eu sei com certeza que muitos dos elementos de *customer success* que analisamos neste livro continuarão a amadurecer e a transformar-se, e que muitos outros os substituirão sob os refletores, em várias situações. Se este livro não estiver totalmente superado daqui a uns dois anos, ficarei surpreso e decepcionado. Grandes coisas nos aguardam mais à frente. Eis aqui algumas áreas de mudança, ou de ainda mais mudanças, muito prováveis:

1. *Customer success* continuará a crescer em importância, além de SaaS.
2. CCO como função/título continuará a emergir.
3. A disciplina *customer success* se tornará mais definida e refinada.
4. *Customer success* como unidade organizacional focará mais em operações e dependerá menos de relacionamentos.
5. As empresas reconhecerão e quantificarão o valor de sucesso do cliente.
6. A demanda por experiência em *customer success* continuará a superar a oferta.
7. As universidades começarão a lecionar *customer success*.
8. As melhorias tecnológicas se acelerarão com rapidez e as soluções de *customer success* se tornarão necessidades, em vez de apenas conveniências.
9. Os CEOs oriundos de *customer success* se tornarão lugar comum.
10. As operações de *customer success* se tornarão tão lógicas e necessárias quanto as operações de vendas.
11. "GCS" aparecerá como descrição de cargo e será posição muito valorizada.
12. Reuniões de macacos do mesmo galho em torno de *customer success* serão cada vez menos interessantes porque haverá tanta gente em *customer success* que todos nos conheceremos como profissionais da área.
13. Grandes atores, além de mais startups entrarão no mercado de tecnologia.
14. Alguns dos atuais provedores de tecnologia assumirão posições dominantes e farão suas primeiras ofertas públicas de ações para abertura de capital.
15. A visão de VPs de *customer success* no pódio das primeiras ofertas públicas de ações será cada vez mais comum.
16. Os eventos com investidores focarão cada vez mais em retenção de clientes e demandarão a presença do representante de *customer success*.
17. O termo "*customer success*" aparecerá na capa de *Information Week* ou *Forbes* ou *Fortune* ou de alguma outra dessas publicações.

18. As taxas de evasão (*churn*) não declinarão, porque o atrito na troca de fornecedores diminuirá com a mesma rapidez com que melhorarão as práticas de *customer success*.
19. Grandes empresas de consultoria de gestão desenvolverão práticas em torno de *customer success*.
20. Numerosos livros serão escritos sobre esse tema.

A economia do cliente

Na medida em que empresas SaaS maduras e praticamente todas as empresas tentam tornar-se negócios de receitas recorrentes, é fácil prever que o valor e a visibilidade de *customer success* continuará a crescer. Nesses negócios de receitas recorrentes, *customer success* é imprescindível e, como tal, sempre estará sob os refletores. Outras empresas, porém, induzidas pelo deslocamento de poder do fornecedor para o cliente, também serão pressionadas a adotar parte da filosofia e da prática de *customer success*. Lembre-se de que *customer success* é uma onda secundária, não primária. A onda primária é a mudança para os modelos de negócios de receitas recorrentes, que põem os clientes no trono. Ao mesmo tempo, os clientes (empresas e consumidores) continuam a conquistar poder na dinâmica do mercado, em razão das mídias sociais e da fácil disponibilidade de todas as informações. Nenhum fornecedor pode esconder-se dos seus fracassos, e suas histórias de sucesso se difundirão com rapidez, com ou sem uma equipe de relações públicas. É, sem dúvida, a Era do Cliente. Com efeito, levarei um passo adiante o termo de Tien Tzuo, "economia de assinaturas", para cunhar um termo mais atual e mais amplo – "economia do cliente".

Na economia do cliente, o cliente (surpresa!) terá cada vez mais poder. Já vimos isso acontecer no curso da Era da Internet, à medida que a informação se torna cada vez mais acessível. Essa tendência quase com certeza ainda não esgotou o seu curso. Os tsunamis tornam-se mais intensos à medida que se aproximam do litoral, razão por que são tão destrutivos. O tsunami de assinaturas ainda está em formação, e ainda é longo o percurso até o litoral, onde alcançará o máximo de intensidade e de poder disruptivo. Já vimos a ponta do iceberg no contexto de software, mas esse tsunami não se limitará à disrupção de um mercado. A indústria de software já sofreu disrupção maciça pelas assinaturas e pela web como veículo de entrega. Em consequência, é fácil e lógico extrapolar a disrupção para praticamente todos os outros setores de atividade. Não é preciso olhar além do negócio de táxis, que sofreu disrupção do Uber e do Lyft, e do negócio de hotéis, que sofreu disrupção da Airbnb, para assistir a essas transformações que ocorrem bem à nossa frente. Todas essas disrupções são benéficas para o cliente por oferecerem opções. Melhores opções. Nada interromperá essa tendência. Se os clientes veem melhores alternativas, eles as explorarão. As cidades e os sindicatos poderão combater o Uber tanto quanto quiserem. No final das contas, porém, não vencerão. Os clientes em massa sempre vencerão.

Logo, se todos os negócios sofrerão disrupção em favor do cliente, todos os negócios terão de concentrar mais foco, energia e investimento em cuidar dos clientes. Essa é a natureza do movimento *Customer Success*. O que já foi feito até agora é espantoso, mas, realmente, ainda temos muito caminho pela frente, antes de repousar. Quem se adaptar com mais rapidez sobreviverá, e quem aderir à disparada para o cliente será levado de roldão, aproveitando o impulso, em vez de ser pisoteado e esmagado. Essas são as duas únicas escolhas. Você poder ser a Waldenbooks e combater a Amazon e a internet (e perder) ou ser a Barnes & Noble e adaptar-se à internet, competir com a Amazon no próprio jogo, e sobreviver. O cliente está ficando cada vez mais importante e mais poderoso, em todos os negócios do mundo, inclusive o seu. É hora de pensar seriamente sobre *customer success*.

O *ideal* do *customer success* hoje

Em vez de sonhar com carros voadores e com robôs de *customer success*, será mais prático e provavelmente mais útil refletir sobre como poderia ser a experiência ideal para o cliente hoje, principalmente com tantas empresas dando a partida nessa jornada. Em essência, a execução perfeita da filosofia de *customer success* hoje pareceria muito futurista para a maioria dos observadores. Vamos explorar e imaginar como ela seria.

Fornecedor fictício: Wingtip Software, Inc. Wingtip é uma empresa SaaS, que oferece uma solução de treinamento on-line para clientes PME e *midmarket* (porte médio para grande). Ela está no mercado há cinco anos, com boas taxas de crescimento, em vias de terminar 2015 com receita recorrente anual (RRA) de US$ 40 milhões, e 1.600

clientes. O preço médio de venda (PMV) é agora de US$ 25.000, mas em crescimento. Era de US$ 21.000 no começo do ano e superará US$ 35.000 no quarto trimestre. A Wingtip parou de vender contratos anuais inferiores a US$ 10.000, mas ainda tem em aberto cerca de 200 desses contratos remanescentes. Na outra ponta, está empenhada em conquistar clientes empresariais de maior porte, e já tem 15, com RRA acima de US$ 150.000. Por insistência dos acionistas, investiu desde cedo em *customer success*, ciente de que o negócio dependia disso. O VP de *customer success* foi o empregado número 23 (de um total de 320 hoje). Ele é responsável pelas funções de pós-vendas, que inclui recepção, treinamento, suporte ao cliente, professional services e *customer success*, propriamente dito. A equipe total é de 110 pessoas, 21 das quais estão em *customer success* no sentido estrito. Estas se distribuem pelas seguintes funções:

- Treze são GCSs de clientes empresariais de *midmarket*, dois deles para os 25 maiores clientes e 11 com 50 clientes cada um.
- Quatro são GCSs de MPEs, que gerenciam 600 clientes em modelo de *pool*.
- Um GCS é responsável pela criação de programas coletivos, usados por todos os GCSs, e gerencia os clientes restantes em modelo tech-touch puro.
- Dois são diretores, um para *midmarket* e o outro para PME/tech-touch.
- Um é a pessoa de operações de *customer success*, em breve serão duas.

Cliente fictício: Financiality, Inc. A Financiality é uma empresa de tecnologia e serviços que fornece ferramentas de análise de dados e presta consultoria a bancos e corretoras. Ela comprou a solução da Wingtip porque precisava de uma ferramenta para ajudá-la a criar e a rastrear com facilidade o treinamento do produto sob demanda. A Financiality comprou a solução da Wingtip no segundo trimestre de 2014 e assinou um negócio ARR de um ano por US$ 29.000, mais um pagamento isolado de US$ 15.000 pelo pacote de recepção de *midmarket*.

A Financiality se encaixa no segmento low-touch da Wingtip. Isso significa que a experiência planejada é uma combinação de contatos individuais e contatos automáticos. A realidade nem sempre é exatamente o planejado, de modo que, até agora, a experiência real tem sido algo mais ou menos assim:

- 30/junho/2014 – Financiality assina o contrato com a Wingtip.
- 1/julho/2014 – Os detalhes necessários do sistema CRM da Wingtip são transferidos automaticamente para o sistema de *customer success*, o gerente de projeto e o GCS adequados são atribuídos automaticamente à nova conta, com base em um algoritmo que leva em conta tanto a carga de trabalho quanto um sistema *round-robin*.
- 1/julho/2014 – O diretor sênior de educação da Financiality, Joe Smith, que assinou o contrato, recebe um e-mail personalizado do CEO da Wingtip, disparado automaticamente pelo sistema de CRM do fornecedor, dando-lhe boas-vindas à família Wingtip. A carta também apresenta a gerente do projeto de recepção da Wingtip, Shannon Jones, e delineia a programação dos próximos passos.
- 1/julho/2014 – Shannon entra em contato com Joe via e-mail para marcar a reunião de partida do projeto.
- 2/julho/2014 – Joe recebe pela Amazon um presente de agradecimento da Wingtip, que foi disparado automaticamente pelo fechamento do contrato. Com base na escolha do representante de vendas no sistema CRM, é um chaveiro de alta qualidade com o logotipo da Wingtip e o nome de Joe.
- 2/julho/2014 – Shannon estuda as informações sobre a Financiality no sistema CRM para verificar se ela tem alguma pergunta a ser feita à equipe de vendas, antes de prosseguir com o projeto. Tudo parece estar no ponto doce e ela opta por prosseguir, sem iniciar uma reunião de transferência.
- 2/julho/2014 – Shannon recebe uma resposta automática de que Joe estará ausente do escritório, em licença remunerada, até 14/julho.
- 2/julho/2014 – Shannon sinaliza imediatamente que o projeto de *onboarding* está em risco, uma vez que o prazo contratual para a conclusão dessa fase é de oito semanas a partir da assinatura do contrato, e um atraso de duas semanas na data de início torna o cumprimento desse prazo altamente improvável.

- 15/julho/2014 – Joe responde ao pedido de Shannon para marcar a reunião de partida, e eles a agendam para o dia 16/julho.
- 16/julho/2014 – Shannon, Joe e dois membros importantes da equipe de Joe realizam a reunião de partida e reveem o plano do projeto. Fazem alguns ajustes, mas mantêm os principais marcos, inclusive 5/setembro para entrar no ar.
- 16/julho/2014 – Shannon atualiza o sistema de *customer success* da Wingtip, com as datas dos principais marcos e deixa o projeto no estado *em risco*, porque a data projetada para entrar no ar ultrapassa o prazo contratual de oito semanas.
- 14/agosto/2014 – O terceiro de cinco marcos é concluído com sucesso, conforme o cronograma. Um e-mail automático é disparado do sistema de *customer success* para Joe e a sua equipe de projeto, apresentando-lhes a GCS deles, Mary Harrison, e informando-lhes que ela participará das principais reuniões nas semanas seguintes, uma vez que a data de entrada no ar está chegando.
- 15/agosto/2014 – Mary começa a monitorar o uso do produto da Financiality no sistema de *customer success* e estabelece um conjunto de regras padronizadas que, se disparadas, lhe notificarão via e-mail. Algumas das regras se referem ao risco (25% de queda no uso) e outras tratam de oportunidades (mais de 80% das licenças da Financiality estão ativas). Ela também dispara a criação de um Escore de Saúde da Conta no sistema de *customer success*, que começará a rastrear a saúde total do cliente, Financiality, considerando a data da compra e os casos de uso planejados.
- 5/setembro/2014 – Todos os itens do plano do projeto estão concluídos e realiza-se a reunião de entrada no ar. Shannon e Mary, juntas, lideram a reunião, quando transferem a Financiality de uma para a outra. A Financiality assina a conclusão do projeto e Mary oficialmente torna-se responsável pela conta, substituindo Shannon.
- 8/setembro/2014 – Joe recebe uma pesquisa de avaliação da recepção, que lhe foi enviada automaticamente pelo sistema de *customer success* da Wingtip, com base na conclusão do marco Entrada no Ar. Joe responde, e dá ao projeto um escore de satisfação de 5 pontos, na escala de 1 a 5.

- 8/setembro/2014 – Como o escore de satisfação do projeto foi de 4 ou mais, o rótulo *em risco* atribuído à Financiality é removido no sistema de *customer success*, o que aumenta o escore de saúde total para 78, quase no extremo superior da coorte Q2 (segundo quartil).
- 30/setembro/2014 – Noventa dias depois da assinatura do contrato, Joe e todos os usuários da Wingtip na Financiality recebem a primeira pesquisa NPS (Net Promoter Score) da Wingtip, disparada automaticamente pela solução de *customer success*.
- 7/outubro/2014 – Mary recebe uma notificação do sistema de *customer success* de que um usuário respondeu à pesquisa com um escore depreciativo de 4. Mary de imediato procura diretamente a usuária e a ajuda a superar as dificuldades.
- 11/setembro – 3/novembro – três diferentes notificações são disparadas no sistema de *customer success* da Wingtip, informando que novos usuários da Financiality entraram no sistema Wingtip, mas visualizaram menos de três páginas nos sete dias seguintes. Essa constatação disparou um e-mail para cada um dos usuários, com algumas dicas e truques, e uma seta para o vídeo de treinamento sob encomenda *Primeiros passos com o Wingtip*. A resposta dos três usuários é rastreada pelo sistema de *customer success*, à medida que cada um abre o e-mail e clica no vídeo. Depois disso, o uso aumenta consideravelmente nas semanas seguintes.
- 23/setembro e seguintes – Todos os usuários, ao transporem os limites de 50 log-ins e 500 visualizações de páginas, recebem por e-mail um cartão eletrônico de US$ 10 da Starbucks, disparado automaticamente pelo sistema de *customer success* da Wingtip.
- 17/novembro/2014 – Mary recebe uma notificação de que a Financiality abriu cinco casos de suporte nos últimos sete dias. Isso é um sinal de perigo, e ela procura Joe e marca uma avaliação com o diretor de suporte da Wingtip, para garantir o fechamento de todos os casos.
- 8/dezembro/2014 – Mary apresenta um vídeo de avaliação executiva do negócio (*executive business review* – EBR) para avaliar o progresso nos primeiros 90 dias e planejar marcos para os próximos 90 dias. Esse primeiro EBR é conduzido ao vivo, mas ela explica à Financiality que os futuros EBRs consistirão

de slides PowerPoint, seguindo automaticamente o mesmo formato que lhes foi enviado pela solução de *customer success*, junto com uma pesquisa automática referente aos objetivos dos próximos 90 dias.

Sei que isso foi um pouco monótono, mas os primeiros 90 dias da vida de um cliente são muito importantes, e é fundamental compreender o tipo de experiência que você pode criar para os seus clientes, com as ferramentas e os processos certos. Lembre-se, também, que o maior risco de evasão ocorre na época da primeira renovação ou no começo do ciclo de vida do cliente, se não houver nenhum evento de renovação. Gerenciar realmente bem a experiência do cliente desde o primeiro dia é de extrema importância.

Sem entrar em todos os detalhes, como fizemos acima, algumas outras atividades que tendem a ocorrer ou por certo ocorrem no primeiro ano com o cliente incluem:

- Pesquisas automáticas, enviadas depois do fechamento de cada caso de suporte.
- EBRs automáticas, em PowerPoint, enviadas a cada 90 dias.
- Outra pesquisa NPS enviada 90 dias antes da renovação.
- Notificação automática da próxima renovação, junto com a cotação.
- E-mails automáticos disparados pela detecção de novos riscos e oportunidades.
- Intervenções ocasionais, individuais, de Mary, ou, por já se terem passado os primeiros 90 dias, com outro GCS do *pool*. A necessidade do encontro individual é determinada pela natureza do risco ou oportunidade.
- Intervenções anuais do patrocinador executivo da Wingtip na Financiality.
- Outro presente disparado automaticamente quando ocorre a renovação.

Se você reler com atenção o processo do primeiro ano, você verá que ele não foi perfeito. O processo de recepção começou e terminou tarde. Situações de risco se manifestaram tanto pelos escores baixos em pesquisas quanto pelo excesso de pedidos de suporte abertos. Cada uma dessas situações, porém, foi manejada com rapidez e eficiência, que é tudo o que o cliente realmente espera. Além disso, o processo também envolveu momentos de encantamento. Acredito que, na ausência de circunstâncias anormais, é muito provável que a Financiality renove o contrato por pelo menos mais um ano, supondo que o produto da Wingtip de fato lhes proporcione valor real para o negócio.

Para muitos leitores, o cenário que descrevi talvez pareça um sonho, razão por que eu o incluí neste capítulo. Tudo isso é muito factível hoje; portanto, nesse sentido, não é futuro. Ouso afirmar, no entanto, que, para muitas empresas, esse cenário parece muito futurista.

Starbucks e *customer success*

Para que você não continue com a sensação de que *customer success* é apenas para empresas B2B SaaS, quero concluir com uma história pessoal e uma análise que não é rotulada como *customer success*, mas que tem todas as características dessa filosofia e movimento.

Adoro a Starbucks. Não gosto do sabor de café, mas amo a Starbucks. Sei que muitos de vocês não gostam da Starbucks, e talvez até tenham fortes emoções negativas em relação a eles, não importa por que razões. Suponho que pretensos *experts* em café (ou esnobes, como você preferir) não apreciam muito o café da Starbucks, sendo mais provável que prefiram Peet's, Philz, Caribou, Tim Hortons, ou até Dunkin' Donuts. Não estou aqui para discutir sobre qualidade ou sabor de café. E, a propósito, a cafeína não me afeta de jeito nenhum. No entanto, será que eu já disse que amo a Starbucks? Vou explicar por quê, e ver se vocês concordam que algumas dessas seis características podem ser consideradas parte do *customer success*:

1. As lojas Starbucks estão em todos os lugares, e sempre há uma perto de você, para uma reunião fora do escritório, em qualquer cidade.
2. Eles oferecem wi-fi gratuito em todas as lojas; portanto, é um escritório fora do escritório, ou casa, sempre que você precisar.
3. Sempre há lugar onde sentar, geralmente muito confortáveis. Além disso, quase sempre você tem a opção de sentar fora da loja.
4. Você nunca é pressionado a comprar alguma coisa, ou a comprar mais, não importa quanto tempo você fique lá.
5. A equipe quase sempre é amigável, dando até a impressão de fugir do *script* para agradar. Em pelo menos três lojas

que frequento, eles sabem meu pedido usual, meu nome, ou ambos.
6. Os mesmos produtos, pelos mesmos preços (exceto em aeroportos), estão disponíveis em todas as lojas.

Seja como for, essa é uma lista preliminar. Como se sabe, a familiaridade é realmente algo muito bom, sobretudo quando se viaja. É divertido experimentar coisas novas, mas a familiaridade nos lembra de casa e nos transmite confiança e conforto. Por isso é que o McDonald's é tão popular, mesmo em lugares onde parece loucura alguém comer numa loja de fast-food. Para mim, onde quer que eu esteja, é sempre fácil encontrar uma Starbucks onde tomar o café da manhã, onde fazer uma pausa no final da tarde, ou onde encontrar com alguém.

Para mim, todas essas coisas são ingredientes de *customer success*. Elas primeiro criam lealdade comportamental, pois quase sempre são convenientes. E, então, pelo menos para mim, mas, sem dúvida também para milhões de outras pessoas, elas geram lealdade atitudinal. Já usei aqui várias vezes a palavra *amor* para descrever minha lealdade à Starbucks. Essa é a palavra-chave que define lealdade atitudinal. E, como já vimos, *customer success*, no âmago, tem tudo a ver com criação de lealdade atitudinal. Lealdade atitudinal é difícil de conquistar. Como já mencionei, ela é, primeiro de tudo, dispendiosa. Além disso, porém, também é esquiva. Você conhece alguém que ame o seu posto de gasolina? Você conhece alguém que ame a sua farmácia? Você conhece alguém que ame a agência de correios? Você poderia dizer: "Bem, isso não é justo, todos esses exemplos se referem a *commodities*, que oferecem os mesmos produtos e serviços". E eu responderia: "E o café? Será que existe algum item alimentício, com a possível exceção da Coca-Cola, que seja mais *commodity* do que café?" Por quantos lugares você passa todos os dias onde poderia obter uma xícara de café por muito menos? E, no entanto, as lojas da Starbucks estão em todos os lugares, frequentemente com filas de pessoas esperando para pedir. Existe alguma outra marca que também crie filas? Sem dúvida, a marca que logo vem à mente é o meu principal exemplo de lealdade atitudinal – Apple. Se você for Starbucks e a lealdade de seus clientes for comparável à dos clientes da Apple, você teria motivos para festejar e para se desdobrar.

Se a Starbucks contasse apenas com a necessidade ou o desejo dos clientes por café, será que eles gastariam tanto dinheiro com lojas e lugares paras sentar? Claro que não. Isso é caro. Será que eles gastariam dinheiro com milhares e milhares de guarda-chuvas verdes para resguardar as mesas em ambientes externos? Por certo que não. Isso também é caro. Se tudo o que a Starbucks oferecesse fosse café, toda loja seria um drive-thru. Ele não teria investido em *customer success* para promover a lealdade atitudinal e para colher os benefícios daí decorrentes. No momento em que escrevo esta página, a capitalização de mercado da Starbucks é pouco inferior a US$ 81 bilhões. Isso é 25% superior à da Costco, em comparação.

Lembre-se, não estamos falando de serviços aos clientes. Estamos falando de *customer success*. Serviços aos clientes seria apenas garantir a qualidade da sua bebida, de que você recebeu o que pediu, e que ficou pronto em tempo razoável. Criar espaço para os clientes relaxarem, oferecer wi-fi gratuito e conhecê-los pelo nome é passar de serviços aos clientes para *customer success*.

A Starbucks fez mais uma coisa para consolidar seu apelo ao público e seu fascínio sobre mim, que ampliou sua visão de *customer success*. A Starbucks criou um programa de comprador frequente e amarrou-o à mais recente tecnologia, forjando uma combinação arrasadora.

O primeiro cartão Starbucks foi oferecido ao grande público em novembro de 2001. Nos oito meses seguintes, mais de 4 milhões de cartões Starbucks foram ativados. Em comparação, mais cartões do que isso serão ativados em um único dia de fins de dezembro deste ano. Seja como for, o cartão Starbucks também se tornou onipresente. Talvez seja o item de presente mais popular da história. Além de criar lealdade por parte do dono, serve como anzol para muitos clientes novos, que ainda não são frequentadores regulares. Não é, de modo algum, uma ideia nova, mas, sem dúvida foi genial nesse mercado.

E, ainda por cima, levou o programa de lealdade um passo adiante. E chegou ao ponto de incluí-lo em meu smartphone. Muito antes de sistemas de pagamento digitais como PayPal Wallet, Apple Pay ou Android Pay despontarem na paisagem, a Starbucks digitalizou o seu programa de lealdade e possibilitou que eu o instalasse em meu telefone. Em seguida, investiu em *scanners* em todas as lojas para que eu pagasse as contas com o meu telefone. Hoje, nada menos que 20% de todas as compras na Starbucks são pagas com dispositivos móveis. E, como se isso não fosse suficiente, a Starbucks tomou outra iniciativa, que alguns talvez considerem insidiosa ou traiçoeira. Passou a recompensar os clientes por todas as compras. As estrelas Starbucks, como as chamam. A cada 12 compras, e no meu aniversário, recebo uma bebida de graça. Não parece muito, mas prende o cliente. Da mesma maneira quando você recebe milhas de uma empresa aérea. Torna-se cada vez mais difícil reservar um voo em outra empresa aérea. Se eu quero sentar e tomar um café, minha tendência é escolher um lugar onde me sinta em casa e que me recompense pelas minhas compras. E agora as promoções rolam todas as semanas – compre um desses itens e receba três estrelas. Compre dois para amigos e receba seis estrelas. E por aí vai. E funciona. Os programas de comprador frequente sempre funcionam. Se não fosse assim, não existiriam, certo? Isso é ampliar e enriquecer a experiência do cliente para que pareça um modelo por assinatura. E, em breve, tenho certeza de que poderei comprar uma assinatura mensal da Starbucks que me oferecerá acesso ilimitado ao meu hábito.

Digitalizar o programa de lealdade também é só o começo. O aplicativo ainda permite que eu recarregue automaticamente o meu cartão quando o saldo cai abaixo de determinado valor, o que reduz a percepção da despesa, algo que todas as empresas do mundo gostariam de fazer com seus clientes. Sob certos aspectos, é até melhor que a assinatura – todos os benefícios, mas nada ilimitado. Todas as bebidas e todos os alimentos são pagos. Hoje, também posso antecipar o pedido pelo aplicativo, para que, ao chegar à loja, tudo já esteja pronto. E as entregas da Starbucks não ficam atrás.

Obviamente, a verdadeira mágica dos programas de lealdade é que nós, como consumidores, achamos que estamos ganhando (e estamos), mas os maiores benefícios vão para o fornecedor. E não estou falando de benefícios financeiros. Estou falando de informações. Não precisamos ir muito longe para encontrar empresas que sabem mais sobre nós do que gostaríamos. Facebook, Amazon e Google, e qualquer empresa em que naveguemos, logo vêm à mente. Reflita sobre o valor das informações que a Starbucks e outras empresas acumulam a meu respeito e sobre milhões de outros clientes. Tenho certeza de que a Starbucks poderia dizer a temperatura no lado de fora de suas lojas nos Estados Unidos com base na proporção entre bebidas quentes e bebidas geladas servidas. A Starbucks também poderia estimar a intensidade de uma tempestade nas proximidades de uma loja, com base na queda dos negócios no dia.

Em situação extrema, esse tipo de informação é perigoso e até ilegal. Às vezes, fico pensando se a United sabe que pagarei US$ 69 por um assento junto à janela e, portanto, informa que os únicos assentos de classe econômica restantes no voo são de centro, mesmo que não seja verdade. Não estou afirmando, apenas conjecturando. A Starbucks com toda a certeza prevê o meu comportamento ao enviar-me uma promoção que exige a compra de minha bebida favorita. Não é difícil. É provável, porém, que a Starbucks também estime até que ponto estou disposto a sair de minha zona de conforto para ganhar uma estrela. Será que eu compraria alguma coisa que eu nunca experimentei? Ou algo que só comprei três vezes? Com o seu volume, a Starbucks pode fazer experiências todos os dias. Se ela quiser saber, ela saberá.

Voltemos, porém, à lealdade atitudinal. A lealdade que a Starbucks despertou em mim me convenceu a compartilhar informações que, do contrário, eu não compartilharia. Também me convenceu a permitir que me enviasse todas as suas promoções (via spam, se você preferir). Até me convenceu a, basicamente, retirar dinheiro de minha conta corrente sempre que compro uma bebida. Se a arte do *customer success* é criar lealdade atitudinal, então a Starbucks colheu benefícios extraordinários com a instigação desse tipo de lealdade entre milhões de clientes como eu. Reconheço de antemão que nem todos amam a Starbucks com a mesma intensidade. Eu quis, porém, contar a história de sucesso do cliente da Starbucks porque a considero mais fácil de ser compreendida do que o software de vendas de algum fornecedor B2B, que você nunca usará. No entanto, o desafio de *customer success* de um fornecedor B2B é muito semelhante ao da Starbucks ou da United Airlines – investir em pessoas, tecnologia e processos que criem uma experiência do cliente capaz de gerar lealdade atitudinal. Ao alcançar esse resultado, a empresa pavimentou com lajotas de ouro o caminho para o sucesso, pois a lealdade atitudinal é duradoura. Ela não se desfaz diante da primeira experiência negativa. Lembre-se de que lealdade envolve *amor*. Quase sempre só uma sucessão de erros degrada o amor em *gostar*, *não se importar* ou *odiar*. Lealdade atitudinal é dinheiro em sua conta bancária, que você pode sacar quando necessário, sabendo que seu saldo não ficará negativo, a não ser que você se exceda nos saques. E as empresas que investiram em sucesso do cliente e o levam a sério dificilmente irão zerar ou negativar seus saldos de lealdade atitudinal.

Customer success, no contexto da economia do cliente, não é uma ideia legal, nem mera amenidade a ser praticada. É necessidade.

Seus clientes o esperam, ou, se ainda não chegaram a esse ponto, em breve o exigirão. E é crescente o conjunto de *expertise* e tecnologia para ajudá-lo a dar os primeiros passos ou para ajudá-lo a desenvolver processos inovadores para entregar ao cliente a melhor experiência possível. Não é nada esotérico, nem mesmo pioneiro. É apenas um avanço que se tornou oportuno e indispensável.

O compromisso com o *customer success* é difícil e dispendioso. Mas já é necessidade inadiável em muitos negócios e, em breve, também o será em seu negócio, se já não é. Você pode resistir ou aderir. A escolha é sua. Sugiro que você adote e pratique o *customer success*, e espero sinceramente que alguns dos *insights* e sugestões deste livro o ajudem no percurso. Desejo-lhe sorte em sua jornada.

ÍNDICE

Números de páginas em itálico
indicam tabelas ou figuras

A
Adobe Echosign, 43
Amazon, 34-35
Andreessen, Marc, 26
Apple
   CarPlay, 67
   lealdade atitudinal a, 21-24
Advocacia do cliente, 49

B
BarnesandNoble.com, 34
Benioff, Marc, 17-20, 22, 205-206
Bessemer Venture Partners, 85-86
Blackwell, Trevor, 31
Bright Horizons, 71-72
Business Objects, 31-32

C
Capability Maturity Model for Software (CMM), o Modelo de Maturidade de Capacidade para Software (MMC), 185-186
Carnegie Mellon, 185
CarPlay (Apple), 67
Categorias de interação com o cliente, 139-140
Cenário de valor aprimorado, 110-114, *113*
Cenário de valor atrasado, 110-114, *112*
Churn (evasão, cancelamento/não renovação do contrato)
   "Morte e casamento" (*death and marriage*) (evasão inevitável), 174
   compreensão, 109
   de clientes, 36-37
   evitar, 94-95 (*ver também* Vender ao cliente certo (1ª Lei))
   Exemplo, 19-20
   Identificar suspeita ou risco de evasão, 172, 176-178
   parcial, 99-100
   redução e gestão, 41-42
   Tendência natural dos clientes e fornecedores é se afastarem uns dos outros (2ª Lei) e, 98-109
Clarizen, 68-69
Clientes
   Aumentando o valor do contrato do, 42-43
   Economia do cliente, 244-245
   Retenção de, 218-220, *219*
   Valor vitalício (LTV) do, 27, 29, 30, 35-40, 125
   Ver também As dez leis de sucesso do cliente.
Os clientes esperam que você os torne extremamente bem-sucedidos (3ª Lei), 110-122
   Compreendendo a visão de sucesso do cliente, 114
   Monitore o progresso de, 115-116
   Negócios high-touch e, 120
   Negócios low-touch e, 120-121
   Negócios tech-touch e, 121-122
   Prática *versus* teoria, 117-119
   relevância, 110

Resumo executivo, 110-114, *112, 113*
retorno sobre o investimento para, 115
Sucesso como jornada *versus* destino, 116-117
Colaboração, melhoria, 234-238
Competências, acréscimo, 45-46
Computação na nuvem
    As dez leis da computação na nuvem (*The Ten Laws of Cloud Computing*) (Bessemer Venture Partners), 85-86
    Consumo de música e, 27-28, *28*
    Consumo de software e, 28-30, *29*
    Executivo-chefe de clientes (*Chief Customer Officer* – CCO), função e, 209-212
    Mudança e, 26-27
Compreenda em profundidade as métricas do cliente (8ª Lei), 170-183
    Alinhamento da liderança executiva, 172, 178-181, *179, 180*
    Definição de métricas e RRMC, 172-174, *173*
    Expectativa de RRMC e categorias de evasão, 172, 175-176
    Identificar suspeita/risco de evasão, 172, 176-178
    Medição e frequência, 172, 174-175
    Negócios high-touch e, 182
    Negócios low-touch e, 182-183
    Negócios tech-touch e, 183
    Receita recorrente mensal contratada (RRMC), definição, 171
    relevância, 170
    Sumário executivo, 170-172
Comunicação
    Lealdade e estratégia de, 140-141
    Tecnologia de *customer success* para, 234-238
Comunidades de prática (CdPs), 147, 152

Conceito de evasão parcial, 99
Cornerstone OnDemand, 43
Custo de aquisição do cliente (CAC), 91
Customer success (clássico), definição, 48, *47*

D

Dez leis de sucesso do cliente
    A tendência natural dos clientes e fornecedores é se afastarem uns dos outros (2ª Lei), 98-109
    Compreenda em profundidade as métricas do cliente (8ª Lei), 170-183
    É um compromisso de cima para baixo, de toda a empresa (10ª Lei), 196-206
    Impulsione o sucesso do cliente com métricas rigorosas (9ª Lei), 184-195
    Melhore obsessivamente o *time-to-value* (7ª Lei), 159-169
    Monitore e gerencie implacavelmente a saúde do cliente (4ª Lei), 123-133
    Não é mais possível construir a lealdade com relacionamentos pessoais (5ª Lei), 134-145
    O produto é o seu único diferencial escalável (6ª Lei), 146-158
    Os clientes esperam que você os torne extremamente bem-sucedidos (3ª Lei), 110-122
    Venda ao cliente certo (1ª Lei), 88-97
    Visão geral, 85-86
Dempsey, David, 17-20
Dependência da empresa
    Mudança organizacional e, 45

E

É um compromisso de cima para baixo, de toda a empresa (10ª Lei), 196-206
    Como fundamento das outras leis, 202-204

Implantação, 199-202
Impulsionar o sucesso do cliente com, 197-198
Para negócios high, low, tech-touch, 204-206
Relevância, 196
Resumo executivo, 196-197
Sucesso do cliente como inevitável, 198
Valor e, 199
Economia de assinaturas
　Expansão da, 64-68
　Modelos de pagamento em base corrente, 30
　Visão geral, 18, 24-26
　Ver também Software como serviço (SaaS); Dez leis de sucesso do cliente
Eficiência, 217-218.
Eloqua, 78.
Escalabilidade
　Segmentação de clientes e, 93
　Tecnologia de *customer success* para, 232-234
　Ver também O produto é o seu único diferencial escalável (6ª Lei)
Estratégia de macrocomunicações, 140
Estratégia de *customer success*, 41-62
　Elementos do *customer success*, 51-54
　Impacto transfuncional do *customer success*, 54-62, *56*
　Importância da abordagem organizacional, 41-44
　Mudança organizacional, 44, 44-48, *47, 47*
　Suporte ao cliente *versus customer success*, 49-51, *50*
　Terminologia da experiência do cliente, 48-49
Evasão, risco de, medição, 172, 176-178
ExactTarget, 78
Executivo-chefe de clientes (COO) (*Chief Customer Officers –* COO), 209-224

"antes da nuvem", 210-212
Consultoria de vendas e, 223
Definição, 209-210
Implantação (recepção) e, 217-218
Marketing e, 221-223
Nova função do, 213-215, *215*, 224, *224*
Retenção de clientes, 218-220, *219*
Serviços profissionais e, 215-216
Suporte ao cliente e, 217
Treinamento e, 216-217
Vendas e, 220-221
Expectativas dos clientes.
　Ver Os clientes esperam que você os torne extremamente bem-sucedidos (3ª Lei)
Experiência do cliente (CX), 48-49, 210-212

F
Facebook, 156.
Feedback
　Loop de *feedback* do cliente, 142-143
　Métricas de produto e *feedback*, 146-155, *148*
　Necessidade de, 117-119, 127
Feedback da comunidade, 108, 127
Fluxo de trabalho, melhoria, 234-235
Futuro do sucesso do cliente, 242-256
　Áreas de mudança, 242-244
　Economia do cliente e, 244-245
　O ideal do sucesso do cliente hoje, 245-251
　Starbucks, exemplo, 251-256

G
Genius Bar (Apple), 23
Gestão da equipe, tecnologia para, 238-241
Gestão do relacionamento com o cliente (Customer relationship management – CRM)
　Definição, 49
　Tecnologia para, 235, 238-241
　Ver também "Não é mais possível

construir a lealdade com relacionamentos pessoais" (5ª Lei)
Gestão do tempo, tecnologia de *customer success* para, 227-230
Gerentes de *customer success* (GCSs)
 definição, 23, 40
 Métricas de atividade para, 187-188
 Modelo high-touch e, 144
 Modelo low-touch e, 145
 Suporte ao cliente pelos, 49-50
Google, 155-156
Graham, Paul, 31

H
Horowitz, Ben, 110
Host Analytics, 94
Hubspot, 78

I
Implantação (recepção)
 Compromisso de cima para baixo, de toda a empresa na, 199-202
 Executivo-chefe de clientes (COO) (*Chief Customer Officers* – COO), 217-218
 Implantação iterativa, 163-164, *164*, 214
Impulsione o sucesso do cliente com métricas rigorosas (9ª Lei), 184-195
 Atividades do Gerente de *Customer Success*, 187-188
 Cliente e comportamento do usuário, 186-187
 Negócios high-touch e, 191-192
 Negócios low-touch e, 192-193
 negócios tech-touch e, 194-195
 relevância, 184
 Resultados para os negócios, 188-189
 Sumário executivo, 184-186
Incentivos, 54

J
Jobs, Steve, 22-24
Just-in-time (JIT), sucesso do cliente, 73

K
Kellogg, Dave, 94

L
Lealdade
 atitudinal *versus* comportamental, 20-30, *29*
 criação, 63-64
 Lealdade atitudinal e programas de lealdade, 65-66, 252-255
Lealdade atitudinal
 criação, 63-64
 programas de para, 252-256
 visão geral, 20-30, *29*
Lealdade comportamental, 20-30, *29*
Lemkin, Jason, 43
Licença perpétua, 27, 38
Liderança
 Compromisso de cima para baixo, de toda a empresa, com o sucesso do cliente, 196-206
 Métricas do cliente e alinhamento da liderança executiva, 172, 178-181, *179*, *180*
 Mudança na, e perda de negócio, 101-102, 103-104
 Tecnologia para executivos, 232
Lucro por ação (LPA), 34

M
Marketing
 Compromisso de cima para baixo de toda a empresa com o sucesso do cliente, 198
 Executivo-chefe de clientes (CCO) e, 221-223
 Impacto transfuncional de sucesso do cliente, 58-59
 Saúde do cliente e, 127
 Tecnologia para, 232
Marketing segmentado por e-mail, 78-82
Marketo, 78
Maturação, para a medição. *Ver* Impulsione o sucesso do cliente com métricas rigorosas (9ª Lei)

McCaskey, John, 31-32
McDonald's, 252
Mehta, Nick, 187
Melhore obsessivamente o *time-to-value* (7ª Lei), 159-169
   "obsessiva," 165-166
   Ajustes em tempo real, 164-165
   Executivo-chefe de clientes, função e *time-to-value*, 217-218
   Implantação iterativa, 163-164, *164*
   Medidas de sucesso concretas para, 161-163, *162*
   Negócios high-touch e, 166-167
   Negócios low-touch e, 167-168
   negócios tech-touch e, 168-169
   relevância, 159
   Sumário executivo, 159-160
Métricas, 170-183, 184-195
   Alinhamento da liderança executiva, 172, 178-181, *179*, *180*
   Clientes e comportamento do usuário, 186-187
   Compromisso de cima para baixo, de toda a empresa, com o sucesso do cliente, 201
   Criação de escore de saúde do cliente, 128-129
   De mudança organizacional, 46
   De processo *time-to-value*, *162*, 162
   De produtos e *feedback*, 146-155, *149*
   Definição de medição, 172-174, *173*
   Expectativa de RRMC e categorias de evasão, 172, 175-176
   Expectativas dos clientes e, 114-117
   Frequência das, 172, 174-175
   GCS, atividades, 187-188
   Identificar suspeita/risco de evasão, 171-172, 176-177
   Impacto interfuncional, 54-55
   Para negócios high, low e tech-touch, 182-183, 191-195
   Receita e, 53
   Resultados para o negócio, 188-189
   Segmentação dos clientes, 137-138
   Visão geral, 170-171, 184-186

Miller, Adam, 43
Modelo de cobertura do cliente, 138-139
Modelos de *pay-as-you-go*, definição, 30
Modelo high-touch de sucesso do cliente
   A tendência natural dos clientes e fornecedores é se afastarem uns dos outros (2ª Lei) e, 106
   Compreenda em profundidade as métricas do cliente (8ª Lei) e, 182
   Definição, 69-72
   É um compromisso de cima para baixo, de toda a empresa (10ª Lei) e, 204-206
   Impulsione o sucesso do cliente com métricas rigorosas (9ª Lei) e, 191-192
   Melhore obsessivamente o *time-to-value* (7ª Lei) e, 166-167
   Monitore e gerencie implacavelmente a saúde do cliente (4ª Lei) e, 132
   Não é mais possível construir a lealdade com relacionamentos pessoais (5ª Lei) e, 139, 144
   O produto é o seu único diferencial escalável (6ª Lei) e, 144
   Os clientes esperam que você os torne extremamente bem-sucedidos (3ª Lei) e, 120
   Venda ao cliente certo (1ª Lei) e, 95
   Ver também Tecnologia de sucesso do cliente
Modelo low-touch de sucesso do cliente
   Compreenda em profundidade as métricas do cliente (8ª Lei) e, 182-183
   definição, 72-77
   Impulsione o Sucesso do Cliente com métricas rigorosas (9ª Lei) e, 192-193
   A tendência natural dos clientes e

fornecedores é se afastarem uns dos outros (2ª Lei) e, 107-108
Melhore obsessivamente o time-to-value (7ª Lei) e, 167-168
O produto é o seu único diferencial escalável. (6ª Lei) e, 157-158
Monitore e gerencie implacavelmente a saúde do cliente (4ª Lei) e, 132-133
Venda ao cliente certo (1ª Lei) e, 95-96
É um compromisso de cima para baixo, de toda a empresa (10ª Lei) e, 204-206
Não é mais possível construir a lealdade com relacionamentos pessoais (5ª Lei) e, 118, 145
Os clientes esperam que você os torne extremamente bem-sucedidos (3ª Lei) e, 120-121
Modelo tech-touch de *customer success*
A tendência natural dos clientes e fornecedores é se afastarem uns dos outros (2ª Lei) e, 108-109
Compreenda em profundidade as métricas do cliente (8ª Lei) e, 183
Compromisso de cima para baixo, de toda a empresa (10ª Lei) e, 204-206
Impulsione o sucesso do cliente com métricas rigorosas (9ª Lei) e, 194-195
Melhore obsessivamente o *time-to-value* (7ª Lei) e, 168-169
Monitore e gerencie implacavelmente a saúde do cliente (4ª Lei) e, 133
Não é mais possível construir a lealdade com relacionamentos pessoais (5ª Lei) e, 139-140, 145
O produto é o seu único diferencial escalável (6ª Lei) e, 145
Os clientes esperam que você os torne extremamente bem-sucedidos (3ª Lei) e, 121-122

Venda ao cliente certo (1ª Lei) e, 96-97
Ver também Tecnologia de sucesso do cliente
Monitore e gerencie implacavelmente a saúde do cliente (4ª Lei), 123-133
Gestão da saúde do cliente, 128-130
Monitoramento da saúde do cliente, 130
Necessidades de saúde do cliente, 125-128
Negócios high-touch e, 132
Negócios low-touch e, 132-133
Negócios tech-touch e, 133
relevância, 123
Resumo executivo, 123-124
tecnologia usada para informações sobre clientes, 226-227
Valor vitalício do cliente (LTV), 27, 29, 30, 38-39
Monitoramento. *Ver* Monitore e gerencie implacavelmente a saúde do cliente (4ª Lei)
Morris, Robert, 31
"Morte e casamento" (*death and marriage*) (evasão inevitável), 174
Mudança organizacional
Computação na nuvem e, 26
Função do executivo-chefe de clientes e, 213-215, *215*, 224, *224*
Futuro de sucesso do cliente e áreas de mudança, 242-244
modelo de negócios tradicional *versus* nova organização, *44*, 44-47, *47*
Mudança de liderança e perda do negócio, 102-104
tendência natural dos clientes e fornecedores é se afastarem uns dos outros (2ª Lei) e, 98-109
Música, consumo de, 27-28, *28*
MYOB Lite, 31-32

N

Não é mais possível construir a lealdade com relacionamentos pessoais (5ª Lei), 134-145

Categorias de interação com o cliente, 139-140
Construção da comunidade, 141
Loop de feedback do cliente, 142-143
Modelo de cobertura do cliente, 138-139
Negócios high-touch e, 144
Negócios low-touch e, 145
negócios tech-touch e, 145
relevância, 134
Resumo executivo, 134-137
segmentação de clientes, 137-138
Negócios tradicionais, com receitas não recorrentes, 63-82
Expansão da economia de assinaturas para, 64-68
Modelo high-touch de *customer success*, 69-72
Modelo low-touch de *customer success*, 72-77
Modelo tech-touch de *customer success*, 77-82
Preço médio de venda (PMV), modelos, *68*, 68-82
Visão geral, 64-65
Netflix, 68-69
Nipro Diagnostics, 76

O
Oracle, 17-18

P
Personalidade, diferenças de, 105-106
Pesquisas, 108
Previsões (pressupostos)
Estratégia de sucesso do cliente e, 53-54
Tecnologia para, 236-238
Produto(s)
Falta de atributos no produto, 103
Adoção do produto e saúde do cliente, 127
compromisso de cima para baixo, de toda a empresa com o sucesso do cliente, 197

Conselhos consultivos de produtos (CCPs), 147-153, *151* (*Ver* O produto é o seu único diferencial escalável. (6ª Lei)
Dados sobre uso do produto, 228 (*ver também* Tecnologia de sucesso do cliente)
Encaixe produto-mercado (EPM), 88-90
Equipe de produtos e impacto transfuncional de sucesso do cliente, 59-60
Incompatibilidades produto/solução, 104-105
Problemas com a taxa de adoção do produto, 102
Questões de desempenho do produto, 104
Treinamento e número de produtos entregues, 216-217
O produto é o seu único diferencial escalável (6ª Lei), 146-158
Comunidades de prática (CdPs), 147, 152
Conselhos Consultivos de produtos (CCPs), 147-152, *151*
Métricas de produtos e *feedback*, 146-155, *148*, *149*
Negócios high-touch e, 156-157
Negócios low-touch e, 157-158
Negócios tech-touch e, 158
relevância, 146
Sumário executivo, 146
Processo *time-to-value*. *Ver* Melhore obsessivamente o *time-to-value* (7ª Lei)
Profissionais, serviços. *Ver* Serviços profissionais
Programas de comprador frequente, 253-256

R
Receita
compromisso de cima para baixo, de toda a empresa com o sucesso do cliente, 198

sucesso do cliente para, 52-54
Ver também Receita recorrente mensal contratada (RRMC);Vendas
Receita de segunda ordem, 43
Receita recorrente anual (RRA), 33, 36
Receita recorrente mensal contratada (RRMC),
  definição, 171
  medidas de, 172-174, *173*
  RRMC e categorias de evasão, 172, 175-176
  Ver também Compreenda em profundidade as métricas do cliente (8ª Lei)
Renovações (receita), 52
Responsys, 78
Retenção de clientes, 218-220, *219*
Retorno sobre o investimento (ROI), quantificação, 115

S
Salesforce, 17-20, 22, 24, 28-30, 38, 205-206
Saúde do cliente. *Ver* Monitore e gerencie implacavelmente a saúde do cliente (4ª Lei)
Segmentação, de clientes. *Ver* Vender ao cliente certo (1ª Lei)
Segmentação de clientes, 137-138
Serviços profissionais
  Executivo-chefe de clientes (CCO) e, 215-216
  Impacto transfuncional de *customer success*, 60-62
  Tecnologia para, 231
Siebel, 28-30, 37
Silicon Graphics (SGI), *31*
Software como serviço (SaaS)
  "Tsunami de assinaturas" de, 25-26
  Advento do, 31-32
  As dez leis de computação na nuvem *(The Ten Laws of Cloud Computing)* (Bessemer Venture Partners), 85-86
  Como modelo de entrega, 32-40, *38*

Consumo de software antes e depois da novem, 28-30, *29*
Salesforce, exemplo, 17-20, 22, 24, 38, 205-206
Sucesso do cliente para, 31-40, *38*
Software Engineering Institute (Carnegie Mellon), 185
Starbucks, 251-256
Steele, Jim, 205
Sucesso do cliente, 17-40
  Customer success (clássico), definição, 48, *47*
  Definição, 20, 47-48
  Importância do, 17-20
  Lealdade atitudinal *versus* comportamental, 20-30, *29*
  Software como serviço (SaaS) e, 31-40, *38*
  Ver também Executivo-chefe de clientes (CCO); Futuro; Gerentes de sucesso do cliente (GCSs); Estratégia de sucesso do cliente;Tecnologia de sucesso do cliente;As dez leis de sucesso do cliente
Suporte ao cliente
  Customer success versus, 49-51, *50*
  Eficiência, 217
  Tecnologia para, 228-229, 231-232

T
Tecnologia. *Ver* Tecnologia de sucesso do cliente; modelo tech-touch de sucesso do cliente
Tecnologia da informação (TI), Mudança organizacional e, 44-45
  Ver também Tecnologia de sucesso do cliente
Tecnologia de *customer success*, 225-241
  Aumentando as informações de todos os contatos com os clientes, 230-232
  Melhoria da colaboração, comunicação, visibilidade, 234-238
  Otimizando o tempo da gestão de sucesso do cliente, 227-230

Para a escalabilidade, 232-234
Para melhor gestão da equipe, 238-241
Tecnologia da informação (TI) e mudança organizacional, 44-46
Visão geral, 225-227
Ten Laws of Cloud Computing (Bessemer Venture Partners), 85-86
Tendência natural dos clientes e fornecedores é se afastarem uns dos outros (2ª Lei) a, 98-109
    Aquisição por empresa que adota outra solução, 102-103
    Baixa taxa de adoção do produto, 102
    Diferenças de personalidade, 105-106
    Falta de atributos do produto, 103
    incompatibilidade da solução e do produto, 104-105
    Mudança de liderança, 103-104
    Não realização do retorno financeiro ou do valor do negócio, 100-101
    Negócios high-touch e, 106-107
    Negócios low-touch e, 107-108
    Negócios tech-touch e, 108-109
    Paralisação ou demora da implantação, 101
    Perda do *sponsor* do projeto ou de usuários avançados, 101-102
    Produto ou questões de desempenho, 104
    relevância, 98
    Sumário executivo, 98-100
Toyota Production System (TPS), 73
Treinamento, *Chief Customer Officers* (CCO) e, 216-217
Tzuo, Tien, 24

U
United Airlines, 255
Upsell, 52

V
Vale da desilusão, 112

Valor do contrato, aumento, 42-43
Valor, *customer success* e, 199
Valor vitalício (LTV), 27, 29, 30, 38-40, 125
    Ver também Monitore e gerencie implacavelmente a saúde do cliente (4ª Lei)
Vendas
    compromisso de cima para baixo, de toda a empresa com o *customer success*, 198
    Executivo-chefe de clientes (CCO) e, 220-221, 223
    Impacto transfuncional de *customer success*, 54-62, *56*
    Tecnologia para, 231-232
Vender ao cliente certo (1ª Lei), 88-97
    Definir cliente "certo", 90-94
    Evitar a evasão, 94-95
    Negócios high-touch e, 95
    Negócios low-touch e, 95-96
    Negócios tech-touch e, 96-97
    relevância, 88
    Resumo executivo, 88-90
Viaweb, 31-32
Visão dos clientes em 360°, 232
Volkswagen, 32

W
"Why Software Is Eating the World", Andreessen, [Por que o software está comendo o mundo], 26
Workday, 42-43, 68-69, 72

Y
Yahoo Stores, 31
Y Combinator, 31

LEIA TAMBÉM

A BÍBLIA DA CONSULTORIA
Alan Weiss, PhD
TRADUÇÃO Afonso Celso da Cunha Serra

A BÍBLIA DO VAREJO
Constant Berkhout
TRADUÇÃO Afonso Celso da Cunha Serra

ABM ACCOUNT-BASED MARKETING
Bev Burgess, Dave Munn
TRADUÇÃO Afonso Celso da Cunha Serra

BOX RECEITA PREVISÍVEL (LIVRO 2ª EDIÇÃO + WORKBOOK)
Aaron Ross, Marylou Tyler, Marcelo Amaral de Moraes
TRADUÇÃO Marcelo Amaral de Moraes

CONFLITO DE GERAÇÕES
Valerie M. Grubb
TRADUÇÃO Afonso Celso da Cunha Serra

CUSTOMER SUCCESS
Dan Steinman, Lincoln Murphy, Nick Mehta
TRADUÇÃO Afonso Celso da Cunha Serra

DIGITAL BRANDING
Daniel Rowles
TRADUÇÃO Afonso Celso da Cunha Serra

DOMINANDO AS TECNOLOGIAS DISRUPTIVAS
Paul Armstrong
TRADUÇÃO Afonso Celso da Cunha Serra

ECONOMIA CIRCULAR
Catherine Weetman
TRADUÇÃO *Afonso Celso da Cunha Serra*

INGRESOS PREDECIBLES
Aaron Ross & Marylou Tyler
TRADUCCIÓN *Julieta Sueldo Boedo*

INTELIGÊNCIA EMOCIONAL EM VENDAS
Jeb Blount
TRADUÇÃO *Afonso Celso da Cunha Serra*

IOT – INTERNET DAS COISAS
Bruce Sinclair
TRADUÇÃO *Afonso Celso da Cunha Serra*

KAM – KEY ACCOUNT MANAGEMENT
Malcolm McDonald, Beth Rogers
TRADUÇÃO *Afonso Celso da Cunha Serra*

MARKETING EXPERIENCIAL
Shirra Smilansky
TRADUÇÃO *Maíra Meyer Bregalda*

MITOS DA GESTÃO
Stefan Stern, Cary Cooper
TRADUÇÃO *Afonso Celso da Cunha Serra*

MITOS DA LIDERANÇA
Jo Owen
TRADUÇÃO *Afonso Celso da Cunha Serra*

MITOS DO AMBIENTE DE TRABALHO
Adrian Furnham, Ian MacRae
TRADUÇÃO *Afonso Celso da Cunha Serra*

NEUROMARKETING
Darren Bridger
TRADUÇÃO *Afonso Celso da Cunha Serra*

NÔMADE DIGITAL
Matheus de Souza

PETER DRUCKER: MELHORES PRÁTICAS
William A. Cohen, PhD
TRADUÇÃO *Afonso Celso da Cunha Serra, Celina Pedrina Siqueira Amaral*

POR QUE OS HOMENS SE DÃO MELHOR QUE AS MULHERES NO MERCADO DE TRABALHO
Gill Whitty-Collins
TRADUÇÃO *Maíra Meyer Bregalda*

RECEITA PREVISÍVEL 2ª EDIÇÃO
Aaron Ross & Marylou Tyler
TRADUÇÃO *Celina Pedrina Siqueira Amaral*

VIDEO MARKETING
Jon Mowat
TRADUÇÃO *Afonso Celso da Cunha Serra*

TRANSFORMAÇÃO DIGITAL
David L. Rogers
TRADUÇÃO *Afonso Celso da Cunha Serra*

WORKBOOK RECEITA PREVISÍVEL
Aaron Ross, Marcelo Amaral de Moraes

Este livro foi composto com tipografia Bembo e impresso
em papel Off-White 80 g/m² na Formato Artes Gráficas.